本书为北京信息科技大学专业建设项目支持对象
项目号为5111623702



# 数字文化传播

牛新权　丁宁　等　编著

知识产权出版社
全国百佳图书出版单位

**图书在版编目（CIP）数据**

数字文化传播／牛新权等编著．—北京：知识产权出版社，2019.5（2020.1 重印）
ISBN 978－7－5130－6218－3

Ⅰ.①数…　Ⅱ.①牛…　Ⅲ.①数字技术—应用—文化传播　Ⅳ.①G206－39

中国版本图书馆 CIP 数据核字（2019）第 075191 号

**内容提要**

数字文化是存在于数字平台的所有文化现象及其所传达的意义的总和，涵盖传统的文化资源数字化和原生的数字化文化资源，是文化的数字化共享。数字文化的兴起从根本上改变了人类社会文化的形态及其传播方式。数字传播时代的文化传播媒介形态、文化传播方式及文化传承方式都发生了根本性的变化。

本书以数字时代的文化形态变迁为起点，探讨了数字技术、数字媒体与文化传播的关系，在此基础上系统论述了数字文化的内涵及其特征、数字文化的基本传播形态、数字文化的传播者与受众等方面内容。此外，还结合相关案例分析了数字文化传播的负效应及其消解，数字文化传播实践中涉及的伦理与法规等方面的问题。最后结合当前最新的数字技术，分析了数字文化传播的发展趋势。

**责任编辑**：张水华　　**责任校对**：王　岩
**封面设计**：臧　磊　　**责任印制**：孙婷婷

**数字文化传播**

牛新权　丁宁　等　编著

**出版发行**：知识产权出版社有限责任公司　　**网　　址**：http：//www.ipph.cn
**社　　址**：北京市海淀区气象路 50 号院　　**邮　　编**：100081
**责编电话**：010－82000860 转 8389　　**责编邮箱**：miss.shuihua99@163.com
**发行电话**：010－82000860 转 8101/8102　　**发行传真**：010－82000893/82005070/82000270
**印　　刷**：北京虎彩文化传播有限公司　　**经　　销**：各大网上书店、新华书店及相关专业书店
**开　　本**：720mm×1000mm　1/16　　**印　　张**：14.5
**版　　次**：2019 年 5 月第 1 版　　**印　　次**：2020 年 1 月第 2 次印刷
**字　　数**：230 千字　　**定　　价**：69.00 元
ISBN 978－7－5130－6218－3

# 目　录

# 绪 论
# 数字时代的文化形态变迁

## 第一节 数字时代的来临

20年前，以电脑为代表的IT产品对于大多数人而言还是一件略带神秘色彩的贵重物品。但今天，台式电脑、笔记本电脑、平板电脑、智能手机、移动硬盘、U盘等各种电子产品早已“飞入寻常百姓家”，成为人们工作、学习和日常生活中不可或缺的一部分。社会各个领域也都在向数字化方向发展变化，数字摄影、数字电影、数字电视、数字广播、电子报纸、电子杂志、电子邮件、电子游戏，乃至数字博物馆、数字城市、数码港，云计算、云存储、大数据，以及通信网络等均建立在电子计算机信息技术的基础上。计算机技术的不断提高和广泛使用，大大提高了人类处理、存储信息的能力；计算机网络的出现，又大大提高和扩展了人类交流信息的能力。特别是随着互联网的普及化发展，人类社会已大步跨入数字时代。以计算机信息技术为核心的数字文明开启了人类文明的新纪元，电子计算机正在全面进入生产技术、科学研究和社会生活的各个领域，彻底改变着整个人类文明的进程。

国际电信联盟2018年度的《衡量信息社会报告》中公布的数据显示，全球互联网使用人数首次达到39亿，占世界人口总数的51.2%。在亚太和非洲地区的推动下，通过移动设备接入基本通信服务正在成为主流。根据爱立信发布的2018年第二季度数据，全球手机用户数量（按手机卡数量计算）达到78亿人。市场研究机构Newzoo发布的《2018年全球移动市场报告》显示，到2018年年底，全球智能手机用户数量将达到33亿，其中亚太地区用户占比超过一半，中国将是最大的智能手机市场。2018年6月，Facebook日活跃用户平均14.7亿，月活跃用户达到22.3亿。根据中国互联网络信息中心（CNNIC）发布的第42次《中国互联网络发展状况统计报告》，截至2018年6月，中国网民规模达到8.02亿，手机网民规模达7.88亿，互联网普及率为57.7%，超过全球平均水平。[1]数字时代的来临，使得人们接收信息的渠道随着网络的普及不断拓展，获取信息也更加即时和便捷，个体网民不再是传统媒体时代单纯的信息接收者，而成为信息的创造者、传播者和分享者。网络上的海量信息达到了人类历史上信息生产和知识积累的空前高度，这个发展的速度也是惊人的。

就在新世纪开端的2001年，相对于传统的知识版图及其聚集领域，互联网还被视作一片苍凉荒芜的知识荒原，人类历史上90%以上的知识游离在互联网之外，被囚禁于印刷版图书的封面、封底之间。而目前，仅仅是Google的图书搜索平台上就有至少1000万本数字化的图书可以通过全文检索被找到。Google每个月的信息查询量1000亿次，相当于每天查询量33.3亿次。科学家甚至统计出互联网上一天产生的信息量高达800EB（1EB=10亿GB），如果装在DVD光盘中要装1.68亿张，装在硬盘中要装80万个。对Facebook而言，一天新增32亿条评论、3亿张照片，信息量达10TB；对Twitter而言，一天新增2亿条微博，约有50亿个单词，比纽约时报60年的词语总量还多一倍，信息量达7TB；对淘宝而言，一天代表着千万量级交易，1.5PB（$1PB=1024^2$）原始记录。据美国调研公司ComScore的数据显示，维基媒体基金会（Wikimedia Foundation）旗下系列网站，包括维基百科、维基教科书、维基数据和维基共享资源，2013年的月独立用户访问量就已经突破了5亿。在独立用户访问量增加的同时，用户对网站的页面访问量也大幅提升。维基百科月页面浏览量增至213亿次，其中移动设备占15%，约30亿次的月浏览量。我们再来看一下中国的情况，截至2018年6月，我国搜索引擎用户规模达6.57亿，使用率为 81.9%。与此

[1] 中国互联网络信息中心. 第42次《中国互联网络发展状况统计报告》[EB/OL]. http://www.cnnic.net.cn/hlwfzyj/hlwxzbg/hlwtjbg/201808/t20180820_70488.htm，2018-08-20/2018-10-09.

同时，手机搜索用户数达6.37亿，使用率达到80.9%。而2013年的数据就已经显示，百度每天处理的搜索查询量超过了50亿次，且绝大多数查询来自中国。2013年4月，搜狐新闻客户端用户量突破1亿，成为国内首个用户数过亿的新闻客户端。根据艾媒咨询的数据显示，2017年中国在线直播用户规模达到3.98亿，预计2019年用户规模将突破5亿。截至 2018年6月，网络视频用户规模达6.09亿，占网民总体的76.0%；手机网络视频用户规模达到5.78亿，占手机网民的73.4%。

早在1995年，美国麻省理工学院教授尼葛洛庞帝写出《数字化生存》一书，预示信息技术的宏伟蓝图以及数字时代人们生活方式的巨大革命。今天，他的预言基本变为现实。尼葛洛庞帝认为，如果说物质时代世界的基本粒子是“原子”的话，那么构成信息时代新世界的基本粒子就是“比特”（bit），“信息的DNA”比特“正迅速取代原子而成为人类社会的基本要素”，计算“将决定我们的生存”。[1]在这个数字浪潮铺天盖地迎面袭来的当下及充满变化的未来，数字化真的将“决定我们的生存”吗？也许现在让我们对这样的问题做出最终的肯定判断还为时尚早，但几乎所有的人都无法回避眼前的事实：数字化时代已经来临。

## 第二节 社会文化的转型

在人类历史上，每一次重大的技术进步都使人类生活出现断层式的飞跃。数字技术的出现不仅给社会政治、经济带来变局，而且会使人们日常的工作方式和生活方式乃至社会文化都发生重大的改变。数字技术的新浪潮使当今地球上的人们能够大量地获得、存储、处理和显示关于我们生活的这颗行星的各种环境和文化现象的信息。在数字技术的冲击下，社会文化的数字化转型已成为必然的发展趋势。

---

[1] 尼葛洛庞帝. 数字化生存［M］. 胡永，等，译. 海口：海南出版社，1996：15.

## 一、文化传播与媒介变迁

依据传播媒介的不同，人类文化传播的漫长历史大致可以分为口传文化阶段、书写文化阶段、印刷文化阶段和电子文化阶段。在口传文化阶段，面对面的在场交流形式与语境，既使得交流是双向互动的，也使得传统文化的权威得以维持。有观点认为，孔子是在新兴的汉字书写文化到来的时代依然充分保留口传文化价值观的守旧者。[1]春秋时期的孔子能够倾一人之力授徒3000余人，深受弟子的尊敬和爱戴，其文化权威形象正是与口传文化的特点相契合的。而儒家第一经典《论语》也可谓是口传文化的情景对话录，从中可以看到口传文化的信息交流方式。书写文化对口语文化的取代，在人类文明史上具有里程碑意义。

从全球文明史的视野来看，人类有文字记载的历史仅5000年而已。在文字出现的5000年之前，是至少延续了10万年的口传文化的深厚传统。正如英国著名的社会学家吉登斯所指出的："书写文字扩展了时空伸延的范围，产生出一种关于过去、现在和将来的思维模式，根据这种模式，对知识的反思性转换从既定的传统中分离了出来。"[2]印刷文化可以说是书写文化的升级版。在印刷文化阶段，文化的传播不再依赖于传受双方的在场，信息贮存在可移动的印刷媒介中，使得不在场的交流成为可能。因此，印刷文化阶段的文化主流形态及其传播方式在跨越时空限制的同时，也动摇了传统文化传播者的权威。

20世纪电子媒介的出现，是人类文化传播历史上的一次空前的革命，它极大地改变了文化传播的方式，改变了文化自身的形态，甚至改变了生存于其中的人类的生活，人类文化传播的电子文化阶段拉开序幕。电子媒介加速了全球化和本土化的进程，通过"时空分离"或"时空凝缩"，"地球村"应运而生。电子媒介在促进文化的集中的同时，又造成了不可避免的零散化和碎片化。电子媒介在扩大公共领域的疆界和范围，将越来越多的人类卷入其中，但同时它又以单向传播、信息员的垄断以及程序化

---

[1] 叶舒宪. 孔子《论语》与口传文化传统［J］. 兰州大学学报（社会科学版），2006（2）：1–8.

[2] 吉登斯. 现代性的后果［M］. 田禾，译. 北京：译林出版社，2000：33.

等形式，在暗中萎缩和削弱潜在的批判空间。电子媒介以其强有力的“符号暴力”摧毁了一切传统的边界，文化趋同于同质化和类型化，但它又为各种各样因素的成长提供了某种可能。[1]电子媒介与市场的结合，必然形成消费主义意识形态以及被动的文化行为，这似乎都与口传文化和印刷文化判然有别。

## 二、数字文化的出现和发展

进入20世纪下半叶，技术文明经由机器时代、电气时代和电子时代，发展到了信息时代，数字化技术渗透到人类生活的各个领域，出现了以数码表示的数字文化形态。建立在数字技术基础上的数字文化是电子文化的升级版。数字文化的出现是人类文化传播史上的又一次空前革命，从根本上改变了人类社会文化的形态及其传播方式。数字文化能够将全球不同国家、不同种族的文化交融在一起，将古今中外的各种文化都汇聚在一起，供人们去阅读和选择，而且能够为任何一种文化提供生活与发展的土壤。因此，数字时代社会文化的转型是一种全方位的转型，体现在文化的表征、传承、生产、消费和传播的方方面面。即便是传统文化也在向数字化的形态转变，例如传统典籍文献的数字化存储。

### 1. 传统出版文化的数字化

目前，全球出版业正经历一场深刻的数字化转型，以数字出版为代表的新业态已成为世界出版强国的战略选择。2012年3月，拥有244年历史的大英百科全书公司宣布停止纸质印刷，转变成一个数字学习产品的创造者。美国专业出版集团——约翰·威利父子出版公司也在同期宣布将与公司长远战略不符的一些独立出版公司售出，并收购一家数字出版公司。日本的讲谈社、小学馆、集英社等20家出版社正在筹划成立合资公司，目标是将所有出版物数字化。这些老牌出版公司纷纷出台数字化战略，从一个侧面表明，传统出版机构越来越意识到数字出版产业在未来整个出版业格局中的战略性地位和作用，正加速向新兴产业转型，开拓发展新路。数字

---

[1] 马歇尔·麦克卢汉. 理解媒介：论人的延伸［M］. 何道宽，译. 北京：商务印书馆，2000：3.

出版物和市场的高速发展，同时也推动了电商平台从纸质书刊销售向电子书刊销售的业务转型，通过智能手机和平板电脑等数字平台阅读报纸和杂志的用户正在逐年增加。由中国新闻出版研究院组织实施的第十一次全国国民阅读调查显示，受数字媒介迅猛发展的影响，2013年我国成年国民数字化阅读方式接触率持续增长，达到50.1%。其中，网络在线阅读、手机阅读和电子阅读器阅读比率均有所上升。

2. 传统电子文化的数字化

作为电子文化的主流，广播电视产业及电影业的数字化转型更为深入和全面。美国的电视业几乎是一夜间完成了胶片向数字的转换。2008年，美国的电视摄制大都还在使用胶片，九成以上美剧的导航篇（pilot）都用胶片拍摄，但到了2009年，一下子变成了九成都用数字摄影机拍摄。进入21世纪以来，数字化成为我国广播电视产业的发展方向，电视节目数字化制作取得突破性进展，网络广播、网络电视、移动多媒体广播电视等发展迅速。移动多媒体广播电视产业链已形成规模。广播电视台内数字化进程明显加快，省级以上广播电台、电视台制播系统的数字化率已达90%以上，许多省级台和城市台已经完成全台业务一体化网络系统建设。目前，我国的广播电视数字化进程正在加速进行，在不久的将来，广播电视全面数字化时代将会真正到来。

电影从一出生就与胶片联系在一起，但如今的电影制作却越来越多采用数字化技术——数字放映机、数字拷贝、数字拍摄，胶片早已从电影唯一介质的王座上跌落下来，电影业胶片向数字的转型正在全球展开。中国的数字化银幕建设也进展极快，每年新增银幕中有九成以上是数字银幕，全国数字银幕已达到一半。可以预见，数字电影占据市场主流的日子将为期不远，胶片电影即使没有消亡，今后面对的也将是一个小众市场。

数字时代的游戏娱乐文化的数字化更为显著。电脑游戏、网络游戏成为数字时代人们游戏娱乐的重要选项。电子游戏是文化的一个重要部分，游戏本身就是一个互动的过程，也是文化传播的过程。玩家参与游戏的情节，会不自觉地从中体会到不同文化的魅力。据《中国游戏产业报告》显示，2014年上半年中国游戏（包括网络游戏市场、移动游戏市场、单机游戏市场）用户数量4亿人，游戏市场实际销售收入496.2亿元。

3. 其他传统文化形态的数字化

数字时代的图书馆、博物馆向数字化转型已成为一种发展趋势。数字化技术可以将传统图书馆转变为数字图书馆，通过数字化技术可以把馆藏的典籍图书转换为磁介质的数字文件，形成信息数据库，再通过以数字化为基础的情报检索系统实现对海量数据库的快速检索和查询，这极大地方便了传统文化典籍的研究和传播。数字图书馆是社会信息化和通信技术相结合的产物，是传统图书馆的延续。随着计算机网络技术的发展，数字图书馆演变为网上图书馆，为全球的读者提供更为便捷的服务。

近年来，一些博物馆依托先进的网络科技手段，通过全面整合文物信息资源，除了采用动态模拟、三维演示等先进文物数字化展示手段之外，还利用3G、4G移动互联网技术让数字博物馆手机版上线，使博物馆成为流动数字博物馆。例如陕西省推出“互联网+智慧服务”，推动博物馆网络化、数字化和智能化，建成集观赏性、知识性和互动性为一体的综合数字博物馆。开通于2012年8月的陕西数字博物馆，依托先进的网络科技手段，通过全面整合陕西省文物信息资源，采用动态模拟、三维演示等先进文物数字化展示手段，将陕西省实体博物馆和丰富的馆藏文物呈现在观众面前。网民可通过虚拟三维技术多角度、全方位游览陕西历史博物馆等19座实体博物馆的主要展厅，可鉴赏39件陕西精品文物，聆听12个文博专家的专题视频讲座和陕西各实体博物馆的语音讲解。至2014年8月底，陕西数字博物馆点击率已经突破50万人次，2015年年底累计点击量已达71万余人次，访客遍及五大洲近百个国家和地区。

正如“微信之父”、腾讯副总裁张小龙所提出的“微信是一个生活方式”，社会文化的数字化转型也体现在人们的生活方式和生活习惯的变迁上。数字时代的到来使得人们获取信息、人际交往、休闲购物等日益网络化、数字化，无论是国外的Google、Twitter、Facebook、Amazon，还是国内的百度、微博、微信、淘宝等，搜索引擎、社交媒体和电子商务等已经成为与人们衣食住行密切相关的组成部分，嵌入数字时代生活与文化的内核。

## 第三节　文化传播的变迁

数字时代的来临引起文化传播的变迁。首先是文化传播媒介形态的变化，其次是文化传播方式及文化传承方式的变化。既有的传统文化借助数字传播技术得以延续的同时，原生的数字文化正日益占据社会文化的核心地位，并成为文化传播的主流，进而引起“文化反哺”现象及文化代际传承模式的更新，这对人类文化传播的影响是深远的。

### 一、文化传播媒介形态的变化

数字技术的出现引起文化传播媒介形态的变化。2012年1月19日，全球影像产品巨头美国柯达公司正式申请破产。作为摄影界的一颗明星，1880年创立的柯达公司，其光芒已经在摄影界闪耀了132年。但是当1975年全世界第一台数码相机在柯达实验室诞生的时候，彼时风光无限的柯达一定不会想到，几十年后正是这台机器将自己亲手推到破产边缘。德国专家博西尔指出，柯达5/6的生命里一直是领先者，但在后面1/6的时间里，也就是数字影像大发展时期，却不求改变，反而在很长一段时间内仍贪恋胶片工业。再加上其开发的数码相机技术十分单一，管理层也未能及时调整重心，最终随着数字时代的到来而被狠狠抛弃。数码相机取代胶卷相机，电子阅读取代印刷出版物，电子游戏取代传统游戏，从数码相机到电子书，再到电视电影的数字摄影机，数字技术在各个领域全面击败了模拟技术，其优势也是相通的，诸如成本低廉，易于复制、储存，无损、稳定，可以无线传输等。基于数字技术的数字媒体充分发挥了这些特点，凸显出数字文化传播无可比拟的优势。

从历史的发展来看，人类文化的传播经历了口语文化、书面文化、印刷文化和电子文化几个阶段。如果说书面文化是对口语传播文化的革命，印刷文化是对书面文化的升级，那么数字文化则是对印刷文化和电子文化革命性的融合统一，在文化传播史上同样具有里程碑式的意义。数字媒体将传统媒体形态下的文化传播者和受众放在了同一平台，消除了二者的技术屏障和知识区隔。从这个意义上说，每个人都是冷眼看世界的网络访客，每个人又都是可以去自由发表一己之见的网络评论员。网络空间把人与人从现实世界中分离开，同时，在另外一个虚拟空间中，又更为广泛地将人与人紧密地联系在一起。这便是今日世界文化传播的核心逻辑，其赖以维系的基础在于各种媒介新物质的发明、创造与运用。这实际上引申出数字文化表达上外在化的新方式，即人们会在网络空间里安排更多的文化事项，使之以数字化媒体的方式表现出来。人们可以不再依赖报刊和电视在特定的时间和空间下所安排的阅读和欣赏的内容与节目，而是在任何地方、任何时间，人们都可以找寻他们真正想要阅读和收看的内容，一切都放置在网上平台，而不是在书刊、电视里。借助数字媒体，人们可以随心所欲地将自己的想法变为一种社会化的传播。一个人的报纸、一个人的杂志、一个人的出版社、一个人的广播电视台，在数字媒体时代都不再是幻想，而成为能够轻易实现的现实。数字技术和数字媒体的高度发达为文化传播的立体和多元奠定了基础。

## 二、文化传承方式的代际变化

数字时代的变革与进步，往往以数字技术的更替为标志。在理解、接受和掌握新技术方面，年长者的经验不可避免地逐渐丧失了前喻的价值。从文化传承的视角来看，数字时代的人类文化是典型的“后喻文化”。美国人类学家玛格丽特·米德在《文化与承诺》一书中把人类文化分为前喻文化、并喻文化和后喻文化三种类型，“前喻文化，是指晚辈主要向长辈学习；并喻文化，是指晚辈和长辈的学习都发生在同辈人之间；而后喻文化，则是指长辈反过来向晚辈学习”。[1]今天，当晚辈拿着手机刷微博、微信，聊着QQ，玩着网游，手机网购，时不时翻墙去Facebook和Youtube，父母辈还守在电视机前看《新闻联播》和影视剧的时候，“后喻文化”的特征已经越来越凸显出来。

自有人类文明以来，文化的代际传承就一直遵循由上一代到下一代、

[1] 玛格丽特·米德. 文化与承诺：一项有关代沟问题的研究[M]. 石家庄：河北人民出版社，1987：27.

由长辈到晚辈的方向做单向传承，尤其是在变迁缓慢的传统社会，长辈向晚辈学习的情况是极少发生的。而互联网的发展和信息之海的形成，使得人类文化的传播方式和文化传承方式发生了根本性的改变。英国普利茅斯大学的汉弗莱将此概括为“一即一切，一切即一”，也就是说从任何一点都可以扩展出无数的信息链接。人们在这张无边的信息巨网中成为“数字移民”，就像进入了数字时代的新大陆，不断被新生事物冲击。而这种冲击却激发了年轻一代前所未有的活力，他们善于创造、学习接受和运用新知识、新技术等新生事物，他们就是这个数字时代如鱼得水的“原住民”。网络与新媒体对数字土著和数字移民的影响或许存在差异，对“60后”到“00后”不同年代的网民的影响也不尽相同。社会文化理论认为个体的发展是通过文化提供的工具实现的。不同年龄的人受到各自年代的社会文化的影响，对于网络技术作为一种工具的依赖和使用存在明显的差异。[1]

由于信息社会里新知识、新技术的更新速度可呈几何级数增长，人类正在进入一个由年轻人向中老年人传授文化的反哺时代。新加坡前总理李光耀曾指出：“在信息时代，年龄和一个灵光的脑子是巨大的优势。在我们的国家里，做决定的是老人，他们行动迟缓，他们会错过机会。尊重老人在信息时代似乎管不了什么用。父亲未必知识最多，孙子也许懂得更多。”[2]青年人以他们的言行影响年长的一代人，在长辈丧失教化的绝对权力时，年轻一代都获得了前所未有的文化反哺能力，他们开始将数字时代的知识和信息传递给他们生活在世的前辈，改变了过去社会长期积淀下来的由上及下的单向文化传承模式。这是数字时代人类文化传播方式和传承方式的重要变迁。

---

[1] 周宗奎，刘勤学. 网络心理学：行为的重构［J］. 中国社会科学评价，2016（3）.

[2] 李慎之. 全球化和全球价值［J］. 太平洋学报，2002（3）.

# 第一章
# 数字传播与文化发展

数字传播是基于数字媒体的一种全新的信息传播方式，而数字媒体正是基于数字技术的出现而兴起的。数字文化是一种面貌全新的文化形态，它基于计算机网络技术，包括数字出版、数字影音、数字游戏等。数字技术正在对过去以新闻出版、广播影视、文艺文学等为代表的传统文化体系进行改造。从衣食住行的物质消费到精神文化消费，数字技术已开始改变所有中国人的文化生活形态。

## 第一节　数字传播技术

数字技术（Digital Technology）主要是指计算机信息处理技术，即借助一定的设备将各种信息（文字、图片、声音、影像等）转化为计算机能够识别的二进制数字“0”和“1”，然后进行运算、加工、存储、传送、传播和还原。数字化的信息在运算、存储等环节中都要借助计算机进行编码、压缩、解码等。因此，数字技术一般包括数字编码、数字压缩与存储、数字传输、数字调制与解调等技术。数字技术对人类社会产生了巨大的影响，而与技术进步密切相关的现代传媒业首当其冲。数字技术的出现促使传播技术产生重大变革。

## 一、数字传播技术的分类

数字传播技术可以从不同的角度进行分类。从传播媒介的角度来看，数字传播技术可以分为数字信息的采集、加工、传输、发布、存储、检索技术和智能处理技术。[1]

1. 数字信息采集技术

数字信息采集技术是指将模拟信息转化为数字信息并输入计算机的技术，或者直接进行数字化信号采集的技术。不同于传统信息采集方式的多元手段，数字信息采集技术需要特定的数字设备作为基础，常用的信息采集工具有扫描仪、数码相机、录音设备、电脑等。扫描仪用于扫描图片和印刷体文字，数码相机主要采集图像信息，同时还兼有摄像功能。录音设备（如录音笔）用于采集音频信息。还可以通过多种软件工具，把来自光盘、网络等类型的信息采集到电脑中，方便利用。例如，文字的输入需要键盘等设备，语音的输入需要录音笔或话筒、声卡等设备，数字图像的采集需要扫描仪或数码相机，数字视频的采集需要数码相机、摄像头等。有时还需要一些相关的软件，例如，语音识别输入技术还需要将语音信息识别转换为文字信息的软件。此外，各种形式的信息都有一定的编码方式（或称信息的格式），如图像有JPEG、GIF、TIFF等多种格式，视频有AVI、RMVB、WMV、MOV、MP4、FLV等多种格式，信息采集也与信息的编码技术相关。

2. 数字信息加工技术

数字信息加工技术是指利用计算机软件对数字化形式的信息进行加工处理以满足特定需要的技术。例如，用于文字处理的Word软件，用于对图片进行加工处理的Photoshop软件，用于对音频进行编辑的Cool Edit软件，用于视频编辑的Premiere软件等，都属于信息加工技术范围。

3. 数字信息传输技术

数字信息传输技术是指利用计算机网络、移动网络等渠道在不同的设备之间进行信息传输的技术。数字信息传输技术，如互联网通信技术、移

[1] 彭兰. 数字媒体传播概论［M］. 北京：高等教育出版社，2011：3-5.

动通信技术等，是互联网、手机网出现的重要技术基础。

4. 数字信息发布技术

数字信息发布技术指利用数字化的渠道进行信息发布的技术。常见的数字信息发布渠道包括光盘、计算机网络、手机、数字电视等。在这些渠道中，信息以特定的方式发布，例如，信息在网络上以电子邮件、网页、电子报纸、电子杂志等形式发布与传播，在手机平台上以短信、彩信、WAP网页、APP（应用客户端）等形式发布与传播。

5. 数字信息存储技术

数字信息存储技术包括存储的介质技术和存储数据的软件技术两个方面。存储的介质技术，如硬盘、光盘、U盘、磁带等的制作技术；用来存储数据的软件技术，如信息的编码技术、数据库技术等。

6. 数字信息检索技术

搜索引擎是目前数字媒体中最常见的信息检索技术。搜索引擎是指互联网上专门提供检索服务的一类网站，这些站点的服务器通过网络搜索软件或网络登录等方式，将互联网上大量网站的页面信息收集到本地，经过加工处理建立信息数据库和索引数据库，从而对用户提出的各种检索做出响应，提供用户所需的信息。例如，全球最大的搜索引擎Google，全球最大的中文搜索引擎百度，都拥有自己核心的数字信息检索技术。常用的中文搜索引擎还有搜狗、360搜索、Bing（必应）、SOSO搜搜等。

7. 数字信息智能处理技术

信息智能处理技术以人工智能理论为基础，侧重于信号与信息处理的智能化，包括计算机智能化（文字、图像、语音等信息智能处理）、通信智能化以及控制信息智能化。信息智能处理技术要实现的目标是让计算机自身能够像人一样“读懂”信息的含义，并根据人们的需求来提供后续的处理。例如，能够自动进行不同语言翻译的机器智能翻译技术，使计算机能够“看懂”网页内容的语义网技术等。

## 二、数字传播技术的特点

在数字技术出现之前，报刊的印刷技术基于铅字排版，广播电视采用的是模拟信号。这些传统技术不仅生产效率低，信息的传播渠道也受到很大限制。以计算机技术为基础的数字传播技术，突破了传统信息传播技术的种种障碍，克服了传统信息传播技术的一些弱点，同时也形成了很多新的传播特点，主要表现在以下方面。[1]

1. 技术获得门槛低

数字技术的基础是计算机技术，它的发展非常迅速。伴随着计算机技术的不断更新换代，技术的成本在不断降低。电脑和数码相机、数码摄像机等数码产品越来越成为大众化的设备，越来越多的普通人能够有条件拥有这些设备。数字技术和数码产品在操作、使用方面的简单化、人性化发展，也为普通民众参与数字信息传播提供了条件。

2. 信息制作成本低

数字技术的快速发展使信息的采集、加工、传输等环节的成本不断得以降低，与此同时，其效率得到很大提高。这既使得数字传播在时效性方面要优于传统媒体，也使得数字传播的大众化程度进一步提高。

3. 复制与传播便捷

数字信息的一个重要特性就是可以方便快捷地进行复制与传播。这一方面有助于拓展信息传播的广度，另一方面又使得版权的保护变得困难。例如，与传统媒体相比，网络传播中的盗版和侵权现象更为常见，一定程度上正是在于数字信息复制与传播的便捷性。

4. 存储与利用方便

数字信息的存储占用物理空间非常小，如现代传统的报刊、磁带等，数字信息的存储介质如硬盘、光盘等，体积要小得多，而存储量却要大得多。数字信息存储器有硬盘、光盘、U盘、SD（Security Data，数据安全）卡、TF（T-Flash）卡等。常见的120型光盘，外观是一张小小的塑料圆盘，其直径不过12厘米（5英寸），质量不过20克，而存储容量却高达600多兆字节。如果单纯存放文字，一张CD相当于15万张16开的纸，足以容纳数百部大部头的著作，而DVD容量4.7GB/8.6GB。更重要的是，数字化存储的信息在循环利用方面具有明显优势。此外，利用数据库技术、搜索引擎技术也可以方便地进行信息检索。

网盘及云存储技术的兴起和发展，进一步凸显了数字信息存储与利用

[1] 彭兰. 数字媒体传播概论［M］. 北京：高等教育出版社，2011：5.

的优势。网盘（Cloud Storage），又称网络U盘、网络硬盘，是由互联网公司推出的在线存储服务，向用户提供文件的存储、访问、备份、共享及文件管理等功能。网盘可以看作是一个放在网络上的硬盘或U盘，不需要随身携带，更不怕丢失。不管是在家中、单位或其他任何地方，只要连接到因特网上，用户就可以对网盘里的文件进行编辑和管理。国内知名的网盘有百度云网盘、115网盘、咕咕网盘、联想企业网盘、金山快盘、华为网盘、搜狐企业网盘、360云盘、QQ随身盘、云诺（YUNIO）、豆丁、爱问共享资料、网易163网盘、UC网盘、迅载网盘、51网盘、新浪UC网盘、彩云网盘等。国外知名的网盘有OneDrive、MediaFire、DivSharc、WikiUpload、Scribd、jooce、FanBox、ADrive50G、Files upload、YouSwapflash、DepositFiles、YouSendIt、RapidShareAlexa、ohShare 、5upload、GOGOBOX等。

网盘的存储原理是网络公司将其服务器的硬盘或硬盘阵列中的一部分容量分给注册用户使用。一般来说网盘投资都比较大，所以免费网盘一般容量比较小，一般为300M到10G左右。另外，为了防止用户滥用网盘还往往附加单个文件最大限制，因此免费网盘一般只用于存储较小的文件。而收费网盘则具有速度快、安全性能好、容量高、允许大文件存储等优点，适合有较高要求的用户。最新应用的云计算储存技术，为网盘行业带来了新的革命，传统的网盘将逐步被云存储取代。云存储最大的优势在于将单一的存储产品转换为数据存储与服务。云存储是构建在高速分布式存储网络上的数据中心，它将网络中大量不同类型的存储设备通过应用软件集合起来协同工作，形成一个安全的数据存储和访问的系统，适用于各大中小型企业与个人用户的数据资料存储、备份、归档等一系列需求。

5. 双向互动的信息传播

互动是一个侧重于传播学意义的概念，互动性是以数字媒体系统的交互性技术为基础的，是数字化大众传播的显著特征。互动性是指发布者、接收者双方基于数字新媒体交互性而进行的诸如问答、讨论等意见交流、思想沟通和意义的社会建构过程。传统的大众传播以单向传播为主，受众反馈参与的广度与深度都有限。大众传播的“分众化”也只是提供了更适合某类接收者的信息内容，而“交互性”和“互动性”则使接收者对信息内容更有选择权和自主权，甚至给接收者参与内容制作的机会。更重要的是，通过发布者、接收者双方的互动，以及接收者与接收者之间的互动能共同决定内容。数字传播平台是真正的双向传播平台，对于数字时代的文化传播工作者来说，需要深入认识受众参与的各种方式及其影响。

6. 多样化的传播模式

基于数字技术的特点，数字信息的传播模式也多样化了。它既可以是点对面的传播，也可以是点对点的传播；既可以是同步传播，也可以是异步传播。信息可以在大众传播、组织传播、群体传播和人际传播等不同渠道中进行自由的流动。传播模式的多样化意味着影响传播效果的因素增加，传播者需要对信息的传播过程、传播模式和控制传播效果的手段等有更为全面和深入的认识。

7. 信息传播渠道的交叉融合

在信息的数字化进程中，数字传播渠道日益多元，各数字平台之间相互交叉融合，过去存在于信息与其载体之间的一对一关系逐渐被打破，媒介融合成为数字信息传播技术的终极结果。文字、图片、音频、视频等各种信息不再像过去那样在各自的平台上进行孤立的传播，而是汇聚在共同的数字媒体平台进行传播。

同时，信息接收者地位的变化也是数字媒体最显著的传播特点。媒体的发展经历了精英媒体、大众媒体和个人媒体三个阶段。精英媒体时代，信息由少数人生产，少数人消费；大众媒体时代，信息由少数人生产，多数人消费；个人媒体时代，信息由多数人生产，多数人消费，生产和消费界限模糊。个人媒体完全以个人为中心，是个人性和社会性之间的博弈，是真正的点对点的传播方式。个人媒体是数字新媒体时代的产物，博客（网络日志）、微博、播客、微信公众号等都是典型的个人媒体，也集中体现了数字新媒体的传播特征，即接收者和传播者的界限模糊，发布者和接收者双方都拥有绝对的自主权。在个人媒体时代，个人就是媒体，人人都是媒体，是所有人面向所有人进行传播。因此，每个人都既是受者，也是传者，拥有对传播内容、传播方式和传播时间的自主权。数字新媒体传播的网络化、交互性，使得信息发布者和接收者的角色极易转换。如今，一个人通过发送手机短信、撰写博客日志、发起网络群聊，就可以在任何时候、任何地点，对任何人进行传播，突破传统主流媒体的话语权壁垒。

# 第二节 数字传播媒体

数字媒体是指以数字信息传播技术为介质的媒体。数字媒体不是一个静态的概念，就其媒体形态而言，它是处在不断发展变化之中的。随着媒介融合进程的加速和深化，过去相对独立的媒体之间的界限越来越模糊，很多数字媒体之间已经出现交叉。数字传播媒体的基本发展方向是数字化、网络化、移动化和融合化。数字媒体可以被定义为计算机技术、网络技术、数字通信技术和文化、艺术、商业等领域的融合的产物。从传播的角度看，数字媒体主要是指依托于数字媒体技术的信息传播渠道、信息传播服务和信息传播方式等。[1]其中，数字信息传播渠道主要有各类光盘、多媒体光盘、互联网、数字电视广播网、数字电信网等；数字信息传播服务则主要有E-mail、BBS、即时通信、博客、手机短信、网络电视、手机电视、Web网页、数字电视广播、数字音频广播、移动电视等；而数字信息传播方式则有广播、组播、单播或点播，以及点对点和多点对多点通信等。

## 一、原生的数字媒体

原生的数字媒体是指基于全新的传播技术和相应终端而形成的新媒体。网络媒体和以手机为代表的移动媒体就是目前最典型的原生数字媒体。

1. 网络媒体

网络媒体产品通常被简称为“网络媒体”。网络媒体产品是依托于互联网平台，以电脑、移动终端为载体，以文字、声音、图片、多媒体为表现形式的，满足人们需求、影响人们思想的各类媒体服务的统称。典型的产品形式有门户网站、搜索引擎、博客、网络游戏等。

计算机网络技术的发展是网络媒体兴起的基础，网络媒体以互联网为

[1] 张文俊. 数字新媒体概论［M］. 上海：复旦大学出版社，2009：6.

技术依托。互联网是计算机网络中的一种，是目前世界上最大的国际互联网络。互联网的雏形阿帕网（ARPANET）于1969年诞生于美国，它是美国国防部高级研究计划署（ARPA）的一个实验性网络。阿帕网最初只有4台计算机互联，主要是用于军事研究目的，它的初始设想是为了应对核战争时的通信联络。1983年，阿帕网分裂为两部分，ARPANET和纯军事用的MILNET。同时，局域网和广域网的产生和蓬勃发展对互联网的进一步发展起了重要的作用。TCP/IP协议被指定为互联网的标准协议，不同的网络开始能够相互连接，美国全国性的互联网真正建立起来，这也被认为是全球互联网正式诞生的标志。1991年，万维网（World Wide Web）及其浏览软件被开发出来。此后，互联网开始向社会大众普及。从1994年开始，互联网从科研教育领域向商业性计算机网络转变，一批以搜索引擎服务来吸引用户的商业门户网站开始出现，从而引发了全球性的互联网热潮。

互联网并不等同万维网，万维网只是一个基于超文本相互链接而成的全球性系统，且是互联网所能提供的服务之一。万维网的主要目的是利用互联网传送超文本信息，包括文字、图像、声音、视频等在内的多媒体信息，同时利用超链接将网络中的信息相互连接起来。万维网是无数个网络站点和网页的集合，它们在一起构成了互联网最主要的部分。万维网技术普及后，网络在信息传播特别是大众传播方面的功能日益突出，作为一种媒体的影响也在不断增强。与万维网一起对第一代互联网发展产生了重要影响的还有电子邮件、BBS、即时通信、搜索引擎等技术。2005年以来，“新一代互联网”作为一种技术性的概念越来越普及。对于互联网应用技术的变革，人们越来越多地采用了Web2.0这一概念。与Web2.0概念相关的主要技术有RSS、博客（Blog）、播客、维基（Wiki）、SNS、微博等。

互联网迄今为止的发展，完全证明了网络的传媒特性。一方面，作为一种狭义的小范围的、私人之间的传媒，互联网是私人之间通信的极好工具。在互联网中，电子邮件始终是使用最为广泛也最受重视的一项功能。由于电子邮件的出现，人与人的交流更加方便、更加普遍；另一方面，作为一种广义的、宽泛的、公开的、对大多数人有效的传媒，互联网通过大量的、每天至少有几千人乃至几十万人访问的网站，实现了真正的大众传媒的作用。互联网可以比任何一种方式都更快、更经济、更直观、更有效地把一个思想或信息传播开来。

2. 手机媒体

最初手机是人际交流的工具，但是随着手机技术的发展，它在大众传播领域中扮演的角色也日益明显。手机（尤其是智能手机）的普及性和信息传达的有效性使得手机具备了成为大众传媒的理想条件，手机成为报纸、广播、电视、网络之外的“第五媒体”。手机作为一个集文字、图片、声音、影像于一体的多媒体平台，综合了其他所有媒体的长处。手机媒体是一个带体温的随身媒体，具有全覆盖、强制性、及时性、体积小、携带方便等特性，拥有其他媒体不可比拟的优势和潜力。

从手机技术的发展来看，到目前为止，它共经历了四代技术：1G时代，模拟手机时代；2G时代，GSM数字网络时代；3G时代，宽带移动网络时代；4G时代，高速移动网络时代。手机媒体的传播形式，从早期的语音通信，发展到短信、彩信、WAP网站、APP等方式。手机作为数字媒体重要的终端，其功能已经不再仅仅局限于通话，特别是智能手机的出现，手机能下载各种应用程序，于是手机的功能得到了无限的扩展。除了语音通信外，其他传播手段都能实现大众传播的效果。

手机媒体的基本特征是数字化，最大的优势是携带和使用方便。手机媒体作为网络媒体的延伸，具有网络媒体互动性强、信息获取快、传播快、更新快、跨地域传播等特性。手机媒体还具有高度的移动性与便携性，信息传播的即时性、互动性，受众资源极其丰富，多媒体传播，私密性、整合性、同步和异步传播有机统一，传播者和受众高度融合等优势。从传播角度看，手机媒体拥有的独特优势有：高度的便携性，跨越地域和电脑终端的限制，拥有声音和振动的提示，几乎做到了与新闻媒体同步；接收方式由静态向动态演变，用户自主地位得到提高，可以自主选择和发布信息；信息的即时互动或暂时延宕得以自主实现，是人际传播与大众传播的完美结合（见图1-1）。

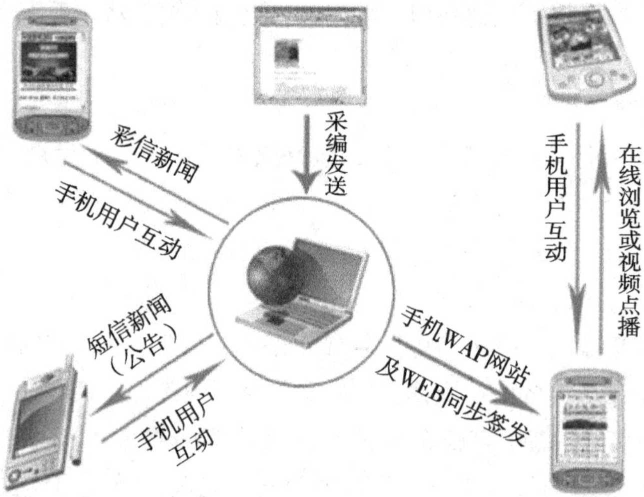


**图1–1　手机媒体新闻传播**

手机媒体作为以手机为中介，传播文本、视听、娱乐等多媒体信息的互动性的传播工具，将对传统的传播方式产生突破性创新。手机对传统媒体具有延伸、拓展的作用，如手机报纸、手机广播、手机电视等就是对传统媒体的拓展与融合。手机比电脑更普及，比报纸更互动，比电视更便携，比广播更丰富，集四大媒体的优势于一身，手机媒体带来视听方式和传播模式的革命。除了作为传统媒体的延伸平台之外，手机媒体还可以提供游戏、社区、交易、支付等功能，这些功能对手机媒体的发展也起着重要的促进作用。

## 二、数字化的传统媒体

面对数字媒体的崛起，传统媒体的数字化转型已是大势所趋。传统媒体只有与数字媒体更好地融合在一起，在传统业务基础上进行改造与突破，才能顺应时代潮流获得新生。

1. 数字化报刊

数字报刊就是将报刊进行数字化处理后供读者使用。数字报刊包括光盘版、网络版、手机版、iPad版、电子书版等多种形态。把多期报刊的内容制作成光盘发行是数字报刊的一种形式，当然主流还是网络报刊。报刊网络版目前有三种主要方式：一是直接将报刊的内容放到网上，界面采用网站的页面形式；二是采用数字报纸或电子杂志技术，将报刊的版面全部继承下来，内容也是纸质报刊版面的翻版；三是将报刊的版面部分继承下来，内容上不完全等同于纸版内容，更新更为及时，还提供其他内容与服务。

手机报刊主要采用短信、彩信、APP等方式传播。报刊的iPad版主要是APP，也有报刊推出了相应的电子书版本，如Kindle版等。还有不少报刊采用同样的技术在不同的移动终端上实现跨平台通用的数字版，这也是未来数字化报刊的发展趋势。iPad和Kindle这类便携设备的快速发展有可能令本已销量停滞的报纸进一步遭遇困境，给众多依靠传统商业模式生存的报业带来更多的压力。

图1–2为《新京报》数字版。《新京报》数字版软件刊载《新京报》原版版面内容，原创视频、组图等。软件以高清图片形式呈现《新京报》当日及过往版面，软件采用高清图片快速加载技术，在WiFi环境下，翻看下一页时整版的加载时间在1.0秒以内，基本实现翻页即得；点击剪报工具，可裁剪版面上任意区域；批注选项提供硬笔和荧光笔等多种笔触，可以不同颜色随意圈点、批注；用户最近的100P批注将被保存在软件内，可随时查阅；针对剪报和批注后的区块，用户可选择保存在本地，也可直接分享至社交网络。

图1–2 《新京报》数字版

2. 数字化广播

广播的数字化主要有三种方式：利用网络平台、手机平台以及数字音频广播（DAB）技术。现有的AM、FM广播，在收听过程中易受信号干扰，声音品质差，快速移动时接收效果差，无法提供多媒体广播和数字资讯服务。利用网络平台，广播可以实现跨越时空的传播，不再受广播时间和信号覆盖地域的限制。网络广播弥补了传统广播媒体的线性传播缺憾，同时媒体与受众间的互动性也大大增强。除了利用网络和手机，广播自身的技术进步也在向着数字化的方向发展，DBA就是目前主要的技术。数字广播具有众多优势：音质纯净，可与CD媲美；抗干扰能力强，收听效果好；适合于固定、便携和移动收听，快速移动时接收效果好；除了音频节目，还可以提供数字多媒体广播和数据服务；除此之外，数字广播还有发射功率低、发射带宽使用充分等优点（见图1–3）。

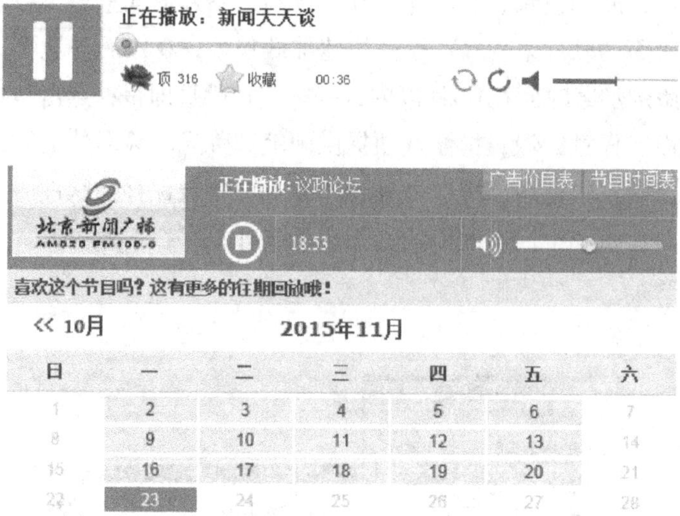


图1–3　数字广播

3. 数字化电视

数字化电视技术主要表现为IPTV、有线数字电视和无线数字电视等。数字化电视是指电视信号在信息的存储、加工、传输、发射和接收过程各个环节的数字化。具体传输过程是由电视台送出的图像及声音信号，经数字压缩和数字调制后，形成数字电视信号，经过卫星、地面无线广播或有线电缆等方式传送，由数字电视接收后，通过数字解调和数字视音频解码处理还原出原来的图像及伴音。

IPTV即交互式网络电视，是利用宽带有线电视网的基础设施，以家用电视机作为主要终端电器，通过互联网络协议来提供包括电视节目在内的多种数字媒体服务。用户可以得到高质量的数字媒体服务，有极为广泛的自由度选择宽带IP网上各网站提供的视频节目，实现媒体提供者和媒体消费者的实质性互动（见图1-4）。IPTV采用的播放平台能根据用户的选择配置多种多媒体服务功能，包括数字电视节目、可视IP电话、DVD/VCD播放、互联网游览、电子邮件，以及多种在线信息咨询、娱乐、教育及商务功能等。

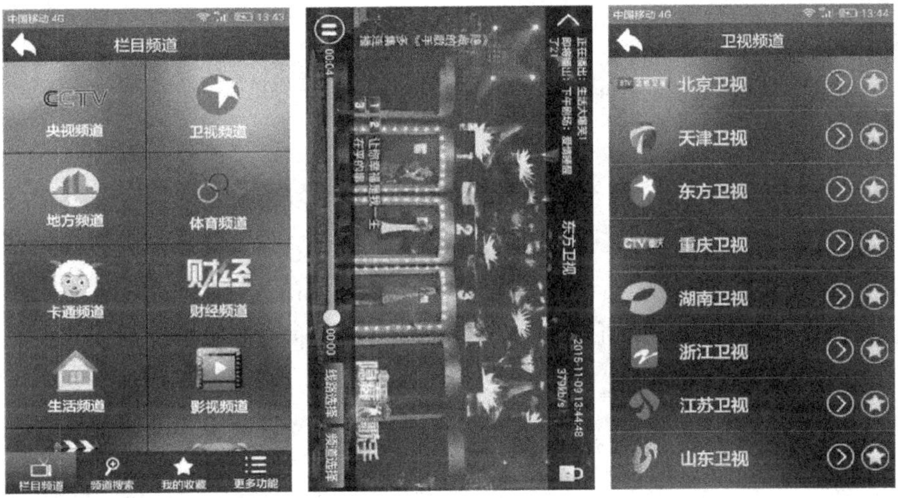


图1-4　数字电视

有线数字电视是利用数字化的有线电视网络来提供广播电视节目、视频内容和其他服务的方式。它其实就是传统模拟电视系统的数字化。目前用户可以通过数字电视机顶盒和现在的有线电视网络来接收数字电视节目。由于采用了数字压缩技术，数字电视提供的频道数量大幅增加，可以高达四五百个频道。有线数字电视清晰度高，音频效果好，抗干扰能力强，可以开展多功能业务，具有娱乐功能、学习功能、炒股功能、信息服务功能、交互功能、远程教育功能、音频广播功能、上网功能等。手机电视、CMMB电视（中国移动多媒体广播）、DMB（数字多媒体广播）等都属于无线数字电视范畴，都是在移动状态下进行电视信号传播。手机电视就是利用具有操作系统和流媒体视频功能的智能手机接收和观看电视节目。手机电视服务最初是通过采用移动流媒体的方式来实现的，也就是通过移动通信网络，在手机上接收视音频等数字媒体内容，是一种发展潜力巨大的数字新媒体服务。手机电视用户可以通过手机下载数字视频和音乐，收看实时新闻，接受远程教育，召开视频会议，以及置身网络交互游戏。

## 第三节　数字传播与文化转型

### 一、数字传播技术孕育数字文化

计算机技术、通信技术、网络技术的发展，使得社会文化的各个方面发生了重大变化，包括社会的物质文化、精神文化、制度文化、行为文化，都显露出新的不同于以往的特质。[1]社会文化的这种根本性的改变意味着一种新型的社会文化形态正在形成和发展，这种全新的文化形态就是数字文化。数字文化是以数字信息技术采集、创造、存储、传播的数字媒介形态文化。数字文化传播是数字媒介形态的社会文化信息的传递或数字媒介形态的社会文化信息系统的运行。

数字技术的应用催生了一个全新的数字时代。在数字时代，数字信息技术广泛应用于人们生活的各个角落，并促使社会不断发展变化。数字时代的特征是数字技术在生产、生活、经济、社会、科技、文化、教育、国防等各个领域的应用不断扩大，并取得显著效益。数字技术与各种专业技术的融合，形成了各种数字化专业技术。例如，数字技术与传播技术的融合，形成了数字化传播技术，它既包括互联网、物联网等网络媒体技术，也包括数字报纸、数字期刊、数字广播、数字电视等基于传统媒体而形成的数字传播技术，同时也包含微博、微信等基于手机、网络的自媒体传播技术。与传统的传播技术相比，数字化传播具有传播速度快（具有即时

[1] 董炎. 信息文化论：数字化生存状态冷思考［M］. 北京：北京图书馆出版社，2003：74.

性、同步性与时效性）、传播范围广（具有全球性）、传播信息量大（不受版面、页码、篇幅等限制）等特点。数字化传播的这些特点为文化传播提供了全新机遇，也为文化传播力赋予了数字化内涵。[1]

当今世界正在由工业社会向信息社会转型，信息的收集、处理、管理与传输能力已成为基本国力的重要组成部分。信息的数字化是信息社会的重要特征，数字化信息技术正在改变社会文化的呈现形态，社会文化的数字化、网络化转型成为人类文化的发展趋势，数字文化将逐渐成为文化的主流表达形态。经济发达国家对数字文化与数字媒体传播技术的研究和利用方兴未艾，发展中国家也正在积极涉足这个领域。从我国经济和社会发展的未来着眼，对数字传播技术及其孕育的数字文化相关内容进行研究和把握已成为迫切需要解决的重要问题之一。随着我国信息化产业的发展，传统纸质资料已逐步转型为电子化信息资源，网络化步伐的加快引发了信息时代的爆炸式发展。在信息技术日益普及的国际环境下，传统文化形态的数字化转型已经成为文化发展的必然趋势，数字文化的生产和消费及其数字传播形态也将成为信息时代文化产业的主体。数字媒体产业的发展在某种程度上体现了一个国家在信息服务、传统产业升级换代及前沿信息技术研究和集成创新方面的实力和产业水平。

## 二、数字时代文化的数字化转型

仔细观察一下我们身边，当你看到地铁里、公交车上，还有在医院候诊的时候，在超市排队等待结账的时候，已经有越来越多的人习惯性地拿出手机，听音乐、看新闻、观看视频短片，就不难理解通过移动终端享受视听服务，已经成为这一代受众（或者称为数字媒介终端“用户”更为合适）的媒介接触习惯。数字文化的出现与信息科学及信息产业的发展密切相关，数字文化的发展离不开信息传播技术和数字技术的支撑。以计算机科学与技术学科为核心的信息和数字技术是促进数字文化业态形成发展的根本动力，以计算机网络通信学科为核心的数字传播技术将成为文化传播的主要途径。计算机科学与技术学科、计算机网络通信学科的发展，直接

[1] 姜立红. 数字时代文化传播力的提升路径［N］. 光明日报，2013-08-18.

决定和推动数字文化形态的形成与发展及其传播。

当前，文化领域正在发生广泛而深刻的变革，我们正处在高速发展的数字时代。数字技术不断创造新的奇迹，不断革新传统文化生产，不断催生新的文化业态，不断改变人们的行为模式，并渗透到人们生活的方方面面。数字化不仅改变了我们日常的生存方式，也对中国文化的国际传播、不同文化类型的交流、交融提出新的挑战。《国家“十二五”时期文化改革发展规划纲要》中明确提出了“文化资源数字化”“文化生产数字化”“文化传播数字化”的文化数字化建设工程，并且要加快以数字技术为基础的文化创意、数字出版、移动多媒体、动漫游戏等新兴文化产业的发展。在人才培养方面，提出要加强对外文化交流与合作，抓紧培养善于开拓文化新领域的拔尖创新人才、掌握现代传媒技术的专门人才、懂经营善管理的复合型人才、适应文化走出去需要的国际化人才。社会文化数字化的现实与国家文化改革发展的大势无疑需要高校为社会输送一批高质量、高水平、跨学科、复合型的数字文化传播人才。据统计，全国已经建成一万多个文化信息资源共享中心和服务点。2011年，国家数字图书馆工程在全国开展了首批实施的15个省级馆和52个市级馆的推广工作。截至2011年底，国家数字图书馆数字资源总量已达561.3TB。除了国家数字图书馆建设外，各地数字图书馆建设也蓬勃发展，目前全国已有20多个省规划和建设省级数字图书馆。

由于数字媒体技术不断地被应用在电脑动画、电子游戏、数字电影、网络教育、移动增值、数字出版、虚拟现实和数字创意等各个领域，以数字媒体技术与文化融合为特征的多媒体产业公司的发展越来越迅速。当前，国家大力实施文化数字化建设工程，改造提升传统文化产业，培育发展新兴文化产业；推动文化遗产信息资源、数字资源开发利用，提升中华文明展示水平和传播能力；加快现代科技应用步伐，提高公共文化服务的数字化、网络化水平；发挥文化和科技相互促进的作用，加快发展文化装备制造业，以先进技术支撑文化装备、软件、系统研制和自主发展，加快科技创新成果转化，提高我国出版、印刷、传媒、影视、演艺、网络、动漫游戏等领域技术装备水平，增强文化产业的核心竞争力。

日新月异的数字技术已迅猛改变全球传播景观，数字媒体全面渗透到社会、政治、经济、法律与文化结构之中。作为一种“虚拟的真实”世界，数字媒体的普及带来了社会文化和人们行为方式的深刻改变，信息与文化在全球范围内高速流通，文化消费者同时成了文化生产者，专业人士与非专业人士之间的界线模糊，各种不必付费的服务，新媒体与传统媒体以及各种新媒体之间的相互竞争与相互促进等，数字媒体深化了卡斯特所谓的“网络社会”（network society），重构了社会文化与媒介技术的关系，人们的生活方式越来越由传统的“在场性生存”转向“数字化虚拟生存”。

## 三、数字媒介影响文化传播的未来

文化的生命力是依靠传播来体现的，没有传播就没有文化的生命力。从人类文明发展的历史长河来看，任何民族、任何形态的文化都要依赖于传播而存在和传承。没有传播，文化将随文化持有者的死亡而消失。没有传播，便没有文化的增值、同化和重构。美国文化人类学家亚历山大·戈登威泽（Alexander Goldenweiser）认为，在每一个民族的文化中，都有很大的成分是由传播而来的，而且这一比例可高达90%。这就是说，对于大多数民族或国家的文化而言，独立创造的文化只有10%。人类正是通过使用、控制传播媒介，才使得文化得以传承、共享、发展、延续下去，从而极大地促进文化的变迁和发展。

把握数字时代文化传播的新方式，需要构建以数字新媒体建设为核心的现代文化传播战略体系。新媒体是体现在三网融合、物联网、泛在网、云计算、跨媒体、全媒体、超媒体等方面的集成概念，是数字时代科技创新、文化创意、信息传播、经济发展、社会进步的重要驱动力。数字新媒体是文化传播的全新方式，是文化传播内容的重要载体，是引领文化创新及传播的重要平台。我们要把握文化传播的新方式，制定国家文化发展战略，构建以新媒体建设为核心的综合化、立体化、数字化现代文化传播战略体系。传统的报纸、期刊、广播、电视、通讯社、出版社等要从战略高度促进新媒体的发展，推进大众媒体网络化；要拓展数字报纸、电子期刊、网络广播、数字电视、手机报刊等新媒体建设，使数字新媒体成为我国社会主义先进文化的新阵地、文化传播的新平台、人们精神文化生活的新空间。

数字传播技术的发展开创了文化传播的新潮流，微信、微博、博客、播客、网络视频等，均是新媒体技术催生的新传媒形态，它们具有受众广、影响大、平民化、开放性等特点，它们渗透到人们的日常生活中，并逐渐改变着人们的思想和行为模式。数字时代的文化传播者需要把握这种新型的传媒形态，促进数字技术与文化内容的结合。文化内容是文化传播的基础，文化品牌是传播内容的核心体现。要充分发挥我国的文化资源优势，创建文化精品工程，树立文化传播品牌；要深入研究大众文化心理，创新文化传播技巧和表达方式，展现我国文化发展新成果；要注重借鉴世界优秀文化，促进国外优秀文化与国内文化的有机融合。通过构建数字文化传播内容体系，借助跨媒体、跨国际、跨平台的立体传播网络平台，打造我国文化传播的知名品牌。

总之，数字传播媒介是一种社会辐射力很强的文化装置，不仅影响到文化传播的范围、内容及速度，成为文化传播的强大动力，而且数字传播媒介的诸多特点已进入当代文化的深层结构，使当下文化呈现出数字化、媒介化的特征。文化的数字媒介化是“文化与数字传播同质同构”在当代的突出表现。

# 第二章
# 数字文化的内涵及其特征

随着数字技术的飞速发展，数字媒介应运而生、顺势而上，“第四媒体”互联网已将世界紧密相连，“第五媒体”手机也与人们形影不离，报纸、杂志、电视、广播、电影等传统媒介因嵌入了数字或者比特的DNA而生机勃发。媒介大师马歇尔·麦克卢汉曾断言“媒介即信息”，媒介不仅是传递信息的中介，同时也是信息本身，每一种媒介的产生都会改变人类的感知方式、思维方式和交往方式，代表着技术和时代发展的某种水平和文化状态。因此，我们也可以说“媒介即文化”。麦克卢汉的学生、媒介环境学之父尼尔·波兹曼对此表达尤为清晰：“任何一种大众传播工具的迅速发展，都会对社会产生巨大影响。它会逐渐形成另一种政治，另一种教育，另一种文化……这是不可避免的。”[1]当前，以计算机技术、网络技术和通信技术为主要基础产生的数字媒介，不仅重构了社会政治经济基础，同时也建构出一种新型信息文化。我们可以把这种文化称为“数字文化”。然而，人们尽管身受数字媒介的包围、饱经数字文化的浸润，但对如何看待和评价数字文化却充满争议甚至误解。比如，数字文化是文化吗？它何以成为文化？我们如何界定它？它又有哪些形态特征？本章试图对这些问题进行辨识和解答。

---

[1] 郑征予. 电视文化传播导论［M］. 上海：复旦大学出版社，2003：52.

## 第一节　数字文化的文化性

数字文化是文化吗？这个问题问得实在有违逻辑：既然称之为“数字文化”，怎么就不是“文化”呢？因为从字面上看，前者与后者显然是被包含与包含的关系。但是，如果我们换一种问法：数字文化何以成为文化？这个问题就值得我们深思了。

一直以来，人们认为文化和技术不仅相互促进、共同发展，还存在着一种对抗关系，波兹曼的媒介批评三部曲之一《技术垄断：文化向技术投降》就死死地盯着技术的阴暗面，警惕技术对人造成的危害。该书认为，人类文化的发展可分为三个阶段：工具使用文化、技术统治文化和技术垄断文化。工具使用文化阶段从远古到17世纪，该阶段技术服务从属于社会和文化，此时工具在物质生活和精神生活两个方面比较好地服务于人的需要，技术对人不构成危害。然而，随着技术的发展，技术的潜在危害有加大的趋势。随着18世纪末瓦特蒸汽机的发明，技术统治文化登上历史舞台，此时工具在思想世界里扮演着核心的角色，社会世界和符号象征世界都服从工具发展的需要，技术开始向文化发起攻击，并试图取而代之。机械时钟产生了新的时间观念，望远镜攻击犹太—基督教神学的根本命题，印刷术改变了文学……尽管如此，技术并没有完全摧毁工具使用文化的世界观和符号世界的传统。遗憾的是，20世纪初进入技术垄断文化阶段，技术的突飞猛进使信息泛滥成灾，使传统世界观消失得无影无形，人可能沦为信息泛滥的奴隶，甚至在无序信息的汪洋大海中淹死。汽车大王福特发明装配线，这使人沦为机器的奴隶；唯科学主义盛行，科学成了一个信仰系统，许多人相信科学管理、实证研究能够解决一切问题，社会研究沦为自然科学的附庸；电脑时代的到来，人们的隐私更容易被强大的机构盗取，从而沦为被人操弄的数字客体……令波兹曼忧心忡忡的是，美国正在进入技术支配文化的一个新阶段，正面临失去传统、失去驾驭技术能力的危险。为此，他号召世人以强烈的道德关怀和博爱之心去拼死抵抗技术垄断，并坚决反对文化向技术投降。那么，在计算机技术、网络技术和通信技术等基础上衍生出来的数字文化是不是已经向技术投降？若如此，它凭什么、又在何种意义上能够跻身文化的殿堂之中？要厘清这些问题，我们有必要结合“文化”的概念进行一番考察。

文化是一个古老的概念。在古希腊的话语系统中，文化指“习俗”，是后天习得的。在拉丁语和英语中，文化指土地的开垦与植物的栽培。后来，人们将其引申为人的身体、精神特别是艺术和道德及天赋的培养。中国古代的文化意为文治教化。《易经·贲卦·彖传》云：“刚柔交错，天文也。文明以止，人文也。观乎天文，以察时变，观乎人文，以化成天下。”天文是自然的运行，人文是人为的创造。观天文是为了了解四时变化的有序性，观人文是为了认识人类社会的有序性。文化就是以人文的规律来教化天下的人。

进入20世纪以来，文化概念产生了新的含义和用法。英国文化批评家雷蒙·威廉斯归纳出了三种宽泛的文化定义：第一，理想型文化，意指人类的某种尽善尽美的状态或过程。这实际上是概括了19世纪英国学者阿诺德为代表的纯文化定义。在阿诺德看来，文化是这样一种过程或东西——“通过阅读、观察、思考等手段，得到当前世界上所能了解的最优秀的知识和思想，使我们能做到尽最大的可能接近实物之坚实的可知的规律，从而使我们的行为有根基，不至于那么混乱，使我们能达到比现在更全面的完美境界”[1]。换言之，文化就是努力使人们了解世界上“最好”的知识，并使这些知识盛行于世，以使全人类衷心向善。第二，文献式文化，意指人类知识性、想象性的文本和实践。凡是人类创造的知识或想象的成果，如文学、美术、雕塑、音乐、历史学、修辞、语言等都可以称之为文化。第三，社会性定义，文化是指有关人类的特定生活方式的描述。这一文化概念强调“社会性”，它并不试图概括所有的一般文化形态，而仅仅是指特定人类群体的文化；但就特定人类群众文化而言，它并不仅仅是指特定人类群体中的完美知识或文本和实践，而是扩展到这个群体的整个生活方式。威廉斯在此突出了文化的日常生活特征，从而为数字文化及其研究留下了一块合法性地盘。尼葛洛庞帝对数字化生存进行了描述：“今天，媒体实验室已经成为主流，而互联网络上的冲浪好手则成了在街头游荡的疯

[1] 阿诺德. 文化与无政府状态［M］. 韩敏中，译. 上海：生活·读书·新知三联书店，2002：147.

孩子。数字一族的行动已经超越了多媒体，正逐渐创造出一种真正的生活方式，而不仅仅是知识分子的故作姿态，这些网上好手结缘于电脑空间。他们自称为比特族或电脑族，他们的社交圈是整个地球。今天，他们才代表了落选者沙龙，但他们聚会的地方不是巴黎的咖啡厅，也不是位于坎布里奇的贝聿铭建筑。他们的沙龙是在'网'上的某个地方。"[1]数字文化作为人们尤其是年轻人的一种特定生存方式，当然可以被称为文化。

美国文化批评家贝尔则采取了略有不同的三分法："我在书中使用的'文化'一词，其含义略小于人类学涵盖一切'生活方式'的宽大定义，又稍大于贵族传统对精妙形式和高雅艺术的狭窄限定。对我来说，文化本身正是为人类生命过程提供阐释系统，帮助他们对付生存困境的一种努力。"[2]他的第一种文化是指"特定人类的生活方式"，这是人类学家提出的较为宽泛的文化，这大致相当于威廉斯的第三种文化概念；第二种文化概念是指阿诺德的文化观，相当于威廉斯的第一种文化概念。他认为这两种文化概念都过于狭窄，转而宁愿采用德国哲学家卡西尔的文化概念——文化是指由人类创造和运用的符号形式的领域，它主要处理人类生存的意义问题。

比较起来，卡西尔的文化概念确实具有更大的应用价值。它表明，文化是特定人类群体表达其生存意义的符号形式，包括神话、宗教、语言、历史、科学和艺术等形态。在卡西尔看来，人的本质是劳作，劳作的目的是创造符号以便表达人生的意义，所以文化就是人类的符号表意行为和系统。简言之，可以这样来界定文化：文化是人类的符号表意系统。也就是说，凡是人类的符号表意系统，无论是口传还是笔传、拟物还是摹心、高雅还是低俗、原始还是开化、兴盛还是衰落、稳定还是易变，都可以被视为文化。

如果这个作为人类符号表意系统的文化概念能够成立，那么，数字文化能否成为文化呢？数字文化是个大杂烩，精英与大众共舞，高雅与低俗并存，如果按照阿诺德的"文化"界定，它显然远远够不上"当前世界

---

[1] 尼葛洛庞帝. 数字化生存［M］. 胡冰，范海燕，译. 海口：海南出版社，1997：264-265.

[2] 贝尔. 资本主义文化矛盾［M］. 赵一凡，译. 上海：生活·读书·新知三联书店，1989：24.

上所能了解的最优秀的知识和思想”，所以难以升入文化的殿堂。但是，如果按照卡西尔的“文化”界定，数字文化就可以忝列文化之中了。数字技术进行了符号化革命，它把各种语言都变成0和1的编码，传到终端用户那里又恢复其本来面目。一个0和1就是一个最基本的信息单位，人们称之为“比特”。它没有颜色、尺寸或重量，以光速传播，构建起了新的符号空间和符号生存形式；它不再满足于表征现实世界，而是构建了“第二客观世界”——虚拟现实。数字文化作为人类的一种新的符号表意系统，当然完全有理由被视为文化。其文化特性就表现在它是一种人类符号表意系统，人类用它来表达生活的意义。

不过，卡西尔的文化概念还没有为数字文化设定合适的领域，即文化分层问题还悬而未决。美国文化批评家杰姆逊虽然也认为存在三种文化定义，但在具体理解时与威廉斯和贝尔有同有异。其一，文化是指“个性的形成和个人的培养”，这大致对应于威廉斯的第一种和贝尔的第二种，即阿诺德代表的狭窄的贵族文化观。其二，文化是指与自然相对的“文明化了的人类所进行的一切活动”，属于人类学概念，这显然又与威廉斯的第三种及贝尔的第一种大体相同。其三，文化是指与贸易、金钱、工业和工作相对的“日常生活中的吟诗、绘画、看戏、看电影之类”的娱乐活动。第三种文化概念尤其能体现后现代社会或消费社会的时代特点——文化是指以大众文化为主流的日常闲暇中的娱乐活动。数字文化远离精英、高雅、严肃、权威、标准和中心，带有浓厚的商业化、世俗化、娱乐化、消遣化、通俗化和媚俗化的特点，合乎杰姆逊的特殊立场和关注焦点，具备大众文化的精神气质。但有学者指出，数字文化尽管凸显了后现代大众文化的所有特征，但它又不是传统意义上的大众文化，而是通过视觉、听觉、触觉等虚拟传播，使用者在一个模仿外界环境的数据结构中创造的一种新文化。[1]

结合西方学者关于文化概念的论述，我们为数字文化找到了安身立命之所，它完全有理由也有资格屹立于文化之林。但是，我们还没有解答它的技术属性与文化的关系问题。假若真如波兹曼所揭示的，技术与文化存

---

[1] 张品良. 网络文化传播：一种后现代的状况［M］. 南昌：江西人民出版社，2007：104.

在一种对抗与排斥关系，当今世界已进入技术垄断阶段，文化已向技术投降，那么，数字文化显然只剩下“技术”，而不能称为“文化”了。

波兹曼是媒介环境学之父。媒介环境学派是传播学三大学派之一（另两派为经验学派和批判学派），主张泛技术论、泛媒介论，关注技术、媒介长效而深层的社会、文化和心理影响，并怀有深切的人文关怀和现实关怀。该学派自奠基人刘易斯·芒福德始，就把探究技术与文化的关系作为重大的理论命题。芒福德在《技艺与文明》一书中，根据技术发展状况，将人类文明划分为三个阶段：前技术阶段、旧技术阶段和新技术阶段。也就是说，文明的不同阶段实际上是技术产生的结果。显然，波兹曼提出的三个文化阶段就是承接芒福德的三个技术阶段而来，也大体上相当于芒福德的三个技术阶段。

技术与文化到底存在怎样的一种关系？荷兰科学家E.舒尔曼在《科技文明与人类未来》中文版序中说：“现代技术在相当大程度上控制和决定了西方文化及其未来……在今天，技术已成为一种无所不在、动荡不居的力量影响着人类的未来。”[1]在他看来，人类社会发展到近现代，技术本身已兼具“目的”和“手段”的双重甚至多重意义对社会文化产生巨大影响。至于这种影响是如何发生的，媒介环境学派内部形成了三种解释视角：软决定论、文化/技术共生论、硬决定论。“软决定论”认为，虽然媒介使事件发生，但事件的形态和媒介的冲击不是正在使用之中的信息技术的结果，却是其他因素的结果，其中人的能动性是决定性的因素之一。“硬决定论”主张，技术是必然的历史变化、社会变革的首要决定因素。处于以上两种视角中间的“文化/技术共生论”指出，人类文化是人与技术或媒介不间断的、互相依存的因而互相影响的互动关系，它既不过分看重对媒介/技术的影响，也不忽视人的因素。[2]总之，这三种视角都承认技术在文化中的界定性作用。正因为如此，媒介环境学派根据传播技术的发展变化统一将历史/文化划分为四个阶段：口语时代/口语文化、文化时代/文字文化、印刷术时代/印刷文化、电子媒介时代/电子媒介文化。但是，该学

[1] E.舒尔曼. 科技文明与人类未来——在哲学深层的挑战［M］. 李小兵，等，译. 北京：东方出版社，1995：1.

[2] 林文刚. 媒介环境学：思想沿革与多维视野［M］. 何道宽，译. 北京：北京大学出版社，2009：33.

派的专家学者对这四种文化的取舍褒贬不一。譬如，波兹曼对充满理性、思辨和逻辑的印刷文化心存敬畏并全力捍卫，而对充满享乐、欲望和混乱的电子文化（尤其是电视文化）保持高度警惕；他认为，随着电子技术的发展尤其是电视的粉墨登场，娱乐业时代不期而至，印刷文化精神萎靡不振，信息犹如洪水泛滥，人们有“娱乐至死”的危险。由此，波兹曼成了技术悲观主义者。相反，媒介环境学派的重要人物马歇尔·麦克卢汉和保罗·莱文森却对技术充满乐观。在麦克卢汉看来，技术发展催生的电子媒介是人的中枢神经系统的延伸，能够整合人的各种感官，促进人类形成整体思维，从而有利于人与文化的全面发展。他欢呼电子时代的到来！莱文森认为，技术发展具有“人性化趋势”，会越来越完美，因此，电子技术会比印刷术更有利于人类发展与文化进步。悲观也好、乐观也罢，我们都能体悟媒介环境学派的浓烈的人文关怀和现实关切，也能看到技术既是包袱又是恩赐，利弊同在。如此，我们也就能够正确理解波兹曼所谓的“文化向技术投降”了，他并不是否认技术与文化的相互促进甚至同构的关系，而是认为电子技术及媒介会对他心仪的印刷文化形成巨大威胁！可是，尽管电子技术及媒介会消解甚至摧毁印刷文化，但它也会衍生出新的文化形态。从这个角度来说，电子媒介与文化携手共进，将会开拓出人类文化的新局面。

弄清楚了技术与文化的融合、互动甚至同构的关系以及技术对文化的界定性作用，我们就完全有理由将以计算机技术、网络技术和通信技术为基础产生的数字文化视为文化了。值得注意的是，媒介环境学派将数字文化包含于电子媒介文化之中，但是，由于计算机技术、网络技术和通信技术等数字技术超越了传统的电子技术，其衍生出的历史文化形态也与电子媒介时代差异巨大，因而我们可以将此种历史文化从电子媒介时代独立出来，称之为数字化时代/数字文化。

## 第二节 从网络文化到数字文化

数字技术产生的最重要与最具代表性的成果就是互联网或称因特网，因此，人们基本将数字文化等同于网络文化，研究数字文化也就聚焦于网络文化了。在“e网天下”的时代，网络文化囊括并展现出了数字文化的所有现象和特征。可以说，数字文化与网络文化的本质特征相同，二者的显著区别在于前者强调的是信息存储、传输的形式“比特”，后者突出的是信息传播的媒介“互联网”。无论是比特还是互联网，它们都基于数字技术。因此，对数字文化进行界定，我们必须先从网络文化的界说开始。

关于网络文化研究，国外开始于20世纪90年代，其中前期主要关注网络文化的好坏及其前景，中期致力于探究网络文化的本体及主体，如虚拟社区、在线身份识别，后期逐渐拓展至在线交流、数字话语、网络安全以及网络空间的界面设计等领域，开展综合研究并延续至今；国内的研究始于20世纪末，从文化角度观照开始逐渐发展成综合研究。参与研究的专家学者来自传播学、社会学、文化研究、哲学、教育学等多个领域，这有利于从多视角多层面对网络文化进行研究。但是，对于何为网络文化，至今学界尚未形成统一的认识，究其原因，一是数字技术和互联网发展一日千里，网络文化一直处于形成与发展之中，人们对它的认识还不深入；二是“文化”概念的复杂性，使人们对它的理解呈现多样化。尽管如此，我们还是可以通过梳理、分析现有的各种定义，对网络文化进行一个相对合理、明确的界定。

有专家学者从突出网络文化的技术和媒介特征方面对网络文化进行界定。匡文波认为，网络文化“是指以计算机技术和通信技术融合为物质基础，以发送和接收信息为核心的一种崭新文化。这是一种与现实社会文化具有不同特点的文化”。[1]范晓红说：“网络文化是一种新型媒介文化，是人们以计算机网络为媒介所进行的特殊方式的传播活动及其产物。”[2]高云、黄理显认为：“网络文化是指随着科学技术的发展和电脑网络的普及和应用，人们借助于计算机和互联网进行各种活动时所形成的具有自身鲜明特征的信息文化。”[3]有学者从文化价值的角度出发，认为网络文化是一种“以网络技术为基础，以网上生存为核心内容的新文化形式，它不仅造成了人们对以往传统的占主流地位的文化价值规范的反思和检讨，而且也极大地扩充了现代社会中人们文化生活的深度和范围，并正在塑造出全新的文化价值规范体系”。[4]郭玉锦等指出：“网络文化是一种新的文化，它

[1] 匡文波. 论网络文化［J］. 图书馆，1999（2）.

[2] 杨鹏. 网络文化与青年［M］. 北京：清华大学出版社，2006：20.

[3] 高云，黄理显. 关于网络文化的探讨［J］. 职业圈，2007（16）.

[4] 冯鹏志. 延伸的世界——网络文化及其限制［M］. 北京：北京出版社，1999：25.

重新构造了我们的日常生活和意识形态，重塑了我们关于自己和他人的观念；它影响着我们的价值观、情感和对世界的理解；进而，重新约定了市场规则和配置社会各种资源，并参与和影响了人类社会发展的进程。”[1]有学者从人类学的角度来理解网络文化：“它并不是一个十分抽象的概念，如果自己觉得以某种方式生活，这里面本身就体现了文化，当你的吃、住、行、交友等日常活动按网络的方式来进行，自然就形成了网络生存方式，也就是网络文化。”[2]应用符号学理论的学者认为，网络文化是指国际数字网络传播的各种人类符号表意系统，包括在互联网传播中生成的文化和在互联网中传输的现成文化。[3]

还有学者结合“文化”的广义和狭义对网络文化进行界定，尽管他们所谓的“广义”和“狭义”的范围并不相同。毛为忠认为：“网络文化是建立在因特网基础上的一种不分国界、不分地区的信息文化，它是以计算机技术和通信技术的融合为物质基础，以上网者为主体，以虚拟的赛博空间为主要传播领域，以数字化为基本技术手段，为人类创造出一种新的生存方式、活动方式和思维方式。从狭义的角度来看，网络文化将知识和信息以计算机可以识别的代码形式记录下来，并且通过计算机互联网进行传播和交流。从广义的角度来看，网络文化是网络时代的人类文化，它是人类传统文化、传统道德的延伸和多样化的展现。”[4]而欧阳友权主编的《网络传播与社会文化》则指出：“网络文化从广义上说是指借助计算机网络所发生的政治、经济、军事、社会、学术、文学艺术、娱乐等广泛的社会文化活动，从狭义上说，包括在计算机互联网上进行的教育、宣传、文学艺术、娱乐等侧重人文精神性的文化活动。”[5]

以上列举出的种种代表性定义，是学者们基于不同理论视野对网络文化进行的界定，自然有着不同的偏重与关注。但是，我们从中可以梳理出网络文化的基本特征：第一，网络文化是在计算机技术、通信技术和网络技术的基础上产生的，具有鲜明技术特征的文化；第二，网络文化是以

---

[1] 郭玉锦，等. 网络社会学[M]. 北京：中国人民大学出版社，2005：6.
[2] 陆俊. 重建巴比塔——文化视野中的网络[M]. 北京：北京出版社，1999：6.
[3] 王一川. 大众文化导论[M]. 北京：高等教育出版社，2009：77.
[4] 毛为忠. 网络文化利弊谈[J]. 浙江高校图书馆工作，2007（3）.
[5] 欧阳友权. 网络传播与社会文化[M]. 北京：高等教育出版社，2005：23.

数字形式传输和交流的符号表意系统，建构了不同于现实世界的虚拟世界；第三，网络文化是伴随网络社会出现的特有文化形态，集中反映了网络社会经济、政治和社会心理的发展状态；第四，网络文化是不同于传统文化的新信息文化，创造了人类新的生存方式、活动方式和思维方式。前面已经提到，数字文化与网络文化的本质特征相同，因而上述网络文化的四个特征也是数字文化特征。据此特征，我们可以尝试为数字文化提出一个操作性定义：数字文化是在计算机、通信和网络技术的基础上产生，以数字形式传输和交流的符号表意系统，是数字化社会经济、政治和社会心理的发展状态的集中反映，是对传统文化和现实文化的扬弃超越，是人类生存方式的一次深刻变革。从广义上说，数字文化是借助计算机、通信和网络等技术采集、创造、存储、传播文化的各种活动及其所形成的成果和产品，包括物质文化、行为文化、制度文化与精神文化等形式；从狭义上讲，数字文化主要指数字化的人类精神文化，包括存在于数字空间的一切知识信息、价值精神、心理意识和思维行动方式等方面。

这一定义的可操作性表现在以下几点：

第一，清晰指明了数字文化的社会存在基础。文化是对人类社会物质生产方式和生活方式的反映，受人类物质生产和科技发展水平的制约。具体到数字文化来说，它是以数字媒介为平台，以数字技术为手段，对数字化社会经济发展和政治进步状况的反映，同时也是对现有文化成果的继承、利用和再造，是以虚拟形式存在的新型文化形态。

第二，合理界定了数字文化的范围。数字文化是数字时代的特殊文化形态，是一种亚文化，不能将其泛化为“数字时代的人类文化”。尽管数字时代的文化创造和传播，大部分要依托数字媒介来进行，但不能就此认为没有数字技术和媒介就没有文化。同时，数字文化是对数字化社会政治、经济和文化发展的整体反映，不能简单地将其理解为数字化了的知识信息和文化内容，而应理解为数字技术与媒介创造和发展的现代社会价值精神、心理意识和思维行动方式。

第三，明显区分了数字文化与网络文化的异同。网络文化是数字文化的主要类型，它囊括并展现出了数字文化的所有现象和特征。但这并不是说，网络文化就是数字文化。尽管它们都基于数字技术，但数字文化强调的是信息存储、传输的形式“比特”，而网络文化突出的是信息传播的媒介“互联网”，二者比较起来，数字文化的内涵要大得多，它不仅包括网络文化，还涵盖手机文化、数字影视文化、数字广告文化等以“比特”形式存储、传输的多种文化类型。当然，网络文化也有巨大的包容性，它也能把数字影视文化、数字广告文化等吸纳其中。但是，当数字影视、数字广告等作品一旦没有进入网络，它们就不是网络文化，只可以被称为数字文化，比如，树立在社区的各种数字广告视频、车载数字电视等。

第四，正确厘清了数字文化与其他文化的关系。在数字文化产生之前，文化表现为现实文化与传统文化的辩证统一，其中传统文化的含义为历史文化，现实文化则为当代文化。数字文化一旦产生，它就开始了与现实文化、历史传统文化的互动交流。现实文化和传统历史文化一经数字化，就演化成数字文化；数字文化如果没有“比特”的DNA，也就加入到现实文化当中。而当人们强调数字文化作为一种新型文化形态与原有文化形态对比时，又习惯于把现实文化与传统历史文化统称为传统文化，强调数字文化是以传统文化为基础而产生的新型文化。因此，我们要特别注意两种传统文化在使用过程中的区别。

简而言之，数字文化是以数字技术为基础，以数字媒介为载体，以虚拟交互为特质的文化形态，通常指数字化的文、图、声、像等精神文化成果和产品，主要包括网络文化、手机文化、数字影视文化、数字广告文化等文化类型和利用数字媒介开展的学习教育、休闲娱乐、工作生活等活动。

## 第三节　传统文化的形态特征

数字文化是一个新兴的复杂概念，是存在于数字平台的所有文化现象及其所传达的意义的汇总，可以视作“传统”文化发展出的新部分。传统文化是一个国家民族在长期的社会实践中所积淀的物质文明和精神文明的文化遗产，也是民族特有的思维方式的精神体现。从图书、报刊到电视、电影，每一次新的传播媒介的出现都对传统文化形成一定程度的冲击，但也为传统文化的传承与传播开拓出新的空间。在数字文化出现之前，传统文化主要借助传统媒体进行传播。在数字时代，随着互联网信息技术、数字技术、移动通信技术的快速发展，出现了以网络媒体、手机媒体等为代表的一系列数字媒体形式。数字媒体改变了原有的传播环境和传播模式，在丰富着传播载体形式的同时，也使传统文化的传播面临许多机遇和挑战。传统文化作为一种历史积淀下来的文化成果，表现出强烈的历史遗传性和连续性，在数字时代寻求到了发展的新途径。

## 一、传统文化的形态

传统文化是在长期历史发展中形成并沿袭而来的风俗、道德、思想、艺术、制度、生活方式等一切物质和精神文化现象的有机复合体。传统文化包含着有形的物质文化，但更多地体现在无形的精神文化方面。

1. 物质形态的传统文化

以物质形态存在的传统文化是有形的文化，根据《保护世界文化和自然遗产公约》，“有形文化遗产”包括历史文物、历史建筑、人类文化遗址[1]。历史文物包括历史上各个时代的重要实物、艺术品、文献、手稿、书籍、书法与绘画、图书资料等，通过文物保护单位收藏或社会散存的方式存在。历史建筑是具有一定历史、科学和艺术价值，反映城市历史风貌和地方特色的建筑物或建筑群。保护历史建筑对继承和发扬优秀文化传统，对研究国家和民族政治、社会、经济、思想、文化、艺术、工程技术等方面的发展历史，均有重要意义。“文化遗址是古代人类的建筑废墟以及在对自然环境改造利用后遗留下来的痕迹，如民居、村落、都城、宫殿、官署、寺庙、作坊等”[2]，从历史、审美、人类学角度看具有突出的普遍价值的人类工程或自然与人联合工程以及考古等区域。

在传统文化范畴中，物质文化遗产是最为形象直观的实体的存在。物质形态的传统文化要得以生存，必然要有一定的生存空间、生存载体和生存形式。借由博物馆、图书馆、名胜古迹等渠道，能够直观展现在人们面前。这类传统文化具有唯一性、不可再生性以及不可替代性，需要保护其真实性和完整性。现代化进程的加快发展，在世界范围内引起各国传统文

[1] 参见百度百科词条“物质文化遗产”［DB/OL］. http://baike.baidu.com/item/物质文化遗产？fr=aladdin。

[2] 参见百度百科词条“文化遗址”［DB/OL］. http://baike.baidu.com/view/1143401.htm?fr=aladdin。

化不同程度的损毁和加速消失，传统文化的生态遭遇威胁。有的古建筑、古遗址风貌遭到破坏；有些经典古籍四处散落；文物非法交易、盗墓以及走私文物的犯罪活动时有发生，导致珍贵文物流失；由于过度开发和不合理利用，许多重要文化遗产消亡或失传。

对于物质形态的传统文化，保护放在首位。要从对国家和历史负责的高度，切实做好保护工作，如抓好重点文物的维修工程，加强对重要濒危文物的保护，提高馆藏文物保护和展示水平等，从而使物质形态的传统文化得到好的保护。

2. 非物质形态的传统文化

非物质形态的传统文化是指各种以非物质形态存在的与群众生活密切相关、世代相承的传统文化，包括口头传统、传统表演艺术、社会民俗和礼仪与节庆、有关自然界和宇宙的民间传统知识和实践、传统手工艺技能等，以及与上述传统文化表现形式相关的文化空间。民间文学、民间音乐、民间舞蹈、民间美术、戏曲、曲艺、杂技、民间手工技艺、生产商贸习俗、消费习俗、人生礼俗、岁时节令、民间信仰、民间知识、传统体育与竞技等都属于非物质形态的传统文化。

非物质形态的传统文化是以人为本的活态文化，它依托于人本身而存在，以声音、形象和技艺为表现手段，并以口耳相传作为文化链而得以延续，它强调的是以人为核心的技艺、经验、精神，从内容到形式都具有自身特点，集中表现为非物质性、地域性、传承性、社会性、无形性、多元性和活态性等特征。传承性是非物质形态的传统文化的重要属性，具有被人类以集体、群体或个体方式一代接一代享用、继承和发展的性质。长期以来，非物质形态的传统文化的传承形式主要靠口传心授，言传身教，具有很强的“口头性”，而很少以书面形式流传下来。正是因为这种口头传承性，非物质形态的传统文化具有活态性，会随着其所处环境、与自然界的相互关系和历史条件的变化而不断得以创新，具有一定的可塑性。

非物质文化遗产属于原生态文化，对其保护的首要形式就是对其原始状态存档。书籍、电影、电视等现代大众传媒对非物质形态的传统文化的保护与演化起着重要的推动作用，通过有效利用传播手段，为非物质形态的传统文化的传承创造良好的社会环境。

## 二、传统文化的传统传播媒介

传统文化的传承与保护离不开传播媒介。时代的变迁，媒体的进步，为传统文化的传播提供了无限的发展空间，从传统平面的纸媒到视听一体的影视，传统文化经过了一次次传播媒介的洗礼。无论是在数字技术、网络技术出现之前，还是在当下的数字时代，传统媒介利用自身传播手段对传统文化的保护与演化起着巨大的推动作用，使传统文化的传播方式有了各种可能性。很多传统文化借助书籍、杂志、报纸、唱片、电影、电视等传统媒介被保存、传播，很多书籍、杂志、报纸、唱片、影视作品本身也成为传统文化的重要存在形式。

1. 书籍

书籍是第一种大众媒介，书是人类用来记录一切成就的主要工具，也是传承文明、传递知识、提高民族素质的基本载体。在人类历史进程中，文字的产生为书籍的产生创造了基本条件。在造纸术发明以前，承载文字信息的载体主要是甲骨、石头、竹简和绢帛等。纸张为书籍提供了良好的载体，雕版印刷、活字印刷和套版印刷等印刷技术为书籍复制提供了有力的技术保障，为传统文化的传播做出了很大的贡献。

书籍成为承载传统文化的重要载体，通过文字、图像的形式，书籍从各个不同方面记录和保存了传统文化。在人类文明的进程中，书籍涵盖了天文、地理、风俗人情、文学艺术、医疗卫生、宗教信仰等内容，传统文化的主要资源存在于这些浩瀚的典籍中。很多古籍自身成为传统文化的重要遗产，很多当下书籍成为传统文化的重要传播载体。

2. 报纸、杂志

报纸和杂志是印刷媒介的重要形式，是大众传播的重要载体。报纸是以刊载新闻和时事评论为主的、定期向公众发行的印刷出版物，具有反映和引导社会舆论的功能。杂志是有固定刊名，以期、卷、号或年、月为序，定期或不定期连续出版的印刷读物。

相较于书籍，报纸、杂志出现的时间较晚。与书籍相似，一些历史上的报纸、杂志成为传统文化的重要载体。另外，在传统文化的宣传方面，报纸、杂志发挥着更大的作用，如报刊的新闻报道、专栏、特刊等，成为宣传传统文化的重要平台。

3. 广播、录音带与唱片

在印刷媒体时代，图书、报纸、杂志以文字、图片的形式记录、传播着传统文化，但对于以声音形式存在的传统文化却无法记录保存。广播的诞生使传统文化能够以声音的方式进行传播。广播传播的优势是对象广泛、传播迅速、功能多样、感染力强，电台的访谈节目、音乐节目等在音乐为主的非物质形态的传统文化的传播中发挥了重要作用。

录音带和唱片也是声音传播的主要介质，从早期录音带、钢丝唱片、胶木78转唱片、黑胶唱片及后来的CD光盘，非物质形态的传统文化尤其是音乐被以声音的形式记录下来，成为可以长久保存并传播的文化形式。

4. 电影、电视

电影、电视是融视听于一体的媒介，其形象化的传播具有亲切、真实、直观的特点，使听众或观众喜闻乐见，易于接受。影视表现手法的直观、逼真是以往文字、图像等传播媒介无法比拟的，电影、电视成为传统文化传播的主要媒介。影视手段在传统文化的传播中已得到了不同程度的运用，无论是用于保存、宣传，还是对传统文化的传承与发展，影视的记录性和文化的可视性都发挥了重要作用。

原始的影像记录是以保护传统文化为基础，可以直观、客观、真实地为传统文化建档。电视新闻可以对传统文化进行宣传报道，唤起国家、民众对传统文化的关注。宣传片多为政府、商家所用，将传统文化的相关内容置于宣传片中，对传统文化进行一定程度的宣传，如旅游宣传片。诸多的电视专题片、影视纪录片用真实生动的形象呈现传统文化的内涵与魅力，使更多的受众认识、体会到传统文化的价值与作用，从而成为传统文化传播的重要载体。影视艺术创作时，常常将传统文化元素纳入视野，对传统文化资源进行开掘和运用，并呈现一批内容有含量、形式有创意的精品佳作。在影视艺术创作实践中，寻求并探索表达和传播传统文化的多重路径，是十分必要的。

# 第四节　数字文化的形态特征

在数字技术基础上产生的数字文化具有极大的开放性和包容度，它以数字媒介为载体，既能将历史传统文化据为己有、让其恢复生机，又能积极吸纳当下人们沉溺其中的消费文化、大众文化和商品文化，让它们成为自身重要的组成部分。同时，它自己也努力开发新的文化空间和文化产品，而且，数字文化还拥有文、图、声、像等多种形式，令人眼花缭乱而又乐于其中。但是，数字文化的丰富性不能遮掩住它的独特性和新特点，我们依然能够描绘出这种新信息文化的多面脸孔。

## 一、数字文化的技术特征

数字文化首先是一种技术文化，是数字技术进步催生出的文化。每一次技术的关键性突破，都会推动数字文化新方式、新内涵的产生和拓展。可以说，技术特征是数字文化最基本的属性，其他特征都是在此基础上建立起来的。从技术的角度来说，数字文化最主要的特征是交互性、虚拟性和仿真性。

（1）交互性。交互性是指人们在传播活动中发送、传播和接收信息时表现为互动的操作方式。数字媒介作为一种崭新的传播媒体，区别于其他传统媒体的最本质特征就是交互性。传统媒体是受控的、单向的，即发布—传输—接受，处于传播环节末端的受众只能消极、被动地接受，而少有自由的选择。数字媒介的出现，使传者与受者之间的界限消失，人人都能自由地参与到“无中心状态”的虚拟社会之中，新型的“数字共同体”正在形成。数字媒介普及了平等的传播权利，传者与受者之间不再泾渭分明，任何人都能成为信息的制作者与发布者。比如，任何人都能建立自己的网页，开设自己的博客，他们变成了采写、编辑、出版与发行的主体。数字媒介传播不仅是媒体对受众的传播，也可以是受众对媒体的传播和受众之间的传播；不是将信息发送给受众，而是受众可主动地探索与接受需要的信息。它是一种真正互动的传播，是一种“一对面”或“点对点”的传播。正如尼葛洛庞帝所说，数字媒介不是将信息“推给”消费者，而是将受众所需要的信息“拉出来”。也就是说，如果传统媒体给人的感觉主要是向消费者“推”，乃至施加“心理暴力”“皮下注射”进行强行灌输，或进行“议程设置”，或把受众当成靶子打，那么，数字媒介却使受众可以与任何自己需要的“信息源”联系，可以在自己许可的时间与地点接受信息、消化信息或传播信息，可以随时随心所欲地查找不同形式的信息，把需要的信息“拉”出来，主动进行浏览、下载或传播等。

（2）虚拟性。所谓虚拟性是指数字化社会的存在形态是无形的，它以文字、图像、声音、信息等作为存在形式，以克隆、复制、模仿方式仿拟真实世界、再造一个虚拟世界。人类社会由过去的物理空间向数字虚拟空间转移。数字媒介不以原子而以比特作为基本要素，比特与原子遵循着完全不同的法则，比特没有重量、长度、色彩，易于复制，传播速度极快，在它的世界里时空障碍完全消失，传统媒介构筑的一个个相对独立、封闭的时空被数字媒介突破和重构了。数字媒介通过超链接、超文本等手段以及传者的虚拟性与匿名性，使人们置身于虚拟演播室、虚拟购物间、虚拟医院、虚拟图书馆等虚拟时空中，阻断了他们与真实世界的直接联系，人们的音容笑貌以数字化方式在屏幕上传播，人人都戴着“符号”的面具，暴露给他人的仅仅是一个角色符号和一组代码。这种虚拟时空迥异于现实社会，在此，人类凭空想象出来的东西或被认为不可能创造出来的图景，都能利用数字技术显现出来，都能转化为可以看到或听到的艺术作品。因此有人指出，“虚拟现实既不是有形的物理现实，也不是根本不存在的虚无，它是一种特殊的存在，是一种人造的电子环境，既不能简单地把它归为有形的物质，也不能简单地把它归为意识……它是由物质向意识转化的中间环节”。❶

（3）仿真性。“仿真”是数字文化秩序的主导形式。数字技术通过“0”和“1”的组合对自然和人类生活及其想象图景进行仿制和再造，即对现实世界的真实物理法则进行模拟和再现，构造与展示出一个集文字、图形、声音甚至嗅觉、味觉、触觉信号为一体的信息环境，有着声形并茂、音像俱全的共性，可达到以假乱真的程度，构成了一个“虚拟真实”

❶ 胡心智．信息网络的虚拟技术对物质观及中介的影响［J］.科学技术与辩证法，1999（12）.

的数字世界。这个世界超越了时空和因果关系等外在的限制，一切声音和视像、思想和行为、经验和期待，都可以进行数字化处理，随时存储、输送、复制、再造，便于人们记忆和想象，遵循人们的主观思维。它是比现实更真实的“超真实”“超现实”，是与感性世界并存的虚拟世界，但人们是无法感觉这个世界的事物本身的。法国后现代思想家鲍德里亚认为，随着计算机技术、信息处理技术的出现，一个由模型和符号所支配的信息与符号时代已经到来，人类的仿真能力日益突出，进入人类生活世界的事物不仅是物品，也是一种符号，社会文化价值是由具有象征意义的符号决定的，人类社会活动也可以视为符号交换；而对事物和符号的摹仿就是仿真，摹本即仿真物，现实世界与虚拟世界由此变得模糊不清。在“仿真”的世界里，人们总是将其中的图景影像当成了直接经验，自我感觉就是生活在现实世界。正因为如此，数字媒介积极制造影像、引导时尚，以迎合大众的消费需要与欲望。

## 二、数字文化的主体特征

文化是“人化”的产物，是人类的创造物。人既作为文化的创造者而存在，也作为文化的接受者和使用者而存在。数字文化中的人当然也不例外。数字文化为人所创造和改变，也创造和改变着人本身。从主体的角度来说，数字文化最重要的特征是多重化、个性化和大众化。

（1）多重化。这是针对单个主体而言的。长期以来，人们的基本实践和视界是处于主体—客体的两极框架之中，所宣扬和实行的是单一主体中心论，每个人都把“他者”看作被支配的“客体”。数字化社会使得交往实践成为人的基本生存方式。在生存方式的转型中，单一主体开始转变为多重主体。借助虚拟身份，真实的主体以不同的角色、个性、年龄、性别出现在虚拟空间，体验多种角色行为。一个真实的主体可以同时扮演多个虚拟主体，可以出现在不同的对话场景，也可以与世界各个不同角落的人进行交流。个人实现了对其交往关系的自由占有，表现的是一种互为主体的状态，每一个主体与另一主体交往，交往方式是交互性、非中心化的。如果就整个数字化社会来说，主体则扮演着“双重角色”。虚拟空间建造的是一个“双重生活世界”，将主体置于不同的生存环境之中，一个是现实世界，一个是网络世界。在现实世界中，作为社会个体，主体承担着现实社会赋予他的义务；作为生物个体，主体要与周围世界进行维持其生命的物质和能量的交换。在虚拟世界里，主体则遵循网络世界的秩序和规则，通过符号进行信息交换维持个体的精神存在。同一主体要在现实世界和网络世界两个不同世界里“切换”，这种转换如果过于频繁，极有可能造成主体的不稳定性甚至人格分裂。

（2）个性化。文化主体个性化的特征，在数字空间里展现得淋漓尽致。由于在数字空间里是虚拟、匿名的，人们就有了充分展现自己个性的舞台。数字空间没有既定的价值标准，没有绝对的权威，没有强制的规范约束，只要不伤害他人，只要不危及社会，人们可以尽情表达自我，人们也比以往任何时候更加容易接纳各种与众不同的观点。尼采那种“我从山上下来，告诉你们三个真理”的救世主在数字时代已经结束。1993年美国画家斯坦纳的一幅漫画最为形象地表述了此观点，漫画中两条狗在各自的计算机前通过网络对话，电脑屏幕显示的是：“在因特网上，没有人知道你是一条狗。”正如尼葛洛庞帝所说，网络的数字化生存必将分散权力，分散的后果必然是个人享有更多的自由，这是一个“沙皇退位，个人抬头”的时代。数字媒介也无法像传统媒体那样控制受众了，极大地动摇了信息“把关人”的地位，它是真正个性化的传播，它的内容设计大多是出于网民个体的需要；即使信息化法制得到加强，也不可能再回到传统“一言堂”的格局。也正因为如此，几乎所有的门户网站、新闻网站和部分专业网站为适应网民需要，都纷纷搭建了博客、播客等平台，形成了千姿百态的客文化。

（3）大众化。数字文化的大众化体现在覆盖范围和参与受众的广泛性上。数字媒介已经深入到人们的学习、生活和工作之中，尤其是互联网和手机终端的结盟，使数字媒介传播速度快捷、信息来源广泛、制作发布信息便捷的传播优势尽显无余。人们不分阶层、民族、贫富、老幼、男女等，既可以成为文化的生产者、创造者，又可以成为文化的传播者、消费者。由于可以匿名和互动，能够做到“零成本”制作、即时更新、同步发送，人人乐于参与到这道文化大餐之中。比如，网络中的歌曲下载、各类游戏、美女写真、娱乐动画、电子邮件、聊天互动等，都成了人们喜闻乐见的文化传播形式，成了人们乐此不疲的精神大餐，就足以说明数字文化在大众中的影响力。在虚拟空间中，人们可以畅叙胸怀、指点江山，随意自由发表观点，表现出对传统的颠覆和对权威的挑战。人们不再仰视专家和学者，而是用自己掌握的知识对他们的观点进行比较分析，从新的角度提出自己的看法。对于社会热门话题，大到强国富民，小到菜篮民生，普通百姓都可以发表自己的看法。很多人还通过即时通信工具、博客、论坛等，建立群组和个性栏目，喜欢它们的人因此而聚集在一起分享和讨论，成了“数字共同体”。

## 三、数字文化的功能特征

数字媒介将人类带进了一个全新模式的虚拟消费王国和娱乐化时代。数字媒介正改变着人类的消费形态，它按照市场经济规律运作，生产、复制出大批量的文化产品，不断满足大众日益增长的消费欲望和感性娱乐需求，并创造着巨大的经济效益。正因为如此，数字文化除了传播知识和信息，还凸显出了娱乐化、消费化和商品化的功能特征。

（1）娱乐化。娱乐是人类生活方式的重要组成部分，技术总是呼应大众需求，积极为他们的娱乐感受、欲望释放创造条件。马歇尔·麦克卢汉说过：“电力技术结束了陈旧的二分观念，即文化与技术、艺术与商务、工作与闲暇的二分观念。在肢解分割的机械时代，闲暇是不干工作、无所事事。电力时代的情况与此相反。因为在信息时代里我们要同时使用一切官能。所以，我们发现：非常强烈地调动官能的时候，正是感到最悠闲的时候，我们的感觉酷似过去一切时代的艺术家的感觉。”[1]数字技术的飞速发展，为人类娱乐增添了新的手段与方式，数字文化也变得越来越趋向于轻松、愉悦和娱乐需求，充溢着浓厚的休闲娱乐氛围，以至于有人叫出了“娱乐至死”的口号，有学者亦把网络称作“信息即娱乐，娱乐即信息”的世界。娱乐成了数字文化的主题，它穷尽心智，企望给生活在现代社会为生活奔波的人寻找乐趣。人们只要进入虚拟空间，其中的娱乐中心随处可见，轻松平面化的文学、色彩缤纷的flash动漫、迷幻式的游戏世界、风

[1] 马歇尔·麦克卢汉.理解媒介——论人的延伸［M］.何道宽，译.南京：译林出版社，2011：395.

行一时的歌曲、互动式的QQ聊天、生动诱人的视频点播，等等。人们进入影院或打开电视，其中播放的各类影片和栏目令人眼花缭乱而又刺激不已。当然，这种过于追求娱乐的后果，势必造成数字文化平面化、无深度甚至媚俗化。波兹曼担心文化成为充满感官刺激、欲望和无规则游戏的庸俗文化，这种担心很可能会成为现实。

（2）消费化。数字文化在本质上同消费文化是紧密相连的。进入21世纪以后，数字媒介日益成为社会、经济与文化不可缺少的组成部分，其影响力是任何媒介都无法相比的，它集推销员、生活方式的倡导者、流行时尚的制造者等重要角色于一体，引领时代的消费潮流。它运用当代科技高保真的声光色的刺激，迫使人们相信这个世界中的一切确如视觉影像世界所叙述的那样，此中只有真没有假，从而成了装饰世界也装饰受众心理的万能工具，极大地推动了消费社会的形成与发展。数字媒介通过传播信息、交流方式、娱乐项目等促进消费，把某些文化娱乐变成文化商品，从而使市场逻辑、商业逻辑成为虚拟社会的主导逻辑形式。数字媒介面向当代社会生活全面开放，已经成为人们日常社会生活最具支配性和主宰性的力量之一，引领着人们的文化需求，刺激着人们的消费欲望，把人们培养成显在或潜在的消费者，网络成了消费主义的兜售器。当然，数字文化成为消费主义的主要阵地也可以说迫不得已，它必须吸引人们的眼球，关注人们的消费需求，迎合人们的消费心理，只有这样，它才能积累资源、资本延续自身发展。

（3）商品化。消费主义的盛行，使数字文化产业应运而生。数字文化产业讲求“内容为王”，更坚持“创意为先”，广告、短信、游戏、视频等各类文化产品层出不穷，艺术、教育、培训、出版、旅游业也成了它的内容。数字文化生产遵循文化工业生产的逻辑，遵循市场经济的规律，成为当代文化生产的一个有机组成部分。事实上，恰恰是商品和利润维持了数字媒介的巨大开支，维持了数字时代不断扩大的文化制作规模。数字虚拟空间也成了一种市场空间，数字文化创作者的创作主要考虑的是数字文化产品所具有的商品属性。数字文化再也不是传统意义上的公共物品了，它崇尚“商品的拜物教”与“信息的拜物教”，成了一种可用来交换的商品。数字媒介与商品结成同盟，通过传播广告、消费信息来刺激消费需求，使商品的逻辑贯穿于数字文化消费的全过程，并不断地制造人类对数字文化的新需求。数字文化产业已成为许多人用来谋求利润的高回报产业。

## 四、数字文化的精神特征

每一种革命性的技术产生，都会导致人类的生活方式甚至基本社会结构转型，从而开拓新的生存空间，形成新的生活体验，开始新的精神历程。作为20世纪发明的最引人注目的数字技术，正在全方位改变人类社会生活空间与精神生活空间的技术架构，深刻影响着人们的精神气质和价值追求。从精神的角度来看，数字文化最重要的特征是开放性、多元性、自由性。

（1）开放性。开放性是数字文化的基本精神。数字技术建构起了开放的全球性的信息交流和互动平台，超越了现实时空的限制，打破了地域中各种有形或无形的壁垒，信息以光速实时传输，人类的生存空间变成了地球村，人类的视野也因此变得无比开放。数字媒介以超文本和超链接的方式重组信息资源，开创了获取、阅读和发布信息的开放形式，“读什么”与“写什么”完全是个人自觉自主的选择。一个能够实现超文本链接的数字化的内容，可以让人们由一个文本到另一个文本，可以轻松完成对某一主题和作品的全面阅读和了解。这种超文本链接还形成了开放的创作和信息表达方式，实现了作品发表和信息发送的在线化、作者的平民化和创造方式的交互化。同一部作品，世界不同角落的人可以共同在线参与创作和修改，形式和内容可以不拘一格。更为重要的是，数字虚拟空间是一个具有无限包容性和解放心灵的开放空间，它抛弃了现实社会的种种藩篱和规制，任何人都可以根据自己的意愿和需要获取自己想得到的信息，各种观点、思想、民族文化都可以在这里找到自己的位置，人们的交往与述说也不再受现实的国家、民族、阶级、社会地位等各种因素的制约，人类精神具备了摆脱束缚、获得解放的更大可能。

（2）多元性。数字文化的多元性主要体现在形式、主体和思想内容上。就形式来说，数字文化以声、文、图、像为手段，可以熔高清晰度画面、强刺激的视觉冲击和完美的音响于一炉，不断提升并满足人们的审美期待和视觉要求。就主体来说，虚拟空间的主体是自我设定的，因而也就不存在金钱、地位、等级的观念，没有传统的科层区分的束缚，没有专家和外行、男人和女人的区别，人们在相互交流中也不在意对方的身份。无疑，思想内容是最能体现数字文化的多元化的。数字世界没有统一的“主义”，没有绝对的权威，没有崇高的道德规范和整齐划一的道德秩序，没有庞大而完整的理论体系，甚至没有规范的写作与语法结构。人们投身其中，充满游戏心态和娱乐精神，更易于直接表达现实生活中不敢、不便表达的话语，经历现实中不可能的角色体验和情感体验，但同时也缺乏形而上的冲动和崇高信仰，没有历史深度体验，身体的满足与自娱的感性冲动成为灵魂逃亡和审美遁形的理想形式。多种观点并存，争鸣、批判和反击同在，中心和权威消失，专家的意见和外行人的见解同样受到质疑。数字文化倡导对“权威”的批判和对异己观点的包容，使人们之间的差异性、独立性、创新性、宽容性得到认同，不同文化之间得以相互了解和沟通。

（3）自由性。数字文化的自由性体现在人们可以自由参与，自由发表言论，自由表达观点，自由选择行为方式，自由决定价值取向，自由选择资源等方面。数字文化求同存异，具有很强的包容性和宽容度。由于数字媒介突破了传统文化的各种限制，它为人们提供了一个广阔的自由对话的平台。数字文化不仅增强了不同地域文化和传统文化之间的接触与交流，而且扩大了不同文化背景下的个体之间的接触，为个体的异地远程联系提供了方便。人们通过数字媒介可以进行任意主题的、长时间的、多媒体形态的联络，这种文化联系的自由度是前所未有的。总之，数字空间是一个自由空间，人们在参与上是垂直的，在交流上是平行的，在关系上是平等的，在选择上是自主的。

综上所述，数字文化的形成、发展是与数字技术和媒介的形成、发展密不可分的，数字文化也因此时时处处展现出数字技术和媒介的形迹和特点，并拥有一张多面的脸孔：从技术的角度看，它具有交互性、虚拟性和仿真性的特征；从主体的角度看，它具有多重化、个性化和大众化的特征；从功能的角度看，它具有娱乐化、消费化和商品化的特征；从精神气质的角度看，它具有开放性、多元性和自由性的特征。当然，数字文化作为一种拥有多面脸孔的新信息文化，我们或许还没有看到它的某些方面，甚至就是已看到的方面也有可能不够清晰和精确。

# 第三章
# 数字文化的传播者与受众

数字技术革命正在深刻地改变着我们的生活。这种变化反映在文化层面，即是人类社会文化形态及其传播方式的革命性变迁。正如在人类文明发展史上印刷技术对口语文化的革命，开创了人类文明史上辉煌的印刷文化时代，数字技术时代形成的数字文化正日益成为人类社会文化的主流形态。数字形态的文化有望成为人类有史以来文化积累的集大成者，进而铸就人类文明发展史上新的辉煌。不同于口语文化时代和印刷文化时代，基于数字技术的便捷性和普及性发展，数字文化时代的传播者与受众（消费者）角色之间的转换已经成为必然性和经常性的行为。作为数字文化生产、消费与传播的主体，传播者和受众已经不再具有清晰的分野。传统媒体时代的传播者和受众，在数字传播时代具有了更多的角色转换的特征。数字文化内容的传播者与受众合二为一，形成产消合一的新群体，即产消者。数字文化传播生态呈现出向多元化、开放性、平民化和非权威主义发展的趋势。

## 第一节　数字文化的传播者

从纯粹信息传播的角度而言，数字传播媒体的普及化发展使得“人人皆为传播者”从可能变为现实。从数字文化传播领域的角度分析，数字文化传播者的内涵可以从个人延伸到整个传播组织。也就是说，在数字文化的生产、制作、传播和消费的过程中，从小到一个网站的网络编辑，到大如一家数字文化传媒集团的所有工作人员，都是参与数字文化信息产品的生产、制作及传送的传播者。从宏观的产业到微观的个体，数字文化的传播者可以分为三个层次：数字文化行业、数字文化传播组织、数字文化从业者。

## 一、作为新兴行业的数字文化产业

数字媒体产业与文化产业息息相关，数字媒体是数字化的文字与视音频等，而文字与视音频承载着的内容与核心精神就是文化。以网络为主要特征的数字文化产业是一个开放的复杂巨系统，是人类信息传播发展的新阶段。据美国著名科技研究网站Business Insider 发布的《2016美国互联网产业报告》显示，美国新媒体市值已达到传统媒体的3 倍，在新媒体一万多亿美元的市场中，苹果公司占据了一半以上的份额，随后是谷歌、亚马逊等。传统媒体3000多亿美元的市场中，迪士尼、康卡斯特和新闻集团共同占据了半数以上的份额。[1]我国的数字文化产业从20世纪90 年代发端，目前已成为涵盖广播影视、新闻出版、网络、动画、游戏和互动多媒体等丰富内容的完善产业链。最近几年，我国的数字文化产业在政策、技术、资本等多种利好因素的促动下，正在呈现出新的发展趋势和蓬勃的发展势头。

### 1. 文化传播和消费的主要方式转向数字媒体

在移动互联网时代，微博、微信及各类客户端（APP）等新型数字媒体成为文化传播的主要方式。基于文化和科技融合的数字新媒体公司在传播信息的同时，逐渐形成了独特的原创网络文化。数字传播时代，文化消费呈现出娱乐化、数字化、小众化和在线化的特征。目前的文化消费已经从传统的纸媒、广播电视等转移到手机、Pad 等更为便捷的移动终端上，体现出消费渠道多样化、消费行为碎片化等特点，利用社交网络吸引和联

---

[1] Business Insider.The state of the Internet［EB/OL］. http://www.businessinsider.com/state-of-internet-slides-2017-10? op=1，2017-10-28/2017-12-16.

系消费者，促进文化消费行为的模仿和传播。新的消费方式促使文化产品向网络化、易用性等方向转移，用户在新媒体平台上消费文化产品、分享评论、下载或者购买周边产品，通过社交网络平台如微博、微信等进行人际传播，形成独特的文化现象。如优酷、爱奇艺、快手、抖音等视频网站，它们基于信息技术平台建立了在PC 和手机等不同终端中随处可以访问的视频播放平台和社会关系系统，通过视频资源将用户、内容生产者、电视台等整合起来，形成了新的网络视频文化。

文化消费和数字产业的互动与联系日趋紧密，数字文化产业大发展引人关注。互联网和数字技术的不断发展，促使传统媒体向数字化转型升级，更深层次地融合了数字传媒产业与相关产业，同时还衍生出数字文化产业的新业态、新模式。在文化与科技融合的主流趋势下，4G及未来的5G网络将带动文化创新，特别是围绕数字文化产业领域的创新，今后将突出视频化、语音技术和娱乐产业之间的关联。文化科技融合进一步成为政策重点支持的方向，也是多数文化科技企业今后提升附加值的主要领域。同时，移动互联网领域的商业模式更趋成熟，有更多的资金准备进军移动互联网的娱乐等板块。举例而言，以盛大文学为代表的网络文学行业，通过网络新媒体，摆脱了传统出版的限制，发展出适应用户消费行为的新商业模式。同样，文化消费形式的变化与产业的互动还表现在动漫领域。从《大圣归来》到《大鱼海棠》，近年来中国本土优秀动漫作品不断涌现。北京轩创国际文化股份有限公司的《新视野华语》《话说汉字》等系列教育产品，利用动漫形象打造教育课件，产品销售覆盖东南亚及西亚地区。中国动漫产业经济效益已超千亿元规模，社会投资热度高。动漫产业创新实现从技术到商业模式、营销手段、传播手段的全方位创新，数字技术和文化创意在动漫领域实现了完美融合。围绕动漫业的多个产业正在加速融合、创新，从而带动文化消费成为新的经济增长点。

2. 数字媒体和科技融合开创了新的文化形式

数字媒体和科技持续融合，形成了全新的文化传播与消费模式。在移动互联网条件下，各种基于移动技术的新兴文化业态和数字媒体广泛出现，以优酷、爱奇艺、抖音等为代表的网络视频平台，以微博和微信为代表的以社会关系网络为基础进而搭载娱乐游戏传媒功能的新型文化平台，以乐视为代表的结合互联网内容服务和电视硬件的融合型文化产品等新文化业态，逐步成为数字文化的消费热点。以广播电视领域为例，新的视频网站改变了传统的收视习惯，人们不再局限于时间地点，而是随时、大容量、多选择地观看，适应视频网站特点的微电影、短视频更是开创了新的文化形式。网络、手机、数字出版、动漫、游戏、手机报刊、移动电视、视频、社交、在线阅读等利用现有的数字化技术和互联网发展新模式，研发了各种各样的产品，不断丰富着人们的数字文化消费市场。近年来，以今日头条、腾讯新闻、一点资讯等为代表的资讯类APP，以喜马拉雅、蜻蜓、荔枝等为代表的移动音频类APP，以快手、抖音、西瓜视频、火山短视频等为代表的短视频APP，这类新型的数字文化平台企业发展迅速，用户规模和影响力剧增。

北京大学文化产业研究院副院长陈少峰认为，数字文化产业是指在互联网、移动互联网上文化产业的市场价值，不是指它的营业额。文化产业各个模块会发生一个非常巨大的变化，其中最大的变化就是数字文化产业，或者叫互联网文化产业，市场价值变化远远超过人们的预测。[1]随着移动互联网成为互联网的一个主流形态，互联网的地位将会延伸到移动互联网，平台为王的这种特征同时也会延伸过去。从我国文化发展的现状和前景来看，文化领域正在发生广泛而深刻的变革，推动文化大发展大繁荣已具备许多有利条件。我国经济持续快速发展、综合国力日益增强，为文化建设奠定了坚实的物质基础；中国特色社会主义理论和实践的丰硕成果，为文化建设提供了宝贵的精神文化资源；全社会重视、参与文化建设的热情日益高涨，为文化建设营造了良好的社会氛围；人民群众快速增长的精神文化需求，为文化发展拓展出巨大空间；我国的国际地位和影响力显著提高，为中华文化走出去提供了重要契机。在计算机信息技术催生下的数字文化建设成为我国现代化建设的重要组成部分，数字文化传播及数字文化产业已成为知识经济时代新的经济增长点。

[1] 孙颖. 数字产品将“统治”文化产业[N]. 南方日报，2014-12-4.

## 二、专业的数字文化传播机构

作为专业的数字文化传播机构，主要有专业的数字传媒、公共数字文化服务组织（数字图书馆）、数字文化传媒公司等。从数字文化传播的规模及专业性来看，目前专业的数字文化传播机构仍然是最为核心的力量。但网民、手机用户正在成为越来越重要的数字文化传播力量。

1. 专业的数字传媒

专业的数字传播媒体包括用数字化技术生成、制作、管理、传播、运营和消费的文化内容产品及服务，拥有丰富的优质内容以及专业的媒体运营能力，具有高增值、强辐射、低消耗、广就业、软渗透的属性。专业的数字传媒主要包括传统媒体的数字化传播形态和原生的数字媒体。传统媒体的数字化传播形态主要是指传统媒体创办的网站及其他数字形态的媒体。原生数字媒体包括大型门户网站、各类综合文化网站，以及新闻资讯类、移动音频类、视频与短视频类等各类客户端（APP）。“文化为体，科技为酶”是专业的数字传媒的精髓。

（1）带有传统媒体基因的数字传媒。此类数字传媒大多带有其母系传统媒体的某些烙印，涵盖传统媒体创办的网站和其他数字形态的媒体，以及由传统媒体转型的数字媒体。传统纸媒、广播电视媒体的网站是其主流，多数依赖或附属于其背后庞大的传统媒体机构，也有相对独立运营的数字新媒体，如澎拜新闻、界面、封面新闻等。2014年7月正式上线的澎拜新闻，结合互联网技术创新与新闻价值传承，致力于新闻追问功能与新闻跟踪功能的实践，主打时政新闻与思想分析，生产并聚合中文互联网世界中优质的时政思想类内容，有网页、WAP、APP客户端等一系列新媒体平台。

（2）大型门户网站及各类综合文化网站。此类数字传媒现在已经成为网络媒体中的“传统媒体”，是原生态数字传媒的早期形态。例如新浪、搜狐、网易、腾讯等传统的四大商业门户网站等，以虚拟社区、读书交流、影视艺术、文体娱乐、网络游戏等为内容的各种门类的数字文化传播网站等。比较典型的如天涯社区、西祠胡同、豆瓣、盛大游戏等。

（3）新闻资讯类。此类数字传媒以新闻及其他资讯为主要内容。

腾讯新闻、搜狐新闻、新浪新闻、网易新闻、凤凰新闻、今日头条等都属于此类专业化的数字传媒。在分发模式上，“算法分发”正逐渐成为新闻资讯类APP主要的分发方式。例如，今日头条利用算法技术为用户提供个性化的新闻资讯推荐，形成差异化优势并超越多数门户网站类新闻APP。

（4）移动音频类。移动音频类数字传媒涵盖以智能手机、平板电脑、车载、可穿戴设备等移动终端作为载体，通过在线、离线等方式，提供音频收听的个人录制、分享等服务的专业数字媒体。音频内容涵盖广播电台、音乐娱乐、脱口秀、相声、读书、广播剧、财经教育、新闻资讯、科技时尚等。另外，移动音频与传统广播不同的是，它具有更强大的无限性、主动性和伴随性。与文字、视频等媒体形式需要用户感官高度参与不同，移动音频在这方面要求很低。它可以随时为用户提供信息资讯或休闲娱乐，同时又不会干扰到用户正常的生活与工作秩序。因此，移动音频的伴随性很强，适用于多种生活场景。

（5）视频与短视频类。此类数字传媒以传播各类网络视频信息为主要内容，涵盖影视、综艺、动画、体育、科技、时尚、生活、娱乐及资讯等。前者如腾讯视频、搜狐视频、哔哩哔哩、爱奇艺、优酷、PP视频、土豆、CNTV等；后者如快手、抖音、西瓜视频、火山短视频等。视频类数字传媒在生产模式上正在由UGC用户生产方式逐渐向机构化过渡，形成了专业视频文化生产与用户生产相融合的发展趋势，在传播模式上的媒体“去中心化”和传播“多层次化”特征日渐显现，在商业模式上呈现出商业广告为主与多样化模式探索并存的局面。

2. 公共数字文化服务组织

由于数字技术的应用和知识经济的冲击，公共文化资源服务也正经历着由传统向现代化的数字转型。公共文化资源服务机构正在充分利用数字技术、网络资源及区域文化服务机构联盟服务的优势，建设和开展区域联盟信息资源服务。

（1）公共电子阅览室。公共电子阅览室的建设以计算机技术、网络通信技术为基础，建设过程中涉及服务器、PC机、管理软件、网络设备等。公共电子阅览室依托图书馆、文化馆、街道、乡镇、社区的文化中心（站、室）、工人文化宫、青少年宫、妇女活动中心、学校，以及其他具备条件的企事业单位，加大对中华优秀数字文化资源的建设与利用力度，建成内容健康、服务规范、环境良好的公共电子阅览室，重点解决未成年人上网问题，为广大人民群众提供健康、便捷的网络文化服务，使其成为网络环境下公共文化服务的新平台、新渠道。

我国于“十二五”期间组织实施了“公共电子阅览室建设计划”，主要包括推进公共电子阅览室的免费开放、建立有效的资源保障体系、规范公共电子阅览室的管理、加强公共电子阅览室的服务、建立公共电子阅览室建设的长效保障机制。“公共电子阅览室建设计划”已建设乡镇、街道、社区等各级站点28612个，以未成年人、老年人、农村进城务工人员等弱势群体为重点服务对象，依托文化信息资源共享工程服务网络、文化信息资源共享工程及国家数字图书馆的资源，建设公共电子阅览室，形成覆盖城乡的公益性互联网服务体系，为广大人民群众提供健康、便捷的网络文化服务。

图3-1为广东省东莞市图书馆长安分馆的新型公共电子阅览室。公共电子阅览室是提供集互联网信息查询、文化共享工程信息资源服务、数字图书馆服务、网络通信、休闲娱乐为一体的公共文化服务场所。市民只需凭借身份证等有效证件进行网上注册登记后，就可以享受每天不超过两个小时的网上“冲浪”服务，而未成年人必须在父母的陪同下才能进入公共电子阅览室。公共电子阅览室以明亮色调呈现舒适的环境，配备电视机、DVD播放机、投影仪等，并提供电脑上网、超Pad借用、移动设备接入，提供东莞图书馆电子数字资源，包括影视经典、企业管理、人文教育、科普系列、共享工程等影视和学习资源，提供方正电子书、书生电子书、维普期刊等电子资源查询与阅读和文印、数据拷贝等多种服务形态。

图3-1　公共电子阅览室

（2）数字图书馆。数字图书馆是一门全新的科学技术，也是一项全新的社会事业。简言之，数字图书馆是一种拥有多种媒体内容的数字化信息资源，能够为用户提供方便、快捷、高水平的信息化服务机制。数字图书馆不是图书馆实体，它对应于各种公共信息管理与传播的现实社会活动，表现为种种新型信息资源组织和信息传播服务，见图3–2。它借鉴图书馆的资源组织模式、借助计算机网络通信等高新技术，以普遍存储人类知识为目标，创造性地运用知识分类和精准检索手段，有效地进行信息整序，使人们获取信息消费不受空间限制，很大程度上也不受时间限制。数字图书馆从概念上讲可以理解为两个范畴：数字化图书馆和数字图书馆系统；涉及两个工作内容：一是将纸质图书转化为电子版的数字图书；二是电子版图书的存储、交换和流通。

图3–2　中国国家数字图书馆

数字图书馆是一个电子化信息的仓储，能够存储大量各种形式的信息，用户可以通过网络方便地访问它，以获得这些信息，并且其信息存储和用户访问不受地域限制。数字图书馆是传统图书馆在信息时代的发展，它不但包含了传统图书馆的功能，向社会公众提供相应的服务，还融合了其他信息资源（如博物馆、档案馆等）的一些功能，提供综合的公共信息访问服务。可以这样说，数字图书馆将成为未来社会的公共信息中心和枢纽。信息化、网络化、数字化，这一连串的名词符号其根本点在于信息数字化；同样，电子图书馆、虚拟图书馆、数字图书馆，不管用什么样的名词，数字化都是图书馆的发展方向。

数字图书馆具有与传统图书馆不同的功能和特征，在馆藏建设、读者服务等方面都有了新的发展。由于数字图书馆以网络和高性能计算机为环境，向读者和用户提供比传统图书馆更为广泛、更为先进、更为方便的服务，从根本上改变了人们获取信息、使用信息的方法，较之传统图书馆具有很大的优势。从文献存储上看，传统图书馆的馆藏载体主要是纸质文献，与之相比数字图书馆对藏书建设的影响，首先表现在图书馆“馆藏”的含义已被扩展，不仅包括不同的信息格式（如磁盘、光盘、磁带等），还包括不同的信息类型（如书目信息、全文信息、图像、音频、视频等），因而数字图书馆将不再受制于物理空间，它们所能收藏的书刊等资料的数量也将没有空间制约。从检索方式上看，用传统的检索方法，读者往往要在众多的卡片前花费不少时间，颇使借阅者感到不便，查全率和查准率都难以提高。从信息的传递速度上看，传统图书馆位置固定，读者往往将大量的时间花费在去图书馆的路上。数字图书馆则可以利用互联网迅速传递信息，读者只要登录网站，轻点鼠标，即使与图书馆所在地相隔千山万水，也可以在几秒种内看到自己想要查阅的信息，这种便捷是以往的图书馆所不能比拟的。从资源共享角度上看，一本“书”通过服务器可以同时借给多人查阅，大大提高了信息的使用效率。

图3-3为超星移动图书馆手机及平板电脑客户端页面。超星移动图书馆除了支持网页版的浏览，还提供基于ios、android系统的手机客户端体验。超星移动图书馆客户端的布局清晰明了，操作方便，内容模块化，有更好的用户体验。客户端内同样嵌入了基于元数据整合的一站式搜索引擎，不仅提供海量图书的检索与全文阅读，还提供图书资源的下载，阅读资源更加方便快捷。馆藏书目模块与传统opac系统对接，实现馆藏查询、续借、预约等功能，另外客户端推出条码扫描功能，馆藏书目情况一扫即得。超星移动图书馆客户端可以在主流市场下载下来，如安卓市场、安智市场、91、360、豌豆荚、应用宝、Google Play以及苹果商店。

图3-3　超星移动图书馆

文化共享工程和国家数字图书馆已经积累了近700TB数字文化资源。其中，文化共享工程数字资源总量达136.4TB，国家数字图书馆资源达561.3TB，主要内容涵盖了中文电子图书、电子期刊、电子报纸、地方志、舞台艺术、非物质文化遗产、电影、电视剧、文化讲座、精品文化专题库、少儿动漫、农业技术、科普、医疗卫生、法律法规、生活百科等方面。

数字图书馆建设是一项具有战略意义的民族文化工程，是融入人们社会生活、不局限于图书馆场所的社会化、专业化、个性化的信息提供基础设施。它是数字信息的一种有效组织与提供方式，具有信息存储量大、检索速度快、自由跨库查询等特点，人们在任何时间、任何地点通过网络都可以获取所需信息，极大地拓展了图书馆的服务外延，使之成为跨越时空限制的网上知识中心和信息服务基地。中文数字图书馆的核心是以各种中文信息为主的资源库群，它的建设将迅速扭转互联网上中文信息匮乏的状况，形成中华文化在互联网上的整体优势。同时，数字图书馆是一个集各种高新技术为一体的项目，它的建设将极大促进我国信息技术的发展，同时带动与之相关的计算机技术、网络技术、通信技术和多媒体技术等各项技术的发展，形成高新技术产业链，对于提高我国整体信息产业水平将起到不可估量的影响。它还是知识经济的重要载体，为知识传播提供了一种崭新的手段，可以最大限度地突破时空限制，营造出全民终身学习的良好环境，为所有人获取信息提供了最为便捷的手段和最为丰富的信息，对于我国国民素质教育将起到巨大的促进作用。

小资料：中国数字图书馆

中国数字图书馆有限责任公司是经国务院批准成立，隶属于中国国家图书馆，服务于中国国家图书馆二期工程暨国家数字图书馆工程的高新技术企业，于2000年4月18日正式运营，注册资本8860万元。公司率先在全国建立起完整的数字图书馆建设与服务体系，专注于数字资源核心技术研发与应用推广、数字版权管理、数字化加工、专业信息提供、电子政务及电子商务服务、数字内容整体解决方案及数字图书馆整体解决方案提供和数字图书馆综合服务平台建设。

中国数字图书馆有限责任公司充分依托中国国家图书馆的宏富馆藏资源，借助遍布全国的知识组织与服务网络，利用公司在技术和运营方面的经验和领先优势，为各类图书馆、档案馆、博物馆，以及政府机关、社会团体商业机构、社会公众提供专业、系统、主动的技术支持和数字内容服务。中国数字图书馆有限责任公司凭借独有的资源优势、坚实的技术根基、执着的探索精神、诚挚的合作姿态，积极参与全球范围的网络文化竞争，弘扬中华文化，传承人类文明，逐步成为一个直接面向用户、以满足个性化需求为主要特征的全球最大的优质中文多媒体数字资源内容与服务提供商。

数字图书：以国家图书馆借阅统计率为依据，以用户需求反馈为参考，以各专业图书销售排行为主导，与各权威出版社合作，精选各专业代表性图书。图书图像清晰、阅读品质良好。

数字期刊：数字期刊具有体积小、检索功能全、信息获取方便、内容表现丰富等特点。本产品所选择的数字期刊资源充分贴近企业需求，强调经济、市场、政策法规信息与科技信息并重，同时注重时效。

音频资源：与多家知名音乐机构合作，提供多种数字音乐在线收听服务。

视频资源：包括管理类、科技类、社会生活类、传统文化类等精品节目。

3. 数字文化传媒公司

数字文化传媒公司的主要业务和赢利点集中于数字文化板块，包括数码动漫、数字影视特效、新媒体艺术等。近些年来我国的数字文化传媒公司发展势头非常迅猛，它们代表着我国文化产业发展的主流方向。数字文化传媒公司主要致力于数字新媒体、大型LED、3D电影特效、3D电视广告片、纪录片、电视剧、广告、栏目整体包装、MTV及大型宣传片的制作。例如，中视数字文化传媒有限公司、中国出版集团数字传媒有限公司、中国动漫集团有限公司、深圳华强数字动漫有限公司、广州卡奇动漫文化有限公司等。

不同于公共数字文化服务组织的公益性质，数字文化传媒公司无论其所有制性质如何（国有或民营），其作为数字传媒公司的商业属性更为突出，主要通过数字文化产品的生产制作、销售和传播赢取商业利益。数字文化传媒公司以营利为目的，但同时应当强调公司的社会责任。政府文化管理部门应推动数字文化内容传播的自组织，适当放松管制，将政府的职能从监管转移到服务，通过建立数字文化传播行业协会等自律组织推动数字传媒公司自律机制的发展，通过自组织来弥补法律管辖的不足，让参与主体承担社会责任。

## 三、数字文化从业者与非职业传播者

数字文化从业者也即职业的数字文化传播者。一般来说，相对于数量更为庞大的非职业传播者，数字文化从业者群体显得更为专业，具备一定的数字文化素养和职业认同感，其自律性也更高。

1. 数字文化从业者

数字文化从业者，是指那些直接从事数字文化类工作，并以此作为主要收入来源的专职数字文化工作者。广义上而言，凡是从事与数字文化的生产制作、销售和传播相关的工作，都可以归属于数字文化从业者。或者说，凡是归属于数字文化产业领域内的工作人员都属于广义的数字文化从业者。数字传播媒体的工作人员、数字图书馆中的工作人员、数字文化传媒公司中的员工等，都是数字文化从业者，同时他们也是数字文化的职业传播者。作为职业的数字文化传播者，他们相对具备较高的数字文化素养，包括对数字信息的采集和加工制作能力，运用数字技术创造数字化产品与表达自己思想和创意的能力，批判性地获取、鉴别、生产、传播和分享数字媒介信息的能力。数字文化从业者对自己所从事的数字文化传播工作有一定的职业认同感。他们对职业活动的性质、内容，职业社会价值和个人意义，职业用语、工作方法、职业习惯与职业环境等都极为熟悉和认可。

2015年我国网站签约作者大约250万，在网上不定期创作的作家还有2000多万人。如由腾讯文学与原盛大文学整合而成的阅文集团，拥有中文数字阅读强大的内容品牌矩阵。这个平台自建设至今培养了400万名作家，作家可以在这个平台上发展，同时在这些作者当中已经有近百位日销售过万元。近几年，喜马拉雅音频分享平台的主播数量高达10万多名，其收入超越普通民众。

2. 数字文化非职业传播者

理论上而言，所有的网民，所有的数字媒体终端用户，都有可能是广义的数字文化的传播者，当然这种传播行为是一种非职业化的传播行为。网民的每一次跟帖，每一次评论，每发布一篇博客文章、网络日志、短视频，每发一条简短的微博、微信，都是在进行数字文化信息的生产或传播。不同于职业的数字文化从业者，普通网民或新媒体用户的这种传播行为并非一种专业化的传播行为，也并不以此作为职业获取主要的经济收入。相对于那些归属于专业的文化组织或自由职业的数字文化传播者，非职业化的传播者数量更为庞大和多元，同时在这个群体中也不乏各个文化领域中的佼佼者，他们的数字文化素养并不低于数字文化从业者群体，甚至有特别优秀者，有可能还要高于职业的数字文化传播者。

同时，数字媒体内容的生产还充分利用了用户奖励机制。比如今日头条，作者可以根据文字的阅读量获取相应的收入。为了获取佣金，作者自然会想方设法去编辑内容。很多地域类的新闻资讯APP通过征集全民小记者，迅速获取了大批的本地新闻。这种机制让用户既是内容消费者，又是内容生产者。这也正是数字文化的生产与传播不同于传统意义上的文化生产与传播的独特之处。

# 第二节 作为数字文化消费者的受众

传统媒体的受众指的是一对多的传播活动的对象或受传者。大众传播过程中的受众是对媒体信息接收者的总称，包括报刊书籍的读者、广播的听众和电视电影的观众等。正是基于此，受众一词也经常被翻译为“阅听人”。随着数字媒体的不断发展，传统的受众观念无疑将会受到越来越多的挑战。数字文化传播中的受众主体定位、数字文化生产与受众的关系、受众细分对数字文化传播的影响等，都是在数字文化传播领域需要深入探讨的问题。

## 一、需求的变化：从受众到用户

数字传播技术既为原有的受众提供了优越的传承条件，也产生了新的受众类型。数字媒体搭建的自由、平等、多元的平台，为数字文化多元化传承的发生提供了一个便捷、低价、低技术门槛的前提。数字媒体使受众对数字文化信息的接受方式、接受类型、接受速度、接受数量发生改变。由于数字媒体突出的互动性，受众在数字传播条件下不断分化和重组，形成不同的接受思维方式、品味层次和深浅程度。与传统媒体相比，数字媒体受众的需求发生了深刻的变化。这既是数字媒体的特点所决定的，同时也促进了数字媒体优势的发挥，受众的使用与数字媒体自身功能开发的相互作用，使得数字媒体的形态不断走向成熟。

由于数字媒体大多是通过电信运营商渠道提供的，因此，传统媒体的受众概念被替换成了“用户”的概念，这是一种服务意识增强的体现。而且，与传统的受众观念相比，数字媒体突出的是用户更强的互动参与性。用户渴望在数字媒体的使用中体现出自主和参与。以网络视频媒体为例，用户对点播、互动有着很高的使用热情。在这种自主和参与的背后是用户对媒体开放性的强烈要求。数字媒体的使用者主要是年轻、时尚的人群，要满足他们的这种需求，数字文化内容的提供者就不仅要改变产品形态，还要改变产品的内容和表现方式。用户对数字媒体的使用时段也与传统媒体不尽相同。例如，有研究显示，手机端的网络视频用户比较习惯在路上和独处时观看网络视频节目；相比传统电视，网络电视在收视时段上表现出随机分散的特征，收视时间更长。

需求的变化还体现在对数字媒体内容的选择上。相关研究显示，不同于传统新闻媒体，手机新闻客户端的读者更喜欢先看天气预报和股市行情，然后才是浏览当天发生的重大新闻。性别之间的使用差异也比较明显，男性比较喜欢体育和财经，女性更容易接受娱乐和实用的生活信息。手机视频的用户最喜欢看“音乐视频”，其次才是传统的影视节目。网络电视平台上影视剧点播节目受欢迎程度最高，其次是细分的虚拟频道内容点播，纪实、少儿等节目的收视率大大高于传统电视。用户有了选择权之后，内容与受众生活的贴近性就显得尤其重要。

## 二、数字媒体受众的多元需求

作为数字媒体的用户，受众的角色不再仅仅是接收信息那么简单，任何一个个体或组织都有可能成为传播主体。技术的革新能否带来媒体消费方式的变革，关键因素在于它是否吻合了人们的现实需求和潜在需求，是否为人们提供了新的实惠和便利。与传统媒体相比，数字媒体具有自由便捷、丰富多元、随时随地、互动共享、交流零距离等独特的优势。数字媒体正在以其丰富多样的文化形式，努力满足受众的多元需求。例如，创建于2009年6月26日的哔哩哔哩（bilibili）弹幕视频网，定位“中国领先的年轻人文化社区”，被粉丝们亲切地称为“B站”，拥有动画、番剧、国创、音乐、舞蹈、游戏、科技、生活、鬼畜、娱乐、时尚等多个内容分区，活跃用户超过1.5亿，每天视频播放量超过1亿，原创投稿总数超过1000万。B站75%的用户年龄在24岁以下，70%的内容来自用户自制或原创视频，目前拥有超过100万的活跃视频创作者。

人本主义心理学家马斯洛把人的需求分成生理需要、安全需要、社交需要（爱与归属感）、尊重需要和自我实现需要五类（见图3-4）。马斯洛认为人都潜藏着这五种不同层次的需要，并依次由较低层次到较高层次排列。人们在不同时期表现出来的各种需求的迫切程度是不同的，人的最迫切的需求是激励人行动的主要原因和动力。但人的需求是从外部得来的满足逐渐向内在得到的满足转化。在高层次的需求充分出现之前，低层次的需求必须得到适当的满足。低层次的需求基本得到满足以后，它的激励作用就会降低，其优势地位将不再保持下去，高层次的需求会取代它成为推动行为的主要原因。

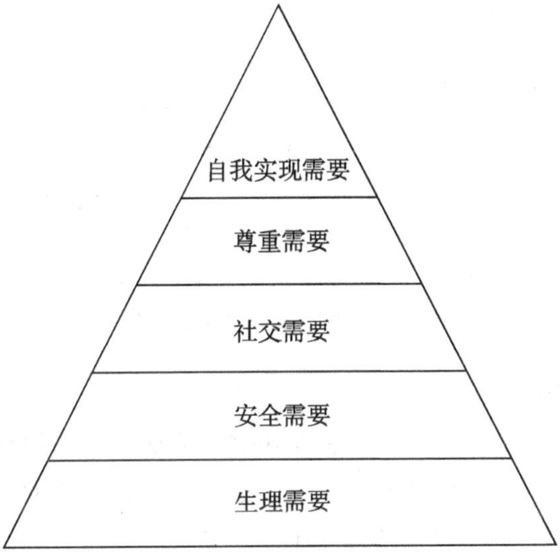


**图3-4 马斯洛的需要层次**

以马斯洛的理论为借鉴，传播学者韦尔（Tom Weir）提出了他的信息寻求行为等级图，用需求等级结构来分析人们的信息需求。他将人们的信息寻求行为从低到高划分为五个等级：存活和安全、维持和营养、知识追求、充实与发展、随意浏览（见图3-5）。同时，娱乐方面的信息需求在每个等级都会存在。韦尔认为，一个人在等级中的位置决定着他的信息寻求行为，而且只有在一个层次的信息需求得到满足之后，人们才会致力于获取更高层次的信息。只有当低层次的需求暂时得到满足，个人才会短期内在更高层次上往返。[1]结合上述需求层次理论及信息寻求行为理论，我们可以将作为用户的受众对数字媒体的需求大致分为以下四种：实用性需求、便利性需求、社交性需求和娱乐文化方面的需求。

[1] 章洁.大众传媒心理学教程[M].杭州：浙江大学出版社，2011：95-96.

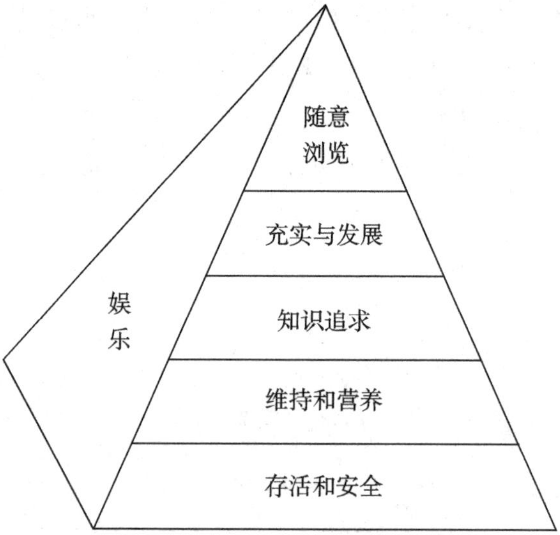


图3-5 信息寻求行为等级图[1]

1. 实用性需求

人们最初接触数字新媒体往往是由好奇心驱使的，但这种好奇心持续的时间并不会太长，人们总有司空见惯的那一天，但是便捷实用的工具却不会被人们轻易抛弃。根据传播学中的“使用与满足”理论，媒介接触习惯的养成将使人们对媒体产生依赖性。例如，人们对智能手机的依赖：走路的时候在看手机，坐车的时候在看手机，吃饭的时候在看手机，上厕所的时候也在看手机，睡觉前做的最后一件事还是看手机。据360手机用户调研中心2018年3月发布的《智能手机依赖度调查报告》显示，人们对于智能手机的依赖程度极其高，有高达12.4%的人每天使用手机时间超过6小时，同时有近一半的人过了半夜12点还放不下手机，极端用户每天要解锁850次手机屏幕。“90后”重度手机依赖者超越“80后”，甚至未成年的“00后”也开始出现“手赖”大军。人都存在一个感觉敏感期，特别是在信息社会，人们对于旧的形式的感受能力常常会下降，表现为司空见惯、见怪不怪，对于从未见过的、与众不同的新生事物的感觉敏感度则比较高。人的眼睛、耳朵等感官都趋向于捕捉来自新事物的信号，对新事物的接受能力明显强于旧事物。这其实是人的猎奇心理的一种表现。然而，由于新的

[1] 章洁.大众传媒心理学教程［M］.杭州：浙江大学出版社，2011：96.

事物总是不断涌现的，人们对一个事物的好奇心不会持续很长时间。而实用性需求则比较持久，从长远来看，有可能取代猎奇需求，而成为人们对数字媒体的主要需求之一。

2. 便利性需求

人们在谈论数字新媒体需求时，被提到最多的两个词就是方便、快捷。人们总是不断地追求新的方便，对已有的服务方式感到不满。人们使用数字媒体的最重要原因之一就是希望它为生活和工作带来实际效用。相对于传统媒体受众，数字新媒体的受众需求层次有了新的提高，受众要求的是文字、声音、图像等全方位的感官调动，希望随时暂停或者回放正在播放的音频、视频，任意抓取流动影像中的画面，以求“为我所用”。人们的思想意识、心理上习惯于迅速获得信息，及时知晓外界的变化，传统媒体在时效性和互动方面达不到这么高的要求，手机媒体却可以做到随身携带、随时随地接收和发布信息。生活方式的变化和技术的变化是互相推动的，工作交流聊微信、下班路上看视频、吃晚饭时刷微博成为普遍行为。上述《智能手机依赖度调查报告》也显示，有相当大比重的智能手机用户已经把“自拍”当作生活的一部分。有13.7%的女性每天自拍10~20次，7.6%的女性超过20次，2.1%的男性每天自拍次数超过20次。用户的这种使用偏好当然与智能手机便捷的自拍功能及微博微信的快速上传发布功能分不开。

3. 社交性需求

数字传播时代，人际交流需求得到越来越多的体现。现代社会越来越发达，生活节奏越来越快，人们的生活空间也越来越私密化，交往受时空的影响很大。巨大的工作压力也使人们感到疲倦，都希望在工作之余有比较轻松愉悦的交往方式。网络为人们提供了这样一个便利，通过QQ等即时通信软件、SNS类社交网站、脸谱（Facebook）、推特（Twitter）、微博、微信等客户端，认识或不认识的人都可以无所顾忌地畅所欲言，分享自己的快乐或宣泄自己的烦恼。QQ群、微信朋友圈、百度贴吧等网络主题论坛汇聚了一群关注共同话题、拥有相似兴趣的人，通过网上的发帖、回帖、讨论，人们找到了心理认同感和群体归属感。移动互联时代，社交媒体已经永久地改变了人与人之间交流的方式，甚至有超越现实生活中真实人际交往的趋势。随着人们对社交性需求的不断增长，新型的社交媒体将创造出一系列的“整体产品”和用户体验，这些将贯穿人们的整个生活，包括网络、手机和现实生活。每个用户都可以通过相应的数字媒体工具、功能和应用程序创建自己的体验。人们可以对信息进行无缝切换，而这些都不会受到时间和空间的限制。

4. 娱乐文化需求

娱乐并非儿童的专利，工作繁忙、生活节奏超快的现代都市年轻人，特别渴望通过零碎时间的娱乐释放自己日常紧绷的神经。因此，娱乐方面的需求有无限的空间可开掘。游戏娱乐是人之天性，是人最原始的生活方式，图3-5也揭示了娱乐信息需求存在于人们的每个信息寻求等级之中。随着人越来越社会化，这种原始的娱乐需求反而越来越难以得到满足。数字化新媒体恰恰具备满足人们娱乐需求的客观条件。受众对于不同的媒体有着不同要求和不同期待，对数字新媒体更多地要求轻松、生动、简单。也即希望通过数字新媒体获得娱乐文化需求，数字新媒体从某种意义上而言就是一种娱乐媒体。比如，手机媒体本身从接收方式来讲就具有多媒体娱乐性的媒介特征，海量信息掌握在手掌中，自由自在，轻松便捷。

## 二、数字媒体的文化价值创造

满足受众（用户）各方面的文化需求是数字媒体的价值体现与创造的关键所在。数字媒体要实现自身的价值，在激烈竞争的媒体市场赢得生存与发展的空间，就必须在对受众心理和数字新技术潜力有更深理解的基础上，根据受众（用户）各方面的文化需求的变化，提供自己的产品与服务，确定自己的角色定位，转变自己的赢利模式。

1. 针对需求变化提供数字文化产品

随着数字媒体的不断涌现和各种功能的逐步应用落实，受众对数字媒体的了解不断增加，受众成熟度也不断提高，受众需求也呈现出更加理性化的特征。目前，虽然数字新媒体的用户主体还是年轻人，但随着人们对其了解的增加，更多的人使用数字媒体，数字媒体受众的构成结构就可能发生根本性的改变，数字媒体也将成为社会大众媒介接触和文化消费的主流媒介。

数字媒体要关注庞大的细分市场，并向其提供多元的数字文化产品。数字媒体在实际应用中已经出现了一些有趣的现象。比如，在收看网络直播视频时，网民通常是多任务模式的，而这能推动那些做着相同事情的人形成一个社群，这也给品牌文化参与创造了更多机会。根据Yahoo的调查，48%的观众表示因为多任务模式所以更喜欢网络直播视频。有调查显示，在网络电视的收视中，纪实、少儿等节目的收视率远高于传统电视。在手机媒体中，人们对各种生活实用信息的需求也显得非常突出。一些在传统媒体上并非主流的内容在数字媒体中显得越来越重要。数字媒体必须尽可能多地增加原创性内容，同时加大与各种内容提供商的合作。个性化需求具有巨大市场，但这并不排斥主流产品和流行应用。相反，主流产品还是引导用户探索其个性化需求的门户。因此，在做好主流产品、满足受众共性需求的同时，又为受众的个性化需求开辟路径，是数字媒体的价值创造与运营的有效途径。在数字传播时代，只有切实将受众需求切分、编织得极为细密，才能网罗到这一新兴的市场，从而实现数字文化的传播价值。

2. 针对受众文化需求变化转变媒体角色

受众文化需求的演变带来了数字媒体角色的新变化。受众的文化需求具有整体性，受众所需要的往往并不是某一个特定的产品，而是与之相关的一类内容和服务。数字媒体具备了实现受众整体性需求的可能。在传统媒体主导的时期，用户先通过媒体找到某个信息，然后再根据此信息去寻找相关的产品和服务。而数字媒体技术的出现则使这些链条可以得到简化和整合，在经过整合后的媒体平台上，用户找到某个信息就意味着同时获得了某项产品和服务。媒体也从纯粹提供信息内容，变为既提供信息内容又提供产品及相关服务。比如，人们对网络电视的要求正在逐渐超出电视节目本身，用户逐渐从对电视节目的需求转为对更多互动服务及相关产品的需求，互动的消费需求还将随着时间的推移而更加突出。

用户文化需求的整体性使任何一种单一的应用或产品都不足以满足用户需求。这使得数字新媒体必须加大与其他各种产品、服务提供商的合作，通过合作实现和创造价值。从视频节目植入品牌信息、产品广告，到网络搜索时相关品牌和产品的对应匹配，再到影视节目的“边看边买”，基于网络平台的数字媒体不仅给用户带来新的消费体验及文化重构，也让营销变得丰富有趣。事实上，数字新媒体使受众获取新闻及各种信息的渠道增多，这些渠道并不像传统的报刊或广播电视，由媒体直接控制，而是与多种外部因素相关。数字新媒体只有加强与相关各方的合作才能充分利用这些新渠道，创造新价值。

3. 针对受众文化需求变化改变赢利模式

媒体的发展是一个相互融合、相互推动的过程，在媒介融合时代，营销及广告的生态正在发生变化，传统媒体依靠广告生存的模式正面临挑战。以传统媒体中相对强势的电视媒体为例，这种挑战也日益严峻。多年来，作为主流媒体的中国传统电视台都处于强势地位，通过给受众提供免费节目，依靠广告获取收入即可高枕无忧。但是，数字媒体尤其是视频网站及其客户端的成长对电视媒体的威胁尤甚，它正在蚕食电视媒体现有的受众，并把未来的受众主体培养成自己的忠实受众。谷歌2013全年的营收超过了600亿美元，已经超越了美国所有的报纸和杂志的广告营收总和。百度2013年网络营销收入为人民币318亿元，首次超过央视成为中国最大的广告媒体，央视第一次让出了广告收入老大的宝座。央视市场研究（CTR）媒介智讯研究报告显示，2015年中国整体广告市场下跌了2.9%。主要下跌板块为传统媒体，全年损失了7.2%，创历史纪录。各传统媒体中，失血最严重的是报纸，与一年之前相比滑坡了35.4%；紧随其后的是杂志，流失了19.8%。电视的下滑排名第三，损失了4.6%。[1]

当电视继续被广告商看作是最有吸引力的媒体的时候，新的数字技术的出现，却有可能使受众很容易地去掉电视节目中的广告和避免接触所有广告信息。电视机的其他用处，像视频游戏、信息服务以及远程学习，也将继续分割被动受众的观看时间。而在以互联网为平台的新媒体中，旗帜广告、路演广告、嵌入式广告等广告形式，与受众的互动不断增强，广告本身随着互动不断完善，不断接近受众的真正需求，使得其传播效果不断得到加强。数字媒体通过为用户提供特需内容和服务，使付费业务成为其重要的赢利模式。数字媒体在带来强势革命的同时，自身却也面临着生存危机，对于数字媒体来说，单纯靠广告售卖时间还无法与传统媒体抗衡。

---

[1] 央视市场研究（CTR）媒介智讯. 2015中国广告花费总结［EB/OL］. http://www.ctrchina.cn.

数字媒体的出路在于打造强势的数字文化内容，促成传播平台的整合，促成盈利模式创新。

## 第三节　作为数字文化生产者的受众

在数字媒体时代，信息的传受关系得到了极大的改变，受众对数字媒体的使用和对传播内容的接受成为一个积极主动的过程。在这样的情境下，受众与其说是数字文化信息的单纯接受者，还不如说是集数字文化信息的消费者和生产者于一体。虽然受众仍然局限于技术及接触度的限制之中，但是受众已经逐渐改变其单纯接受的身份，也已经开始具备传播者的行为特征。这种传受角色的转换，直接或间接地影响着数字文化传播过程中受众主体的变化。

### 一、数字文化传播主体的变化：年轻一代成为主流

传统大众传播是以传者为中心的单向传播模式。在传统的大众传播媒体看来，受众即大众，属于信息的被动接收群体。传统媒体更关心这个群体的大小，因为它是媒体传播某种观念的对象，可以出售给广告主从而获取经济效益。信息传播技术的数字化革命改变着传播环境，个性化的、双向互动的传播在技术上已经不成问题。但是技术并不是大众传播媒体发展的唯一因素。大众传播媒体在发展进程中，不断培养着自己的受众、自己的用户。媒体培养了自己的受众和受众的信息接收习惯，而受众的信息接收习惯又反过来影响着媒体的发展。受众的信息接收习惯有时又会制约媒体的发展。对于习惯于手持报纸阅读的读者，通过网页或者手机屏幕阅读报纸，或多或少总会找不到读报的感觉。这在很大程度上影响了报纸网站的点击率和手机客户端的普及。

数字媒体的主要受众是现在的年轻人，而数字文化的主流消费人群同样是年轻人，“80后”“90后”受众占据相当大的比重，“00后”受众很快也将成长起来。“80后”一代是看着电视、接触电视媒体长大的一代人，“90后”受众是玩着电脑伴着网络长大的一代人。“80后”“90

后”“00后”，以及更新的一代人，他们对视听媒体的感觉要好于平面媒体，他们更倾向于双向互动的信息交流和共享。当他们成为受众的主流以后，将不再安于被动的信息接收端：他们会主动寻求自己需要的信息，他们会自由地发布信息，他们会积极参与大众传播，他们会按照自己的方式休闲娱乐。他们将引导新一轮的传播革命——数字传播的勃兴，而这新一轮传播革命的直接后果将是传播的回归，也就是大众化传播向个性化传播回归，单向传播向双向互动传播回归，中央集权的传播向自由平等的传播回归。相对于传统媒体而言，数字媒体的受众似乎更好识别，他们呈现出一些更为集中、鲜明的特征。随着新媒体技术的不断成熟，受众的范围也不断扩大，受众群体正在悄然发生着改变。年轻人懂技术，熟悉网络，懂英语，他们目前是传统媒体流失的受众群，却是数字媒体的主流受众群。他们有电视机，但都更喜欢从电脑网络上看电视，用智能手机、iPad看视频、听音乐，原因就在于他们更喜欢自由选择、自主流行、自我娱乐。

## 二、数字文化的生产者：数字媒体用户

数字媒体宣称的一个诱人功能是“让你自主享受更丰富的信息”。数字电视标榜自己将成为名副其实的信息家电，因为采用双向信息传输技术，交互能力增加，电视因此也被赋予了许多全新功能，包括视频点播、网上购物、远程教学、远程医疗等。移动数字媒体则高唱着娱乐无处不在。数字媒体借助诸多软件和网络技术，使个人得以掌控媒体、人人皆为传者和受者，博客和播客、微博和微信、快手和抖音这类网络自媒体正是因此而以星火燎原的速度发展。受众（用户）真正想要的是一个范围更广的娱乐选择和对阅听时间的更多自主控制，数字媒体则刚好能够给予受众这种控制的自由，使个人可以对节目的时间安排与次序有更大的控制能力，同时不增加任何操作的复杂性。

数字媒体可以让人们便利地宣讲自己的观点、发布自己的见闻，且不需要预审即可发布，仅仅通过个人推荐传播即可建立读者群体，形成媒体效应。通过与受众的直接互动留言交流，博客和播客、微博和微信等各类数字媒体的用户们完善着自己的观点，提高着自己的文字写作和音视频制作能力，并继续进行着由草根向精英的转化。数字媒体的先期使用者由此

被视为全民媒体风潮的发动者，被认为是由下而上以分权取代集权来反抗传统媒体宰制的力量。数字媒体应用的一个本质是互动和分享，没有互动或者没有充分发挥互动分享功能的服务，传播效果必定会受到影响。传统的电视、报刊，其经营者与用户之间、用户与用户之间沟通不良，没有真正形成一个网络社会。正是因为对互动性的需求，部分用户才会转移到新媒体中去。尤其是随着带宽的增加，制约新媒体互动性发挥的瓶颈将基本消除，以互动分享为核心的各种服务成为数字新媒体吸引用户的招牌。

数字媒体满足了年轻受众对信息搜集（文化获取）、资源共享（文化传播）、自由表达（文化生产）等的需求，因此受到年轻人的青睐，这也是目前数字文化产品的消费人群更多是青年群体的原因。虽然目前数字媒体的受众主体仍然是以年轻受众为主，但是随着数字媒体技术与服务的不断发展与提升，数字媒体的受众范围与层次也将不断扩大及深化。基于数字媒体的数字文化产品的消费与传播范围也将会随之不断扩大和深化，并最终成为文化传播的主要载体。

# 第四章
# 数字文化的基本传播形态

数字文化的传播依赖于数字传播媒体，其基本的传播形态包括基于网络媒体的传播形态、基于社交媒体的即时传播形态、数字出版与数字影视传播、数字音乐文化及其传播、电脑游戏文化及其传播等。

## 第一节　基于网络媒体的传播形态

今天，互联网带来的变革不仅看不到有丝毫停顿下来的意思，相反还在日益加深。作为一项技术变革，互联网在多个方面产生影响，尤其在传播领域，它所促成的变化目前就已经体现出深刻的革命性。承载人类智慧的文字记录、声音记录、行为记录以过去完全没有的速度和广度向各个方向奔跑，从这个角度来理解，网络本身就是一个巨大媒体。

网络媒体的发展之快是前所未有的。从报纸媒介、电子视听，到今天以电磁信号频率为介质的新媒介的兴起，人们获取信息资讯的方式不断改变着对时空的理解。从技术方面来看，互联网的技术革新不但快而且科技含量高。最初的报纸，它需要的只是造纸术和印刷术，而历经数百年，技术上也没有质的革新；广播的原理更加简单，三极管的技术连没有专业技术的一般群众也能制造收发设备，数十年间也没有改变；电视的技术水平相对提高，显像管的技术、卫星信号传输的技术、液晶显像的技术，但与互联网的技术革新比起来，还是显得技术含量低、更新速度慢。互联网技术发展的早期，在十几年间，理念性的理论就不断地革新和发展，从局域互联、互联网拓扑结构的探索和尝试，从硬件到软件全方位地进行着升级。硬件的存储、处理和传输的升级，软件的细化、功能的升级，计算机语言的丰富化，传输介质的不断升级，计算机的轻小化发展，网络协议的不断完善，个人机的出现，操作系统的出现，无线网络的出现，移动终端的快速发展，一切的技术发展都在这短短的几十年悄然改变着世界的发展。就实际生活来看，IP地址的IPv6的发展就在实际生活中进行着，不但说明技术日新月异，也从侧面表现了互联网在短时间内得到了世界人民的认可和使用、依赖。

网络媒介之所以获得如此巨大的成功，还在于它的表现形式，它不但跨越性地实现了之前所有传统媒介的表现形式，还实现了融合的发展，抢占了传统媒介所有的“市场”，它实现了文字、图片、声音、视频的多维表现形式，全方位立体地展示着传统媒介不具备的功能，它还拓展到即时通信、网上购物、股市交易、订票等领域。可以说，如果实现了互联网的全方面覆盖和物联网技术实现三网融合，那我们只需要一个移动终端就可以实现我们对生活中很多非物质的应用和控制。

网络媒介的传达力不只是它的表现形式，还包括它表现形式下所赋予的新内涵，实现了以前传统媒体不具备的交互功能。用户终于可以参与到内容产品本身的评论和表态，这是以前的传统媒介都不具备的。网络媒体所衍生出来的那些具体形态，如贴吧、论坛、微博、微信，将受众对于信息传递及其能产生的影响的理解力提升到了一个前所未有的水平。受众的这种参与性的提升，使信息传播权利比以前的社会环境更加公正。除此之外，网络媒体的自主化和多维化也是以前的传统媒介所不具备的。当某个人进入某一种网络媒体，就可以相对自由地选择自己要做的事，而之前的传统媒介，选择性就小了很多。在网络媒体中，可以查阅资料、进行网购、与人聊天、看新闻、看视频……它使用户能自主查阅新闻、信息，而不再是被动接受传统媒介的硬性推送；同时，网络媒体提供了一条多种角度评述新闻的途径，使它更具有公平性，不带有偏颇的立场角度，与传统媒介富有宣传色彩的评述存在很大的不同。

网络媒体更明显的一个特征是它的全面性和实效性。它与传统媒介最大的不同点就是它可以涵盖所有的信息，而且是在近乎于第一时间。通过网络媒体，受众在第一时间获得最新的资讯，同时网络媒体可以记录下所有的信息，将受众意识中带有公共属性的观念暴露于公共场合。这种暴露，为国家机构维护必要的稳定而需要的大数据收集提供了便利，这些特征在传统媒介中是不具备的。报纸的版面，广播和电视的收视时间，都限制着信息的传播总量，而网络媒体在云模式下，信息的可存储空间是无限的，受众可以在理论上获得所有想要获得的信息。

网络媒体的发展让传媒企业也实现了跨越和升级。互联网媒介不同于传统媒介公司，对于员工的要求不但需要专业化，同时需要全面化。网络媒体的普及，相对于有线电视、广播信号台、报纸的印刷，运行的费用和资金相对较少，但可以推动更大的、以往传统媒介做不到的资本运作。各种费用，如广告费、网购店商租赁费、视频费、资料费、用户注册费、游戏费，网络媒体能够在短时间内从各个方面获得巨大的利润。

网络媒体也在悄然地改变着人们的生活。原本没有的网络词汇随处可见，生活中也多了网络音乐、网络事件，人们开始关注以前从未有过的新的人群，像水军、大V网络红人等。十年前网络媒体改变了我们的生活方式，使得那一代人只要有电脑就会义无反顾地坐在电脑旁，在网上尽情的冲浪，回家的第一件事就是把电脑打开上网。而近些年网络媒体的发展又一次改变了我们的生活方式，现在的人们只要有空闲的时间，甚至寻找空闲的时间，用移动终端接入网络媒体来寻找着自己需求的资源或者打发时间，即使是跳广场舞的大爷大妈也在使用着网络媒体，这样一种深入到家家户户的平民媒介，预示着网络媒体将会对当今社会生活方式乃至社会体制带来深远的影响。

当然网络媒体在诸多的优势下也拥有各种不足。比如目前有效监管的困难让舆论引导表现出一种紧迫性，超过道德底线的评论基本不需要付出代价，利用受众心理特征发布不良言论，刻意引导公众产生对政府的负面态度，各类情色暴力信息此伏彼起，对公众隐私的侵害，以及对知识产权的侵害等，都是网络媒体带来的新的社会问题，都是需要认真思考的问题。辩证地理性地看待网络媒体，如何促使它在发展中趋利避害，使网络媒体向着更有利于社会进步的方向发展，是社会学和传播学共同的新课题。

# 第二节　基于社交媒体的即时传播

2009年我国（不包括港澳台）传统媒体连番报道“开心农场”的“偷菜”游戏所引发的一些不合理现象。由此，“社交媒体”作为一个由网络媒体带来的新问题而高频次地出现在大众面前。社交媒体作为网络媒体的一种形式，为人与媒介之间做了另一种诠释。目前的社交媒体主要包括微信、社交网站（如人人网、Facebook）、微博及博客、网络百科（如百度百科、维基百科）、视频分享（如土豆网、优酷网）、论坛（如猫眼论坛、天涯论坛等）、网络社区（如凯迪社区、水木社区等）、图片分享、播客等，以上只是约略分类，实际中往往交互在一起。

2009年8月，以在校学生为营销对象的“校内网”更名为“人人网”，将受众人群扩大到整个社会，成为当时活跃度规模最大的SNS社交网站。通过提供日志发布、相册保存、音视频分享等功能，这个在我国（不包括港澳台）属于全新模式的SNS网站平台为每一位参与者提供了互动交流的需要。从方式来讲，人人网倾向于模仿美国的脸书网，操作便捷，简洁明了。按类别组织的话题小组让人很容易找到志趣相投者。当然，这些功能在BBS论坛、博客等社交网站上也能找到。之所以能够兴盛，还有它的另一面。

网络虚拟环境为现存各种社会体制均带来大小不同的挑战和冲击，所形成的问题已经成为社会公共组织共同关注和研究的对象。为了减少虚拟性对真实生存环境的负面作用，不少观点提出以真实身份进入虚拟环境的方法。匿名方式交友能够满足一定的猎奇感，但本身所具有的不确定性容易致使信任感缺失，再加之网络社交带来的一些犯罪个案被新闻媒体宣传，扩大了受众对它的恐慌感。媒体机构在探索产品的设计时已经在刻意规避这种缺陷，尽可能让社交网络以一种可信任的姿态呈现在受众面前。人人网的宣传口号是“因为真实，所以精彩”，为了尽可能做到这点，在信任度筛选机制上执行使用真实姓名注册，填写真实信息，上传本人真实的照片作为头像。这种做法的确有利于提升媒体的信任感，也有助于社区受众彼此之间产生信任。信任是持续交流的必要前提。所以人人网依托

“同学”“班集体”“校友”等核心理念，找完班级找专业，找完专业找同校，找完大学找中学，找完中学找小学，依靠可信任的社交关系，人人网用户群的发展速度非常令人羡慕。这里面，摆脱浅尝式的网络社交，依靠可信任的、真实存在的情感联系，虚拟“部落情境”，让人们实现了真实的情感归属，至少是部分的。

网络社交媒体如果能够有效建立自身的责任形象，那么它与传统媒体进行角逐就具备了先决条件。但如何胜出传统媒体则是另外一个问题。社交媒体总结的另一个经验就是“多节点传播”。人人网这类的社交网站在设计之初就能轻松实现“让每一个用户都成为信息的发布者”，保持每个参与者之间话语权的平等是社交网站吸引众多人数的另一个条件。多节点传播打破传统媒体议程设置的权限，发表的观点可以被评论，限定的话题可以被越界转发，等等。这是以人人网为类型的SNS突破了Web1.0模式的信息传播模式所要表达的主要观念。

人人网类型的社交网站除了有上述功能，还遇到了一个很好的历史机遇，那就是移动终端和移动互联网的迅速普及。在这两股力量的推动下，用手机客户端登录社区的“手机人人”延长和增强了它在网络丛林中的存活度。但在SNS的架构中，并非“中心节点”被取消了，只是被较大程度地非固定化了，随着“中心人物”“中心事件”的不停转换，中心节点也在不停转换，任何时间、任何网络节点都能够生产和发布内容并随之成为中心节点，只要它能够吸引足够数量的关注人数。所以，说到底，符合新闻传播条件的“中心人物”“中心事件”的数量和质量决定了人人网这类社交网站到底能够走多远。如果这类要素缺乏比较严重，那么作为一个媒体，能走的路就很有限。因为这类社交网站的公共属性要明显大于私密属性。

这点可以从内容发布所引起的若干社会现象来判定。人人网这类社交类网站的各个交流圈经常在明争暗斗地追逐话语权。这种追逐可以从道德评判、知识比拼、财富炫耀、阶层高低类比等话题中表现出来，而真正以信任感为基础的社交活动在这些信息面前容易被排挤掉，这会造成一个对社交网站来讲属于负面效应的结果。当公共场合被各种炫耀占领，信息越来越远离多数受众的日常生活而被权力话语劫持的时候，没有或不愿炫耀的受众就会选择沉默或者离开，继而整个网站的用户活跃度降低。这种无形之中树立起来的社交媒体的“秩序”容易让整个网站失去宝贵的资源。在手机媒体上这种效应还会被放大。

手机作为一种精确媒体，可以同时放大社交媒体的公共属性和私密属性，如果不能很好地平衡两者的关系，作为一个需要盈利的实体，就随时面临着分崩离析的危险。人人网类社交网站和微博类社交网站就显示出越来越明显的公共属性挤压私密属性的倾向。

“微信”的崛起正是得益于人人网类社交媒体的这个软肋部分。其推出的“朋友圈”功能，让用户能够更加充分地分享自己生活中的信息。“朋友圈”产生的信息私密度更高，传播黏力更强。

微信的典型特征是通过“朋友圈”和“微信群”两个功能来完成社交信息的核心传递。“圈”“群”成员都是账号保有者维系的特定社交目标，在这些范围内，不断输入信息和话题，又不断生产信息和话题，以此来建立和稳固已有的认同和信任。这种做法使得微信脱离了电话的单纯对讲功能，而是搭建了一个“熟人”交往平台。

微信的“朋友圈”比其他社交平台更具有私人交往特征。比起微博和人人网，因为微信依托于每部电话中的通讯录，而通讯录是通过社会事件活动而建立起来的，因此“朋友圈”中的成员身份都经过了信任度条件的筛选，一旦进入，其身份基本是透明的，绝大部分关系是真实且双向的，情感和兴趣爱好上有共鸣点，基于图像和文字的表达容易引发互动，彼此交换和分享私人信息，无恶意隐藏，是一种主动的信息传递与接受。成员之间存在较多的信任，再加之表达的内容多属于日常生活的心理感受，话题接驳容易，便于形成良好的互动型人际传播氛围。从这个角度讲，微信所建立的社交关系与脸书网近乎完全自由的信息传播有着明显的不同。微信只针对彼此相熟的关系，这样做的结果就是信息的发布者倾向去分享与之有关联性质的信息，陌生信息对撞发生偶然事件的概率较低，例如多年失联亲人汇聚。

微信推广之前，“微博”“QQ空间”“人人网”，它们都有典型的社交功能。特别是微博，表现出较明显的公共媒体属性，即较少的交往成员和较小的社交圈依然可以借助“推广位”的公共信息传递，比如社会热点新闻，至少可以维持不冷不热的社交氛围。虽然不时会有为达到受关注的目的而散播的“谣言”，但那些属于带有特定传播目的的特定行为。多数情况下，微博账户持有者在传递信息时容易产生一种天然的媒体责任感，在表达时会相对成熟而理性。另外，微博账号持有者的领地可以相对随意地被陌生者进入，同时微博使用者自己也可以随意性地通过便携移动终端发布或者转载信息。这种“随意性”既可以表现为包容性，也可以“泛滥性”的面貌呈现。社区、论坛、微博中容易出现的恶意甚至蓄意的攻击性表达就是“泛滥性”的表现。相比较于这些，微信的“圈子”运行机制更易于维护交往中的稳定性。正是这种“强关系社区”的典型特征，造成了微博类用户日益流向微信“朋友圈”。

## 第三节　数字出版与数字影视传播

数字出版，简单讲是指利用数字技术对传统传媒内容进行编辑加工并通过包括网络在内的渠道进行传播的新型出版方式。与传统的出版方式相比较，数字出版目前所产生的影响主要是依据自身技术上的优势对传统业态所产生的生产方式上的冲击，并进而改变其原有运行轨道。目前数字出版主要包括：手机刊物、网络游戏、网络影像出版、数字报刊、数字音乐出版、数字图书出版、在线教育等。

作为新兴的产业形态，数字出版已经在国家产业中占有很大比重，整个2013年国内数字出版产业整体收入规模为2540.35亿元，同比增长31.25%，规划中得到相当大的重视。国务院2013年8月发布的《关于促进信息消费扩大内需的若干意见》中提出，到2015年，信息消费规模超过3.2万亿元，年均增长20%以上，带动相关行业新增产出超过1.2万亿元，其中基于互联网的新型信息消费规模达到2.4万亿元，年均增长30%以上。基于电子商务、云计算等信息平台的消费快速增长，电子商务交易额超过18万亿元，网络零售交易额突破3万亿元。[1]据中国新闻出版研究院发布的《2013—2014中国数字出版产业年度报告》显示，网络游戏、手机刊物和网络广告这三类占据了数字出版的主要份额并且增长迅速，有关出版社的互联网期刊、电子图书、数字报纸的总收入仅为61.75亿元，仅占数字出版

[1] 国务院办公厅. 国务院关于促进信息消费扩大内需的若干意见［EB/OL］. http://finance.people.com.cn/n /2013/0814/c1004-22557801.html，2013-08-14/2014-09-10.

总收入的2.43%。❶

数字出版的最大特征是其兼容性平台，一旦制作成形即可实现包括网络在内的多介质传播，从而突破过去传播渠道狭窄单一的情况，更加容易找到适合自身的受众群体，并为按需服务的精确传播机制提供可能性甚至前提条件。但早期出版社数字化的重点仅限于将传统纸质出版物简单进行光电扫描，然后制作成pdf等类型的数字文件以实现传播，完全不能发挥其作为出版机构对于内容拥有主动权的核心资源优势。现在一些具有市场意识并有着优质出版资质的机构在数字化面前已经能够紧随公众需求。例如，外研社已经拥有10个左右的分社网站，开发出品质很好的APP应用，还不失时机地推出了微信、微博等社交平台的公众账号，着实时髦。再如2014年8月上海译文出版社推出的《新法汉词典》APP应用，这是目前国内传统出版机构在数字化面前走得最好的一步。

所有搞出版的人都明白一个道理，人们的阅读需求不会因为技术的革新而减弱，只会随着文字图片等内容的播报方式的改变而发生阅读方式的改变。数字终端的日益低廉、移动互联网的日益普及，人们普遍受教育程度的日益提高，不管是为了获得阅读体验还是为了获得知识和技能，都助推了阅读需求的增加。顺应了技术所带来的改变的适者已经在这方面获得丰厚的回报，例如腾讯文学，其成立还不满一年，但已经与国内近300家出版社建立了合作关系，合作双方将各自所拥有的优势资源互补以实现双赢。再加之近两年社交网络的推波助澜，微信平台促使受众对订阅阅读模式的拥抱更加促使腾讯文学快速占领市场。这难道还不足以让传统出版社产生改变自身的想法吗?

对于有着内容资源优势的传统出版社如何走出稳重的宏观的下一步，国外一些具有专业特色和优质资源并且已经基本完成专业化数字出版转型的出版集团或出版机构值得持续关注。如培生教育，它的做法是舍弃部分鸡肋业务，腾挪资本以构建适合自身的数字化技术平台，并通过收购或合作的方式突出加强自身的原有资源优势，以维护在教育出版市场的垄断地位，例如，2011年收购环球雅思，2013年与贝塔斯曼集团签署的合作协

❶ 中国数字出版产业年度报告课题组.2013—2014中国数字出版产业年度报告［EB/OL］. http://www.gapp.gov.cn/news/1658/212700.shtml，2014-07-16/2014-09-10.

议，都是为了完成做强做大自身专业特色的目标。另一个典型的例子是亚马逊。数字出版与传统出版相比较，除了包含内容生产、内容出版，还包括技术支持、阅读设备提供、内容销售等环节。亚马逊公司凭借其网络图书零售优势，将数字出版业务链条进行整合，除了与出版社、图书馆等机构进行合作，还直接与一些写作者签约，以此来获得内容方面的资源优势。在此基础上，亚马逊不遗余力地推出了具有专利知识产权的Kindle电子阅读器，将麾下的庞大内容资源嫁接到这个阅读器平台。对于这个新型电子阅读产品，目前市场上还没有能够与之匹配的竞争者。这些经验也许能够为我们提供一些思考和借鉴。

移动终端设备价格和网络接入服务价格持续下降，助推当前网络影视吸收了比院线影视多得多的受众。网络影视相比较院线影视，体现出明显的发展优势——获取价格低廉、获取途径便捷、观看的时间和地点易于操控，这些都是院线影视无法可比的，因此能够轻易进入消费者视野范围。虽然网络影视无法提供院线影视的震撼视听体验，但在多数情况下受众的阅读体验是愿意牺牲次要因素来满足核心需要的。对于影视观看来讲，故事和表演属于核心要素，视听体验属于次要因素。再加之现在终端设备中的计算芯片速度日益提高，正在一点一滴地提升自身的视听处理能力，部分高端产品甚至在视听功效上已经逼近普通电视机，这就部分弥补了网络影视传播过程在这方面的不足。

数字文化产品应用经过几年的发展和沉淀，目前已经形成6个固定的类型：网络广播影视、手机电视、IPTV、互联网电视、移动多媒体广播电视和公共视听载体。在这些应用中，网络音乐与网络视频占据应用的主要部分。

在我国，由于目前缺乏合适的市场环境，对于以数字文化产品为主要营销项目的网络传媒机构来讲，主要通过合作等方式获得电视台、电影公司的支持。这种做法延缓了它们对于内容渠道的急迫性。但两种环境中诞生出来的产物是存在差异的，网络影视的发展不能简单挪用传统影视媒体的作品，除了商业利益上的纠纷，节目形态的差距也决定了双方很难始终如一地走下去。（当然，资本上的兼并重组形成平台融合另当别论。）所以，对于尚处于野蛮生长的网络媒体机构来讲，当务之急可能还是建构平台和制造品质更高的产品，特别是影视音乐等方面。

平台方面，典型的成功案例是苹果公司的iTunes。

这个基于网络传播核心理念的数字化通道为传播方和受众搭建了一个双赢的模式。数字影视和音乐作品的制作者在这里获得了知识产权保护，创作者的智力活动获得了应有的报酬；而消费者则受益于网络传播的优势，得到了优质廉价的音乐、教育及影视产品。在数字文化产品利用网络进行各方都认可的传播方面，iTunes平台起到了很好的示范作用。

内容方面，2010年以来的微电影创作为网络数字影视的内容来源做了一个很好的探索。它的制作、传播无一不是对网络数字影视发展所做的回应。

微电影制作周期短，题材种类不限，成本通常很低，甚至有一些属于零成本，多数也只有几千元到几万元，题材迎合网络受众的消费特性，传播目标明确，题材新颖贴近生活，单集播放时间从几分钟到30分钟，能够完整地呈现一个叙事结构，具有可观的艺术表现力，产品一旦制作完成，就通过各种网络媒体进行多渠道传播。制作人将来如果能够与社会、文化、企业运营相结合，获得稳定的资本支持，微电影可以向专业化、市场化的方向发展，与网络媒体的结合牢固后即可以进行产业化运营。

## 第四节　电脑游戏文化及其传播

### 一、参与性阅读的数字化表现

普通的电脑游戏从本质上来讲，可以被看作一部部通过C++、Python、Delphi等计算机编程语言所营造出的通俗章回体小说，它们执行的是文学的传播功能。在这些电脑游戏里面，有人物，有环境，有故事，有线索，有矛盾冲突和故事结局，通俗小说创作的一切要素在电脑游戏中全部具备，只不过其创作的方式与传统不一样。传统创作中，小说使用文字来构建叙事空间，电影是用影音构建叙事空间，电脑游戏则是通过计算机程序语言来拟造特定叙事环境，并且由于人工智能和人机交互技术的推动，电脑游戏中的叙事环境具备了开放性功能，即一些研究者所指的互动性。这种开放性叙事环境使得电脑游戏在参与者的干扰下，能够执行环境再造，故事线索方向随参与者意志而发生改变。

一个电脑游戏作为商业性的文化产品被放在市场上，其受欢迎程度不仅取决于编程技术对环境的建构能力，更取决于其叙事方式的受欢迎程度。最为典型的案例莫过于1998年Valve娱乐公司推出的由HDRSource引擎开发的《半条命》游戏。在整个营销活动中，《反恐精英》只是作为《半条命》的附属产品在市场上销售，因为《半条命》有着完整的故事特征，而《反恐精英》只是游戏竞技双方互动的平台。由于有着鲜明的戏剧矛盾冲突，人物可以不断刻画，叙事可以不断深入，《半条命》有着前后达8年之久的后续系列产品开发，并有效地促成了若干与游戏中人物命运、武器使用心得、武器设计优劣等相关的讨论话题在互联网上形成，这些话题反过来又推动了游戏的营销活动。与之相比的《反恐精英》则只是在游戏引擎上改进，形成的话题也仅限于此，虽然也被当作经典。另外一些游戏的开发借助于市场上的畅销小说，并以之为创作蓝本，从而找到了市场的切入点，例如大话西游、仙剑奇侠等。

在讨论电脑游戏时，有些观点喜欢过分强调电脑游戏的交互性，认为交互性才是电脑游戏的核心属性，这些说法其实有失偏颇。因为它们过分注重了电脑游戏的技术性层面，而忽视了它的文化性层面。电脑游戏，首先是一种文化内容的产品，其次才是一种技术产品。如果脱离开这个逻辑讨论电脑游戏，那么，电脑游戏与普通的程序软件相比没有任何区别。目前市场上的游戏开发引擎，较为著名的大致有寒霜系列引擎、BigWorld引擎、Gamebryo引擎、虚幻系列引擎、Cry Engine系列引擎、Torque 3D引擎、Hero Engine引擎、OverMax引擎、Quantumas引擎、Source引擎、IW系列引擎、幻影游戏引擎、黑火引擎等，显而易见，引擎技术产品的数量是非常有限的。在知识产权保护日趋精细和严格的背景下，市场上依然有着层出不穷的游戏光碟，根本上靠的还是它们自身的故事内容，将自己转化为一种文化产品，才得以在竞争激烈的市场上保留一席生存之地。

当然，电脑游戏的技术层面是它不可或缺的要素。而且，在技术性因素还属于稀缺性要素的市场环境下，游戏所包含的交互性、引擎技术特征等所形成的互联网话题在目前阶段甚至还占据主流。多数参与市场话题讨论的人，将游戏的评论依然放在如“可玩性”“交互性”等关键词所形成的话题上，形成讨论游戏的主要内容。“可玩性”“交互性”之类的关键词所指的就是游戏参与者在游戏情境中的角色选择及开放式叙事环境对参与者的选择做出的参数修改，或者说环境反馈。这些关键词的正面评分越高，游戏的知誉度就越高，反之，则越低。

毫无疑问，电脑游戏引擎技术的开发趋势肯定得朝着逼真性、开放性、自生性和娱乐性的方向发展。逼真性，是指通过尽可能地模拟现实世界，使游戏情景更加真实，从而使游戏参与者能产生身临其境的感觉。开放性，是指游戏线索在拟真世界中任何事情都可能发生，参与者在推进故事时具有主导性和支配性。自生性，是指游戏引擎对于参数改变后的环境重构度。也就是说，游戏线索在参与者的干扰下，对既成事实重新计算，得出新的可能性环境和线索。可能性越多，游戏参与者可选择的余地就越多。因此，传统游戏的单向情节发展模式就必须退出舞台，因为没有“意外”发生。

对新的可能性的盼望并实现，是参与性阅读的表现。在传统阅读中，故事线索不会允许阅读者有自己的思考路径，有经验的阅读者通过故事开始所透露的一些线索就已经能够猜测到人物最终的命运，这在很大程度上限制了阅读的乐趣，限制了参与者的自我意愿扩张，使得阅读本身的游戏性和审美功能不能实现。但拥有开放性和自生性的游戏则可以弥补这种缺陷，使之更具有趣味性，能够给参与者提供更广泛的选择和交互空间。这方面的代表如《模拟人生》系列。《模拟人生》没有重大政治、军事冲突的要素，没有激烈的暴力冲突和眼花缭乱的环境设定，仅仅是普通人的普通生活，但游戏没有设定既定目标，因而也没有任务驱动，游戏参与者完全通过自主的要素安排，游戏引擎根据要素编排计算出新的可能场景以及新的人物生活轨道，从而产生各种不同的结果。在这款游戏中，人物的性格、职业、兴趣爱好、习惯性行为都是要素，主人公可以选择工作或者游手好闲，甚至可以通过自主的方式将自己变成一个社会不容的异类，结局就是沿着异类可能的生活轨迹前进，例如，触犯法律进入监狱，刑满释放后无法进入社会主流。这种参与性阅读，《模拟人生》是其中代表，它没有动作电影的暴力娱乐元素和惊悚小说的神经激跳，但却广受欢迎。围绕着《模拟人生》所形成的讨论，文化性的要多于技术性的。因为与《战地》《使命召唤》这些射击类游戏引擎追求子弹轨道、雨雾及太阳光线的照射效果环境的逼真度比起来，《模拟人生》更多的是强调参数不同组合的可能性表现，没有哪个普通人不关心自己的命运，究竟该怎么走，取决于自己的态度，因此它获得了不菲的市场成绩。

围绕互联网所形成的游戏话题的深浅度一方面说明了游戏本身所面临的生存环境状况，另一方面也说明了游戏参与者自身对于娱乐产品所具备的认识水平。事实上，国外，包括一部分国内的游戏制造商，已经充分注意到游戏的可持续发展之路。特别是市场占有度高的公司，在开发游戏时，将游戏的社会、历史、文化方面的内容详细而又周备地融进游戏的情节当中，再增加适当的好莱坞式的娱乐手法，已经成为它们占领市场的重要手法。如《战地》系列中大国之间的政治和战争角逐以及当前全球共同面临的反恐局势。这些带有持续性话题并且容易转换成娱乐因素的游戏往往都是市场的宠儿。但遗憾的是，由于参与者自身的认知水平，限制了游戏话题的文化讨论。而一些游戏所带来的文化内涵甚至还不能形成互联网讨论话题。比如《古墓丽影》系列中的考古学知识、《刺客信条》中重大政治历史事件的社会影响等。

因此，与其说游戏的交互性水平决定它的吸引度，不如说游戏故事设计的参与度决定了它的市场欢迎度。

## 二、环境适应性训练的数字化模拟

环境适应性训练的数字化模拟是电脑游戏程序的另一大应用领域。实际应用领域的模拟应用程序的开发思路和开发方法与电脑游戏基本一致。目前，这类实际应用的“电脑游戏”程序的开发，在复杂机械操作、特殊环境作业的领域已经广泛应用，已经完全跳出参与性阅读获取娱乐和审美的活动范围。游戏等于娱乐，这种传统观念已经完全被改变。在拟真的环境中，游戏参与者通过系统性重复操作复杂动作以达到驾驭复杂机械的目的，例如驾驶汽车或坦克，甚至飞行器。电脑游戏的开发思路使得这种模拟程序在许多特殊领域发挥独到的作用。在这些游戏里面，参与者不以娱乐为目的，而是以学习知识和技能为主要宗旨。实践中的经验已经显示，有时模拟程序所带来的学习效果要比真实环境更好。

金山软件等公司开发的英语单词记忆学习软件，通过拼字游戏、射击游戏、俄罗斯方块等方法帮助学习者提高和稳固记忆效率。新东方等教育机构更是不遗余力地将自己的教育产品做成模拟程序售卖到更大的社会群体中。教育产品变成模拟类软件，降低了学习的成本，使得受欢迎的教育资源能够以更低的价格在有需求的市场上更大范围地扩展，有利于提高社会整体教育质量，降低社会教育成本。同时教育软件的娱乐性，提高了知识和技能学习的效率。这种益处已经形成一种社会观念，从政府到民间组织，都以推广和开发教育学习软件为重要使命。以研发飞机驾驶训练软件和飞行管理软件的川大智胜软件股份有限公司为例，公司年营业额达到2亿左右。在以推进信息产业为政策的国家中，教育软件的开发已经成为经济领域中一个非常重要的行业。模拟程序在教育领域实现了它更大的应用价值。

更为关键的是，拟真环境，特别是一些特殊环境，避免了高危环境中潜藏的不利因素对人可能造成的真实伤害，降低了学习成本。这种训练方法，也是人道主义的进步表现。在信息产业发达的国家中，这方面的开发和应用一直走在最前列。1994年，美国军事部门就已经成立了专门的军事游戏训练机构，消防、警察、医疗等其他部门很快跟进，将游戏作为特殊任务训练的主要辅助手段。在伊拉克战争的准备阶段，美国军方利用卫星和互联网收集到的数据，模拟巴格达等伊拉克主要城市的布局情况专门开发了训练软件，以训练士兵熟悉在伊拉克即将遭遇的巷战。这种方法明显地可以降低美军在军事冲突中的伤亡率。

利用各种传感设备对特定复杂环境进行数据收集，建立相应数学模型，激发和暴露各种可能的潜在的危险结果，在此基础上开发拟真程序以供辅助训练使用，提高个体和社会专门机构在防范意外灾害方面的处理能力，符合社会公共事业利益目标。这对于帮助构架和完善社会公共事业服务体系意义重大。一个行为模拟或环境运行软件，如海啸或火山，其数学模拟运行结果所提供的提醒帮助，对于它的使用者来说很可能是一种福祉。美国圣地亚哥科技园的虚拟现实医学中心建立的高仿真三维拟真技术和设备（数据目镜、数据手套等）对于治疗诸如恐高、自闭、表达障碍等心理疾病可能起到革命性的疗效。这类虚拟现实环境的游戏类程序，已经不是简单游戏意义上的参与式阅读，而是可以对现实中人们遇到的某些难题给予实质性的帮助。从这个角度讲，包括游戏在内的拟真程序，不再仅仅是一种娱乐的途径，也可能是一种解决现实难题的方案。

电脑拟真程序因其很好地切入人们娱乐而得到高速的发展，在过去的40年时间里已经几经变革，可以说是突飞猛进。电脑游戏现在的产业规模已经开始超越其他同类，甚至连娱乐之王的电影业也无法赶超，更不用说唱片业、印刷出版业。伴随着传感技术、人工智能和数学模型的日益深入研究，拟真程序对社会文化内容和机制的改变越来越深刻。

# 第五章
# 数字文化传播中的负效应与消解

传播是指社会信息的传递或社会信息系统的运行。信息是传播的内容。传播的根本目的是传递信息，是人与人之间、人与社会之间，通过有意义的符号进行信息传递、信息接收或信息反馈活动的总称，本质是信息的交流和共享。而数字传播又叫网络传播，网络传播是指以电脑为主体、以多媒体为辅助的，能提供多种网络传播方式来处理包括捕捉、操作、编辑、贮存、交换、放映、打印等多种功能的信息传播活动。由于它是把各种数据和文字、图示、动画、音乐、语言、图像、电影和视频信息组合在电脑上，并以此互动，所以，数字传播是集合了语言、文字、声像等特点的新的传播途径，是为适应现代社会发展的需求而出现的。文化传播是指思想观念、经验技艺和其他文化特质从一个社会传到另一个社会，从一地传到另一地的过程，又称文化扩散。由此，所谓数字文化传播就是指利用互联网等多媒体设备进行文化传播，实现信息的传递、交流和共享。

数字传播的基本载体是计算机，更准确地说，是互联网。而随着互联网时代的到来，数字媒体也已经成为继语言、文字和电子技术之后最新的信息载体。全息成像、电脑音乐、人工智能、人机交流、交互式电视、虚拟现实等技术的开发，创造了新的艺术样式和信息传播方式。人们现在接触到了丰富多彩的电子游戏、多媒体电子出版物、网上杂志、虚拟音乐会、虚拟画廊和艺术博物馆、交互式小说、网上自由文艺沙龙、网上购物、虚拟但逼真的三维空间网站以及正在发展中的全数码电视广播。数字媒体时代，是电脑时代，是信息化的时代。

## 第一节　数字文化中的负面信息及其传播

中国社科院发布的《2014年新媒体蓝皮书》指出，以互联网为代表的新媒体在中国从无到有、从小到大。如今，中国已成为世界新媒体第一大国。蓝皮书明确提出，当前中国已进入“微时代”，微传播、微政务、微支付、微电影和微视频构成了2013年中国新媒体发展的“微时代”景观。此外，微传播时代的到来给传统媒体的发展和转型带来了更深刻的影响。蓝皮书预测，未来5~10年是我国从新兴媒体大国走向新兴媒体强国的过程，新媒体安全成为最重要的国家战略。

据CNNIC发布的第42次《中国互联网络发展状况统计报告》显示，截至2018年6月，中国网民规模达到8.02亿，互联网普及率为57.7%，超过全球平均水平。以互联网为代表的数字技术正在加速与经济社会各领域深度融合，成为促进我国消费升级、经济社会转型、构建国家竞争新优势的重要推动力。我国手机网民规模达7.88亿，网民中使用手机上网的比例高达98.3%。[1]商务交易类应用持续高速增长，网络购物、网上外卖和在线旅行预订用户规模持续增长。网络购物市场消费升级特征进一步显现，用户偏好逐步向品质、智能、新品类消费转移。同时，线上线下融合向数据、技术、场景等领域深入扩展，各平台积累的庞大用户数据资源进一步得到重视。公共服务类各细分领域应用用户规模均有所增长。其中，在线教育、网约出租车、网约专车或快车的用户规模增长迅速。

网络生活基本上覆盖了城市高知人群，除了传统的消费、娱乐以外，移动金融、移动医疗等新兴领域移动应用多方面满足用户上网需求，推动网民生活的进一步“网络化”。可就在“全民皆网”即将到来的同时，在网络媒体解放了话语权、整合了受众的认知方式的同时，网络媒体也在悄

---

[1] 中国互联网络信息中心.第42次《中国互联网络发展状况统计报告》[EB/OL]. http://www.cnnic.net.cn/hlwfzyj/hlwxzbg/hlwtjbg/201808/t20180820_70488.htm，2018-08-20/2018-10-09.

然异化着媒介生态，人所创造出的媒介产品和关系构成的拟态环境，日益成为人类异己的强大力量，会反过来反对、奴役人本身。网络媒体使人的思维和行为方式、人与人之间的关系、社会经济、文化和权力运作在一定程度上产生了与人自身对立的变化，网络传播中的负效应显现，甚至成为一种阻碍力量。

## 一、功利性快餐式阅读获取碎片信息

网络时代信息获取的便捷性超越了以往任何时代，在搜索引擎和大数据云计算技术的支持下，我们可以利用网络得到任何需要的信息。这无形中也使信息获得者养成了“目的阅读”的习惯，即为了完成某个特定的任务而进行信息接触。这样的阅读习惯对于正处于知识积累阶段的青少年非常有害。从事高等教育多年的教师们经常反映，现在能够在图书馆阅读大部头的经典名著的学生越来越少，很多学生都是为了完成作业或者毕业论文才上网查找相关专业学术信息，进行“目的阅读”。搜索引擎使“目的”阅读成为可能，要求受众用“关键词”进行思考和检索，信息在这种新规则下以“碎片化”的面貌呈现，细节先于整体出现，事物的整体性被打破。在这样的传播模式下，人们渐渐拒绝“深度思考”，越来越拥抱“信息”、远离“智慧”。人们信息接收状态越来越“轻浅”，越来越“碎片化”，这种浅阅读使得判断、决策都在瞬时完成，人们的生存状态与关系状态也日渐呈现出“碎片人”“断裂关系”的形态。中新网2014年8月8日的新闻：针对北京青少年的“上网状况与新媒体素养调查报告”显示，超过40%的受访儿童表示每天使用网络超过3小时，其中15%的人称每天上网超过5小时（每天上网超过5小时即可被认定为存在网瘾）。报告显示，网络游戏和上网看电影、听音乐占去孩子大量时间，约35%的受访者比较沉迷于网游。

更多的年轻人不再阅读长篇经典，其世界认识和文化积累来自于网络媒体的娱乐报道或者某些名人制作的自媒体节目。以《晓说》为例，这是高晓松将个人观感和历史地理、古今中外的各类知识结合在一起，采用漫谈的方式在优酷网播出的一款自媒体脱口秀节目，其点击率达到5亿次，受到网民的热烈追捧。如果把这类节目当作娱乐漫谈类节目进行关注固然无可厚非，但是很多年轻人对节目中高晓松的个人观点顶礼膜拜，不假思索地全盘接受，借此构建世界观、历史观，这就失去了个人思辨能力和真正了解世界、了解文化的机会。

## 二、网络谣言扰乱视听　污染拟态环境

拟态环境也称为信息环境（pseudo-environment），指的是一个社会中由个人或群体接触可能的信息及其传播活动的总体构成的环境。美国著名新闻工作者李普曼认为，拟态环境并不是现实环境的“镜子”式的再现，而是传播媒介通过对象征性事件或信息进行选择和加工、重新加以结构化以后向人们提示的环境。我们平时接触到的新闻、广告、影视、娱乐信息等都是构成拟态环境的主要因素。受众会根据拟态环境提示的内容对现实生活做出反应，久而久之就使现实生活带有拟态环境的特点，亦即“拟态环境的环境化”。数字化传播因为其传播速度快、互动参与性强，对于构成拟态环境更能起到如虎添翼的作用，所以利用数字传播给受众提供纯净的拟态环境是新媒体发展过程中责无旁贷的使命。

但是网络的虚拟性、隐蔽性等特性，加之网民接收信息的匆忙性、从众性等原因，极易使得虚假信息快速传播，污染拟态环境扰乱受众视听。这样恶性循环的结果只能导致有独立思考能力的人远离失去了公信力的拟态环境，而没有独立思考能力的人被谣言迷惑产生危害社会的思想或行为。

例如，德国作家罗尔夫·多贝里在其著作《明智行动的艺术》中就提到“回避新闻”的思想。他避免接触任何新闻信息，因为他认为新闻是利用了人们追求惊悚夸张信息的心理而制作出来耽误时间没有任何实质意义的内容。经过3年的“回避新闻”实验，他认为“我的思维变得更清晰，见识更深远，可以做出更好的决定，有了更多的时间，而且最好的一点是：我从未错过什么重要的新闻。我的社交圈子——不是指脸谱网，而是现实中真正的朋友和熟人——起着新闻过滤器的作用”。这不仅让我们联想到了李敖，他曾坐了很多年的牢，在信息上与世隔绝。出狱之后，他钻进图书馆猛读报纸。几天之后，他掩卷长叹——这么多年没看新闻，原来损失有限。从此，他给看新闻的行为起了个名字——“追新闻屁”。新闻中不

是没有知识，但它是被悬念、反复、猜测、臆断、胡说无限拉长的知识。

上面两个例子可能有些偏激，但是我们现实生活中，利用数字化媒体进行虚假信息传播的现象的确比比皆是，极易使人不辨真伪，误信谣言。例如，2013年在网络上传播的新闻“2011年我国大输液市场年均一百亿瓶以上，相当于13亿人每人输了8瓶液”极大地扰乱受众认知，增加了医患矛盾，引发了极为恶劣的社会反响。后经国家卫计委相关负责人辟谣才辨明真相，“百亿瓶”是我国每年输液制剂的生产量，不能等同于输液量。我国每年产输液制剂，一部分用于出口，一部分用于动物使用，还有一部分在流通环节流转。另外，“我国每年死于不安全注射39万人，不良反应死亡20万人，大输液以后死亡10万人”的说法也属捏造，有关单位没有发布过相关数据。据中国警察网2013年9月29日的新闻报道，公安机关集中打击网络有组织制造传播谣言等违法犯罪专项行动又有新进展，网上知名“环保专家”董良杰，被北京警方以涉嫌寻衅滋事罪依法刑拘。“自来水里的避孕药”“舟山人头发里汞超标”“南京猪肉含铅超标”“惠州猪肝铜超标”……这些耸人听闻的虚假信息，都是其在未经核实的情况下，断章取义后编写出来的。值得注意的是，在董良杰追寻创业发财梦的道路上，一位对其点拨指导、转发微博助其积攒人气并实际投资的网络大V，正是同样身陷囹圄的薛蛮子。一些不法分子和心怀叵测的网络大V利用数字媒体煽风点火、混淆视听，严重地影响了受众的信息接收，让我们在谣言与辟谣的新闻中浪费时间，使数字文化传播的道路充满荆棘。

## 三、数字文化现“低俗”倾向　恶搞危害身心

网络成为当代人生活中不可或缺的一部分，而我们生活在网络提供的新的空间与环境中，不免会有深深的不安与忧虑。网络在创造着新的创作方向、文化方式、传播途径的同时，也无可厚非地带来一些负面的影响，其中最为突出的就是网络文化的低俗化。如论坛、博客、微博、QQ群等存在大量庸俗、低俗、恶俗的内容，包括金钱万能、物欲横流、消费至死等拜金理念；宣扬血腥暴力、凶杀、恶意谩骂、侮辱诽谤他人的信息；容易诱发青少年不良思想行为和干扰青少年正常学习生活的内容；包括具有挑逗性或污辱性的图片、音视频、动漫、文章等，非法的性用品广告和性

病治疗广告，以及散布色情交易、不正当交友等信息；侵犯他人隐私的内容以及利用网络恶意传播他人隐私的信息等；违背正确婚恋观和家庭伦理道德的内容等。打开网页，“黄赌毒”“星腥性”成了网站赢利的利器，例如，自2010年以来，王欣等人开发了快播视频播放软件系统，以只做技术、不问内容为借口，大打所谓“擦边球”，明知快播系统内有大量淫秽色情视频，却放任其广泛传播，甚至在公司遍布全国各地的服务器中存储大量淫秽色情视频供网民浏览下载，获得了大量不法收入。多行不义必自毙，王欣等人在逃往境外110天后于2014年8月8日被国际司法合作渠道由相关国家移交中国警方，被捕归案。

早在2009年1月5日，国务院新闻办、工业和信息化部、公安部、文化部、工商总局、广电总局、新闻出版总署等7部门，就曾联合部署在全国开展整治互联网低俗之风专项行动，以致Google、百度、新浪、腾讯等19家网站被曝光批评。但是多年之后，网络文化低俗倾向仍然没有改变，现在打开一些门户网站仍然能看到各类标题党制作的低俗新闻标题和娱乐专题，尤其是对于明星绯闻、名人婚变、艺人涉毒等案件的报道不惜笔墨大肆报道，借以吸引受众眼球，获取点击率。例如“郭美美事件”，从炫富开端牵引出“贪腐”“干爹”“援交”“豪车”“聚赌”等一系列撩人眼球的新闻事件，其中真真假假、沸沸扬扬，竟然持续了3年多，产生了极为严重的负面效应，使国民对慈善事业的信任度降到冰点，同时也给一些妙龄女性的价值观带来极大冲击，甚至引发“求包养”的网络歪风。

数字文化传播的负效应还包括网络恶搞现象。“网络恶搞”是以文字、图片和动画为手段表达个人思想的一种方式，以颠覆的、滑稽的、莫名其妙的无厘头表达来解构。网络恶搞如果作为一种娱乐无可厚非，前提是控制在一定的限度之内。网络恶搞在中国过去几年里之所以盛行，很大程度上在于互联网给大众提供了“反主流”的可能性，它极大地释放了先前人们对于“主流”与“伪主流”文化压迫感的不满，通过“解构”来抒发这种情绪。由于网络媒体提供的新可能，人们从先前表达空间、表达渠道有限一跃进入“话语狂欢”与“创意狂欢”。恶搞被广泛地应用到各类题材与形式上，影视作品被恶搞，例如：胡戈对陈凯歌《无极》的恶搞；文学名著被恶搞，如在微信朋友圈中广泛流传的“史记——美美传”以及被篡改得遍体鳞伤的古典诗词；历史人物被恶搞，如2013年的“杜甫很忙——语文教科书杜甫图片被恶搞”以及2014年的“李白藏头诗预言马航失踪文章出轨”等，甚至国家首脑、文化现象、英雄人物也都无一幸免，更不要说被篡改的面目全非的成语佳句以及被“梨花体”“羊羔体”“火星文”和各种新创网络符号冲击的千疮百孔的言语表述了。

恶搞之风的蔓延与扩散，显然已超出了最初“社会减压”的范畴，开始对传统价值观与主流意识形态形成影响，文化颠覆力量慢慢显现，特别是对于网络媒体的年轻受众而言，长此以往，他们难以严肃认真对待事物，往往会形成轻率、空虚、责任缺失的生活状态，其后果不堪设想。

## 四、侵犯隐私　盗版泛滥　网络暴力横行

信息网络技术的出现使得个人隐私遭到前所未有的威胁，由于计算机强大的记录、储存功能和网络这一新兴媒介的发达对个人信息的搜集和利用已较以往更为容易便捷。随着人们对网络依赖性的增强，个人隐私被窥探窃取的可能性随之大增。鉴于网络空间的全球性和信息传输的迅捷性，公民隐私一旦在网上披露，全球范围的人在瞬间都能知道。这势必置被泄露隐私者于非常难堪的境地，使他们遭受心灵上的不必要的巨大痛苦。近年来产生的“人肉搜索”现象就存在极大争议。“人肉搜索引擎”是指利用人工参与来提纯搜索引擎提供信息的一种机制，实际上就是通过其他人来搜索自己搜不到的东西，与知识搜索的概念差不多，只是更强调搜索过程的互动而已。“人肉搜索引擎”之所以以“人肉”命名，是因为它与百度、Google等利用机器搜索技术不同，它更多地利用人工参与来提纯搜索引擎提供的信息。“人肉搜索”从诞生之日起，就颇受争议，一方面是网络和“人肉搜索”在一定程度上使中国社会变得更加民主和透明，信息更加公开，培养了全社会的公民意识，让人们更加主动地参与到社会事务中去，例如在汶川、玉树地震以及沉船、泥石流等灾难发生的时候发起的捐献、寻亲以及对于贪污、腐败、炫富、恶势力等展开的掘地三尺的深挖与曝光，都为我们的社会带来很多正能量；但另一方面，“人肉搜索”使隐私无限度地暴露于公众视野之中，又经过新一轮信息增值，产生了与事实相距甚远的不确定性，在法律和道德惩治的边界徘徊，终将造成整个社会的信任缺失以及公民个体权利的受损。因为“人肉搜索”而名誉受损、家

庭离散，甚至失去生命的案例经常见诸报端，例如2013年12月3日晚，在连续发出“第一次面对河水不那么惧怕”“坐稳了”两条微博后，广东陆丰18岁女高中生琪琪跳入河中自杀身亡。事发前一天，她曾到一家服装店购物，店主怀疑她偷衣服，于是将视频截图发到微博上求“人肉”。这则“人肉偷衣服女生”的信息引起了热烈反响，众多网友纷纷参与“人肉搜索”。很快，琪琪的个人信息曝光，被同学朋友指指点点，网上也是一片辱骂之声。琪琪的父亲认为此举致使女儿自寻短见，琪琪的姐姐在微博上公开指责涉事服装店店主系“诬陷”。虽然当地警方已立案调查，涉事服装店店主已被刑事拘留，但参与“人肉搜索”的网友的行为导致“一个花季少女无奈走上绝路”的确是不争的事实，让人扼腕叹息。

由于相关法律法规不够健全，完备的监管体制未能建立，不但个人隐私权得不到保护，知识产权被侵犯也成为数字文化传播负效应中较为严重的一个方面。21世纪是文化产业大发展的时代，产权保护是发展的动力所在。而在知识产权方面，近年来围绕网站的知识产权诉讼时有发生。就主体来说，网站告网站、网站告传统媒体、传统媒体告网站、著作权所有人告网站等情况均有发生。在新闻和信息传播方面，突出的表现是商业网站将传统新闻媒体及其网站上的内容随意取用。

网络技术的发展使知识产权侵权事件更易发生。随着电子计算机技术的发展，不受任何时间、地点的限制，也不受作品数量的限制，更不会给权利人留下任何记录，致使在网络上发表转载原创作品的行为大肆流行，加之法律监管不健全，僵化的立法规范会束缚网络经济的发展，挫伤网络行业的积极性，妨碍技术的进步，失去发展的契机，不利于我国的长远利益。同时单纯的行业自律模式也是不行的，行业自律缺乏有力的执行措施和保障手段，没有强制力，使网络隐私权和知识产权侵权事件频繁发生。

无论是隐私泄露还是盗版猖獗，都是网络暴力带来的数字化传播负效应。网络暴力是新媒体传播负效应、传播生态异化的一个重要体现，它对受众的异化主要体现在纵容了其对他人隐私的非理性关注与推波助澜，对媒介秩序的异化主要体现在“越权审判”上。传统媒体的越权审判，是在履行监测环境的职能时超越了权责范围，代替司法机关裁判是非，以至于受众对其产生变形期待，破坏了社会的整体分工。而网络环境中的越权审判，却在很大程度上是出于发泄情绪、满足猎奇心理、得到认同和共识的安全感等在网络中畸变的心理需求，网络暴民在网络和现实中团结一致采取的“行动”，对当事人特别是无辜当事人的伤害更是影响至深。因此，网络追惩、网络审判都应该经由严格的立法来规制，从而真正释放其正面效应。同时我们还应看到，由于网络把关严重缺失，很多网络事件背后都是“网络推手”运作的结果。一个完整的网络炒作过程由“被炒者、策划者、发布者（写手、网络编辑或论坛版主）、传统媒体和网友”共同参与。其中，网络推手是话题或人选的创意者及发现者，网络编辑和版主们是左右被炒作人与事件曝光率的关键力量，他们通过网络新闻、论坛、博客、QQ 群、搜索引擎、视频等进行第一轮话题预热；接下来，传统媒体主观或客观上与网络推手合谋成就了第二轮炒作，从而达到推出新人或者企业产品的目的，全过程中只有普通网民被蒙在鼓里。在捧红一个人后，策划人有多种收益模式：一种是成为红人的经纪人，从其收入中直接分成，每次从签约合同中抽取包装费。据知情者说，包装费通常会达 6 位数，一般的抽成比例为7∶3或5∶5，策划人拿大头。整个包装过程，网站和版主一般分不到任何费用，除非事先谈好，个别网站也可从中抽取两成。还有直接将作品（包括红人）整体转卖给专业演艺公司的，一次性获得一笔收入。“抓住网络哄客的喉咙，让他们发出自己想要的声音”，是网络推手通过网络为自己获得利益的第一步，著名的推手“立二拆四”通过成功炒作“天仙妹妹”“别针换别墅”以及“封杀王老吉”“炒作郭美美”，获得丰厚回报，而网民在其间则充当了“哄客”的角色。当然法网恢恢，2014年8月14日北京市朝阳区人民法院审理了北京尔玛天仙文化传播有限责任公司、北京尔玛互动营销策划有限公司、被告人杨秀宇（网名“立二拆四”）、被告人卢梅非法经营案。“立二拆四”当庭认罪。

## 五、文化渗透猝不及防　瓦解意识形态

网络传媒的文化传播比传统媒介更频繁、更直接、更广泛。而网络传媒突破了任何个人或政府对媒体的控制范围，任何人、任何机构、任何国家都不可能左右它、操纵它或控制它。网络不断改变人的思想观念和价值取向，“网络社会”的游戏规则正在动摇传统社会的道德基础和行为准则，通过网络传媒，我们可以接触到丰富多彩的世界文化，可以从不同国

度、不同民族的优秀文化中吸收营养，但是也会受到其他不良信息的深刻影响。但因特网的这一优势并没有使异质文化之间的沟通更有效，传统媒介在国际文化传播中的不平等现象在因特网上表现得更突出。互联网进一步加剧了国际新闻传播的不平等状况，甚至造成了发达国家（主要是美国）对发展中国家的信息侵略。“所有大力鼓吹信息高速公路、计算机网络世界的这些话语，都没有理解到正是在这个过程中存在着世界上深深的不平等。”

网络社会中来自西方发达资本主义国家的声音多，而发自发展中国家的声音少。网上信息的90%采取英文表达，这是一种“新式的殖民主义”。因为语言是一个民族存在的重要标志，容忍某一语言吞并其他语言，无异于忍受某一民族的侵略和压迫。语言学家预测，全世界6000种左右的语言至少将有半数会在50年后完全消失或濒于绝迹。语言在竞争中失败，文化和知识亦会随之消失。如果英语真的成了全球的共通语，那么英语国家的文化必将吞噬其他国家的文化而成为一种一统天下的世界文化和霸权文化。

西方国家利用他们在网络上的种种优势倾销他们的政治思想和文化，宣扬西方的民主、自由和人权观念，对我们进行意识形态上的渗透。我们知道，在国与国的贸易中，年复一年的贸易逆差是十分可怕的，但比这更可怕的应是国与国信息交流中的“传播逆差”和“传播赤字”。如果一个国家长期遭受“信息倒灌”或信息侵略，那么其危害是不可低估的。轻者，它垄断信息资源，控制态度行为，干扰正确决策；重者，污染和毒化社会风气，腐蚀和败坏人的灵魂，摧残和消蚀民族文化，动摇和破坏社会稳定。特别是当两国关系紧张或爆发战争的时候，媒体强国就会让宣传机器开足马力，日夜不停地开展“黑色宣传攻势”，甚至不惜制造假新闻和散布流言蜚语，以干扰视听、扰乱人心，煽动人们的惊慌、恐惧和仇恨情绪，引发社会动乱，瓦解对手国家人民的斗志。

所以因特网上全球性的高科技竞争实质上是政治思想和意识形态的斗争。来自新华网的新闻：2014年6月24日，国家互联网信息办公室发布《恐怖主义的网上推手——“东伊运”恐怖音视频》电视专题片，其中介绍，中国境内所发生的暴恐事件都与“东伊运”及其发布的恐怖音视频有直接关联。数据显示，近年来“东伊运”制作的恐怖音视频数量呈明显增长态势，尤其是在2013年出现爆发式增长。而这一年，也是中国境内发生暴恐事件数量激增的一年。2014年上半年，“东伊运”发布的恐怖音视频数量多达73部。此前，国信办启动铲除网上暴恐音视频专项行动，并在网站开设举报专区，每天能接到举报线索100余条。来自中新网的新闻《超七成涉暴恐信息来自境外网站》：记者从国家互联网信息办公室获悉，自6月20日（2014年）启动“铲除网上暴恐音视频专项行动”以来，截至29日，互联网违法和不良信息举报中心已接受暴恐类信息举报1538件次，超过七成涉暴恐类有害信息来自于境外网站，内容包括宣扬宗教极端思想、鼓吹“圣战”、渲染恐怖血腥场景、贩卖枪支等。还有个别境外网站使用俄语、阿拉伯语、维吾尔语等发布暴恐行动的“指导纲领”，在中国境内发展中国籍恐怖分子赴国外受训，再伺机潜回中国进行暴恐行动。难怪俄总统普京面对俄高考中俄语的平均分仅为62.5分，年轻人俄语水平下降的情况，会认为这将造成俄罗斯整个社会文化水平下降、价值观错位和扭曲。有些议员认为，美国一直在实施破坏俄罗斯教科书的活动。俄政治信息中心主任穆欣称，美国的一些非政府组织向俄提供免费俄语教科书，每年此项花费约400亿卢布（约合人民币72亿元），目的是在俄中学生中培养自私的政治意识和正面对待激进分子的思想；这些非政府组织向俄中学生提供大量歪曲事实的教科书，并向他们灌输西方的思想，导致他们知识水平下降。文化侵略在任何时代都不曾停歇，在信息传播异常迅速的当代，这场战争只能愈演愈烈。面对数字文化传播产生的种种负作用，该如何筑起我们的“信息万里长城”，将是接下来探讨的问题。

## 第二节　数字文化传播负面影响的消解

正因为现代人已经沉浸在数字信息之中，新媒体安全已经成为最重要的国家战略，所以消解数字化信息传播产生的负面影响显得尤为迫切。对此应从三方面着手，首先，国家应制定数字文化信息传播发展的宏观政策，加大监管力度，健全相关法律法规等；其次，数字文化传播机构应建立行业规范，完善自律机制，提升从业人员素质，形成良性评价标准；最后，文化信息的消费者应提高自身媒介素养，依据社会主义价值观判断信息价值，进而获取健康向上、有意义的文化信息。同时还应看到，网络空间安全涉及国家安全和社会稳定，是我们面临的新的综合性挑战，中国需要树立新的网络空间安全观和战略意识。加强网络空间安全立法，是我国在新一轮国际竞争中获得信息技术制胜能力的重要保障。

## 一、国家布局及消解措施

推动传统媒体和新兴媒体融合发展，是党中央着眼巩固宣传思想文化阵地、壮大主流思想舆论所做出的重大战略部署。习近平总书记强调，要加快传统媒体和新兴媒体融合发展，充分运用新技术新应用创新媒体传播方式，占领信息传播制高点。党的十八届三中全会提出，要整合新闻媒体资源，推动传统媒体和新兴媒体融合发展。

1. 推动媒体融合发展是一项紧迫的战略任务

当前，网络和数字技术裂变式发展，带来媒体格局的深刻调整和舆论生态的重大变化，新兴媒体发展之快、覆盖之广超乎想象，给传统媒体带来很大冲击。从媒体发展格局看，传统媒体的受众规模不断缩小，市场份额逐渐下降，越来越多的人通过新兴媒体获取信息，青年一代更是将互联网作为获取信息的主要途径。从舆论生态变化看，新兴媒体话题设置、影响舆论的能力日渐增强，大量社会热点在网上迅速生成、发酵、扩散，传统媒体的舆论引导能力面临挑战。从意识形态领域看，互联网已经成为舆论斗争的主战场，直接关系我国意识形态安全和政权安全。可以说，传统媒体已经到了一个革新图存的重要关口。面对这种严峻形势，推动传统媒体和新兴媒体融合发展刻不容缓，必须跟上时代发展步伐，加快融合发展进程。

推动媒体融合发展要按照积极推进、科学发展、规范管理、确保导向的要求，以中央主要媒体为龙头，以重点项目为抓手，坚持传统媒体和新兴媒体优势互补、一体发展，坚持先进技术为支撑、内容建设为根本，推动传统媒体和新兴媒体在内容、渠道、平台、经营、管理等方面深度融合，加快建设形态多样、手段先进、具有强大传播力和竞争力的新型主流媒体，努力达到世界一流水平。

新闻媒体是党和人民的喉舌。推动媒体融合发展，要始终坚持“党管媒体”原则，坚持团结稳定鼓劲、正面宣传为主方针，把正确导向贯穿到融合发展的各环节、全过程，使融合后的媒体继续成为主流媒体，不断巩固壮大主流思想舆论。

2. 努力形成适应媒体融合发展的观念和认识

观念引领行动，认识推动实践。推动媒体融合发展，首先要解放思想，破除陈旧观念的束缚，形成适应融合发展的新观念新认识。

一是树立一体化发展观念。一体化发展，是媒体融合的内在要求和基本方向。现在，传统媒体都在积极发展新媒体业务，办了新闻网站、开了法人微博、建了客户端，实现了互动发展。但传统媒体业务与新媒体业务总体上还是并行的，整体优势没有充分发挥出来。要树立传统媒体和新兴媒体一体化发展的理念，实现各种媒介资源、生产要素的有效整合，实现信息内容、技术应用、平台终端、人才队伍的共享融通，形成一体化的组织结构、传播体系和管理体制，做到“你中有我、我中有你”。

二是强化互联网思维。推动媒体融合发展，很重要的就是要充分运用网络技术手段去改造传统媒体，这就必须用全新的互联网思维来谋划和推进各项工作。要适应新兴媒体平等交流、互动传播的特点，树立用户观念，改变过去媒体单向传播、受众被动接受的方式，注重用户体验，满足多样化、个性化的信息需求。要适应新兴媒体即时传播、海量传播的特点，树立抢占先机的意识，高度重视首创首发首播，充分挖掘和整合信息资源，在信息传播中占据主动、赢得优势。要适应新兴媒体充分开放、充分竞争的特点，树立全球视野，强化市场观念，提高市场营销和产品推介能力，做大做强自身品牌。

三是增强借力发展意识。推动媒体融合发展，要加强自主建设，提高技术研发创新能力。但在互联网飞速发展、新技术新应用层出不穷的今天，融合发展所需要的技术都靠自己研发是不可能的，也没有必要。要打破小而全、大而全的观念，能用社会的、别人的技术要尽量用，不能关起门来搞融合，什么都自己来建。要通过多种形式，充分利用别人成熟的技术、平台、渠道、手段等借力推进，实现更好更快发展。

四是发扬攻坚破难精神。媒体融合发展是一场全方位的革新，也是一场新的艰苦创业征程。它不同于以往的改版扩版和栏目调整，也不是在原有框架下修修补补，如果不思进取、怕这怕那，工作就难以推进。所以要站在新兴媒体发展前沿，解放思想、大胆探索、锐意创新，加快融合发展步伐，实现赶超，争创一流。

3. 瞄准和利用最新技术推动融合发展

科学技术是第一生产力。现代科技的加速发展，推动新闻传播从“铅与火”“光与电”走到了“数与网”。新兴媒体诞生和发展的过程，实际上就是网络技术和信息内容相互结合与发展的过程。技术与内容互为支撑、相互融合，是一体之两翼、驱动之双轮，共同构成核心竞争力。现在，传统媒体在技术研发应用、升级维护方面还很滞后，网络技术的短板制约了自身的发展。融合发展要实现突破，关键是顺应互联网传播移动化、社交化、视频化的趋势，把当今可用的技术都囊括到我们的视野中，进入到我们的项目设计，用最好的技术，达到最好的水准，取得融合发展的最佳效果。

一是利用大数据和云计算技术推进新闻生产。大数据和云计算是当前具有代表性的两种新技术，这两种技术的发展和运用深刻影响着社会生产生活，为创新新闻生产开辟了广阔空间。在媒体融合发展过程中，我们要重视和用好这两种技术，优化媒体内容制作、存储、分发流程，提升数据处理能力，为内容生产和传播提供强大支撑。运用大数据和云计算技术，首先要掌握海量的数据资源。经过几十年的发展，新闻媒体积累了丰富的数据资源，这是我们的宝贵财富。要把这些优势资源整合起来，建设和完善专业化、规模化、现代化的内容数据库，同时加强对各方面数据的收集整理，不断夯实融合发展的信息资源基础。要加强数据新闻生产，充分挖掘大数据背后潜藏的新闻价值，拓宽新闻来源、丰富新闻内容，为用户提供高质量的新闻信息产品。

二是利用移动互联技术实现弯道超车。现在，移动互联网发展很快，智能手机、平板电脑等移动终端已成为人们上网获取信息的最主要手段。有人说，未来的世界是移动互联的世界。近两年，国外很多大型传媒机构都在向移动互联网布局，但总体来说，大家起步的时间、相互的差距并不大，只要我国在移动互联网上多下功夫，就很可能实现弯道超车。从目前来看，客户端是访问移动互联网的主要入口，也是比较成熟的技术应用，很多媒体都开发了移动客户端，要办出特色、办出影响。要加强手机网站建设，丰富信息内容，完善服务功能，着力打造移动互联网上的新闻门户。同时，积极利用移动通信技术平台，办好手机报，促进其规范有序发展。商业网站在移动客户端、手机浏览器、应用商店等方面技术比较成熟，要积极关注、善加利用，借助它们的技术和平台，扩大在移动终端的覆盖面和影响力。

三是利用微博、微信技术拓宽社会化传播渠道。互联网社交类应用日益普及，社交网站已成为互联网新业务的服务入口和用户来源。2013年底，月球车“玉兔”微博在网上亮相，用拟人化的口吻播报探月计划，并用网络语言与网友互动，吸引和感动了很多人。推动媒体融合发展，要密切关注并有选择地发展社交类应用和技术，促进社交平台与新闻传播平台有效对接，增强平台黏性，集聚更多的忠实用户。要借助商业网站的微博、微信等技术平台，建好法人账号，扩大用户规模，提升传播效果。

还要看到，信息网络技术发展日新月异，更新换代的周期越来越短，比如4G技术的应用和推广，可折叠电子纸、可穿戴设备、5G技术等呼之欲出，将会给信息传播带来新的变革。我们必须紧盯技术前沿，瞄准发展趋势，不断以新技术新应用引领和推动媒体融合发展。

4. 进一步增强媒体信息内容的核心竞争力

对于新闻媒体来说，内容永远是根本，是决定其生存与发展的关键所在。应当看到，“报纸”是两个部分，一个是“报”，一个是“纸”。“报”是传播的内容，融合发展就是为了使“报”适应和运用新的技术、新的方式，更好地加以生产和传播。“纸”是传播的载体，是物质的、技术的，现在就是要用新的技术来换旧的技术，用互联网技术、电子技术来换“纸”。可以说，“报”是核心，“纸”是为“报”服务的。推动媒体融合发展，在强调技术引领和驱动的同时，必须始终坚持“内容为王”，把内容建设摆在十分突出的位置，以内容优势赢得发展优势。

一是在品质上追求专业权威。传统媒体在信息采集核实、分析解读等方面，有着新兴媒体无法比拟的优势。要通过融合发展，最大限度地把这个优势发挥出来，延伸和拓展到新兴媒体。要依托强大的采编力量、权威的信息渠道、规范的采编流程，进行专业化的新闻生产，着力打造优质的新闻产品，确保网上网下的报道真实准确、全面客观。要加强信息资源的挖掘和加工，深耕信息内容，推出思想性强、观点鲜明的深度报道和评论言论，进一步提升信息内容的品质。

二是在传播上注重快捷精简。新兴媒体传播的一个重要特点就是微传播，各种微内容、微信息高速流动、跨平台流动，用户随时随地能够获取信息。这就要求我们多在“微”字上做文章，多生产精准短小、鲜活快捷、吸引力强的信息，在传播中抢得先机。要用好微博、微信等传播平台，形成即时采集、即时发稿的报道机制，努力抢占第一先机。要加强短视频、微视频的创作生产，丰富报道方式，把报道内容直观形象地呈现出来。

三是在服务上注重分众化、互动化。现在，一般化的信息不再是稀缺资源，人们的个性化需求越来越多，倒逼内容生产必须在特色化、分众化上下功夫。在媒体融合发展的过程中，既要提供共性新闻产品，也要加强个性化新闻生产。要认真研究用户的不同需求，有针对性地生产特色信息产品，点对点推送到用户手中，做到量身定做、精准传播，提高新闻宣传的实效性。互动是新兴媒体的独特优势和显著特征，在融合发展的进程中进行内容生产，必须将互动思维渗透到采、编、播各个环节。要加强媒体与用户间的互动交流，吸引用户提供新闻线索、报道素材和意见建议，提高用户的关注度和参与度，在互动中参与，在参与中传播。

四是在展示上实现多媒体化。在新媒体环境下进行新闻生产，必须采取多媒体化的展示方式，以多样化的展示、多介质的推送，使我们的新闻报道动起来、活起来。2013年，互联网上有一段5分多钟的视频“领导人是怎样炼成的”，用动漫的形式讲述了中国领导人的选拔过程，把我们的领导人以卡通人物的形象展现在公众面前，短短几天点击量超过1000万次，社会反响很好。在媒体融合发展的过程中，要综合运用图文、图表、动漫、音视频等多种形式，实现内容产品从可读到可视、从静态到动态、从一维到多维的升级融合，满足多终端传播和多种体验的需求。

5. 建立适应融合发展的组织结构、传播体系和管理体制

推动媒体融合发展，既需要进行技术升级、平台拓展、内容创新，也需要对组织结构、传播体系和管理体制做出深刻的调整和完善。从目前情况看，我们的一些体制机制还不能适应融合发展的要求，束缚了媒体生产力的发展。要加快改革步伐，积极探索创新，推动形成一体化发展的体制机制，为融合发展提供坚实保障和有力支撑。

一是重组媒体内部组织结构。在融合发展过程中，媒体内部组织结

构的重组是一大难点。要根据融合发展的需要，加强新兴媒体的力量，改变传统媒体和新兴媒体分立单干的状况，推动传统媒体和新兴媒体深度融合。要重构新闻采编生产流程，升级采编系统，建立统一指挥调度的多媒体采编平台，实现新闻信息一次采集、多种生成、多元传播。要转变用人机制，建立统一的人才管理体系，加大新兴媒体内容生产、技术研发、资本运作和经营管理人才的培养引进力度，优化人才结构、统一调配使用。要完善绩效考核机制，探索媒体融合发展条件下吸引人才、留住人才、用好人才的有效办法，形成干事创业的良好环境。

二是构建现代化的立体传播体系。传播力关系影响力。要通过融合发展，加快构建现代化的立体传播体系，丰富传播形态和传播样式，拓展传播渠道和平台终端，使媒体传播更加快捷、覆盖更加广泛，做到“用户在哪里，媒体就覆盖到哪里”。在现行体制下，办报纸的、办通讯社的、办电台电视台的，功能不同、各有定位。要从各自实际出发，积极探索适合自己的融合发展模式，科学规划传播体系基本架构，明确各自的战略方向和发展重点，构建立体化、覆盖广的传播格局。

三是建立科学有效的媒体管理体制。推动媒体融合，必须坚持一手抓发展，一手抓管理。要理顺管理体制，破除制约融合发展的体制机制壁垒，对网上网下、不同业态进行科学管理、有效管理，努力提高管理的科学化水平，使传播秩序更加规范。要推动媒体资源整合，着力解决功能重复、内容同质、力量分散的问题，优化资源配置，进一步解放媒体生产力。

## 二、行业自律应对数字文化传播的负作用

为了能够更好地消解数字文化传播的负效应，数字文化信息提供商的行业自律及相关规范的出台也是必不可少的。2014年8月7日，国家互联网信息办公室发布《即时通信工具公众信息服务发展管理暂行规定》，给处于发展巅峰的微媒体提出了要求，也成为媒体自律的依据。该规定又被称为“微信十条”，推出的目的即为进一步推动即时通信工具公众信息服务健康有序发展，保护公民、法人和其他组织的合法权益，维护国家安全和公共利益。内容如下：

第一条　为进一步推动即时通信工具公众信息服务健康有序发展，保护公民、法人和其他组织的合法权益，维护国家安全和公共利益，根据《全国人民代表大会常务委员会关于维护互联网安全的决定》、《全国人民代表大会常务委员会关于加强网络信息保护的决定》、《最高人民法院最高人民检察院关于办理利用信息网络实施诽谤等刑事案件适用法律若干问题的解释》、《互联网信息服务管理办法》、《互联网新闻信息服务管理规定》等法律法规，制定本规定。

第二条　在中华人民共和国境内从事即时通信工具公众信息服务，适用本规定。本规定所称即时通信工具，是指基于互联网面向终端使用者提供即时信息交流服务的应用。本规定所称公众信息服务，是指通过即时通信工具的公众账号及其他形式向公众发布信息的活动。

第三条　国家互联网信息办公室负责统筹协调指导即时通信工具公众信息服务发展管理工作，省级互联网信息内容主管部门负责本行政区域的相关工作。互联网行业组织应当积极发挥作用，加强行业自律，推动行业信用评价体系建设，促进行业健康有序发展。

第四条　即时通信工具服务提供者应当取得法律法规规定的相关资质。即时通信工具服务提供者从事公众信息服务活动，应当取得互联网新闻信息服务资质。

第五条　即时通信工具服务提供者应当落实安全管理责任，建立健全各项制度，配备与服务规模相适应的专业人员，保护用户信息及公民个人隐私，自觉接受社会监督，及时处理公众举报的违法和不良信息。

第六条　即时通信工具服务提供者应当按照“后台实名、前台自愿”的原则，要求即时通信工具服务使用者通过真实身份信息认证后注册账号。即时通信工具服务使用者注册账号时，应当与即时通信工具服务提供者签订协议，承诺遵守法律法规、社会主义制度、国家利益、公民合法权益、公共秩序、社会道德风尚和信息真实性等“七条底线”。

第七条　即时通信工具服务使用者为从事公众信息服务活动开设公众账号，应当经即时通信工具服务提供者审核，由即时通信工具服务提供者向互联网信息内容主管部门分类备案。新闻单位、新闻网站开设的公众账号可以发布、转载时政类新闻，取得互联网新闻信息服务资质的非新闻单位开设的公众账号可以转载时政类新闻。其他公众账号未经批准不得发布、转载时政类新闻。即时通信工具服务提供者应当对可以发布或转载时政类新闻的公众账号加注标识。鼓励各级党政机关、企事业单位和各人民团体开设公众账号，服务经济社会发展，满足公众需求。

第八条　即时通信工具服务使用者从事公众信息服务活动，应当遵守相关法律法规。对违反协议约定的即时通信工具服务使用者，即时通信工具服务提供者应当视情节采取警示、限制发布、暂停更新直至关闭账号等措施，并保存有关记录，履行向有关主管部门报告义务。

第九条　对违反本规定的行为，由有关部门依照相关法律法规处理。

第十条　本规定自公布之日起施行。

“微信十条”最大亮点是网络空间的治理主体从政府主管部门变为即时通信工具服务提供者，也就意味着加强了企业管理网络的职责。这种转变既突出了企业的治理主体作用，也震慑了谣言的传播。“微信十条”，一改过去“家长式”大包大揽的管理方式，在守住“七条底线”的前提下，充分放权平台运营商自治，责权明晰，既能规范管理监管对象，又尽可能地减少对微信原有生态的干预，最大限度地保护用户和平台运营商的权益。“微信十条”体现了两个关键词：“底线思维”“多元参与”。对涉恐、涉黄等有害信息，少数人以言论自由为名，行践踏其他公民正当权益之实，影响了社会道德风尚，影响了最广大网民真正的自由。而“微信十条”的出台，有利于行业发展，企业服务提升，维护广大网络的合法权益，体现真正的自由。“微信十条”将为中国开启清朗移动网络空间的新时代。

媒体行业属于文化产业的重要组成部分，同时，文化产业蓬勃发展的一个必备要素是版权保护问题。所以数字文化传播负作用的消解离不开媒体在版权保护方面的自律。2014年8月28日，百余家媒体齐聚北京发起并召开了“新媒体版权联盟成立仪式暨首届成员大会”。新媒体版权联盟是由中国版权协会指导，人民网、中国网、国际在线、央视网、中国青年网、中国经济网、中国台湾网、中国广播网、中国新闻网等9家中央级媒体联合发起的非营利性协调机构。在联盟成立仪式上，中国版权协会秘书长孙悦对“新媒体版权联盟”的成立给予了充分认可，并表示“新媒体版权联盟的成立，对保护原创内容的互联网传播，净化网络环境，促进版权产业健康可持续发展具有积极的意义。它将不仅是一个沟通交流的平台，也是一个打击侵权盗版、维护版权权益的利剑”。时任人民网副总裁的官建文代表联盟发起方致辞时表示，希望借助“新媒体版权联盟”这个平台，与大家一起深入了解移动互联网行业的各个环节，并且在这个过程中，找到各自在行业发展中的位置，发现自身的价值，找准发展方向，携手向前，共同成长。此外，在联盟成立仪式上，承办方人民网还邀请了知识产权及移动互联网领域多位专家进行圆桌对话，讨论我国目前媒体版权保护的状况、新媒体时代版权保护的困境、媒介技术发展对媒体版权保护的促进，以及探讨移动互联网时代版权内容的合作与共赢等内容。

据统计，截至2013年，全国103家微博客网站的用户账号总数已达12亿，比较活跃的用户账号超过1.4亿个。随着微博客用户的迅速扩大，产生了一批粉丝（听众）大于10万的“大V”账号。它们在互联网上产生着越来越大的影响力，在数字文化传播过程中起到了意见领袖的作用。讨论网络名人的社会责任问题十分必要，他们的自律也成为消解数字文化传播负作用的重要组成部分。故2013年8月10日下午，国家互联网信息办公室在央视新址举行“网络名人社会责任论坛”，国家互联网信息办公室要求网络名人承担更多的社会责任，传播正能量，并提出了“七条底线”。具体内容是：一是维护法律法规底线；二是社会主义制度底线；三是国家利益底线；四是公民合法权益底线；五是社会公共秩序底线；六是道德风尚底线；七是信息真实性底线。

网络名人、大V是在网络上一呼百应的“意见领袖”“风云人物”，其一言一行都会引来千万粉丝的狂热追捧，尤其在一些社会公共事件、网络热点事件中，网络名人的言论很快会引发媒体、粉丝、网民的疯狂转发、评论，对于网络舆论有着不可估量的影响。“七条底线”，皆属重大。从社会主义制度、国家利益、公民合法权益、社会公共秩序到道德风尚，尤其是坚守法律法规和信息真实底线，无不是行走“网络江湖”必须秉持的不二法则。网络并非游走于现实之外；网络大V的微博，不仅是个人的“麦克风”；网络名人的三言两语，不能随意驰骋于“法外之地”。守住法律法规底线，是公众人物最起码的要求，也是守住其他底线的前提保障。唯此，才能认识把握网络言论、信息传播的“法度”，更好地尊重维护国家利益、公民合法权益、公共秩序。而在良莠不齐、真假莫辨的网络空间里，信息真实是网络生命线。甄别、传播真实可靠信息，拒绝网络成为谣言的“天堂”、垃圾信息的“集散地”，也是网络名人义不容辞的责任。

## 第三节　数字时代公众数字文化素养的培育

如前文所述，当代人生活在网络世界之中，很多信息的来源也来自网络，没有良好的网络信息接收、运用能力，很难享受数字化为我们现代生活带来的便捷体验。同时网络信息鱼龙混杂，没有一定的数字文化素养，很容易陷入虚假信息的泥潭，遭受信息暴力的危害。所以提升公众的数字文化素养也是对抗数字文化传播负作用的一种有效方式。

### 一、数字文化素养相关概念

素养概念体系是建立在媒体路径上的连续统一体，表现出素养这一基本文化概念在不同媒体时代的基本诉求。现就五种主要的素养概念做一梳理。

（1）信息素养（Information Literacy）。“信息素养”一词早在1974年就被提出，当时美国信息产业协会主席保罗·泽考斯基指出“信息素养就是利用大量的信息工具及主要信息资源使问题得到解答的技术和技能”。1990年以来“信息素养”一词在文献中大量出现并且逐渐取代计算机素养。

（2）媒介素养（Media Literacy）。“媒介素养”概念形成于20世纪30年代的英国。当时以广播和电影为首的大众传媒带来的流行文化给传统的社会生活以极大冲击。有专家学者便提出了“媒介素养”教育，其目的是为了保护传统文化和传统价值观。美国媒介素养研究中心给出了如下定义：媒介素养就是指人们对于媒介信息的选择、理解、质疑、评估的能力以及制作和生产媒介信息的能力。

（3）计算机素养（Computer Literacy）。早在20世纪80年代，国外就提出“计算机素养”概念。美国北肯塔基大学把计算机素养定义为：对于已获得知识和经验的大学生及教师在其学科领域内必须具有熟练地和有效地利用计算机的能力。从“计算机素养”一词的字面意思可以看出，计算机素养是指知道且能够使用计算机及相关软件方面的能力。

（4）网络素养（Internet Literacy）。信息及相关过程的网络属性有时指的是“互联网素养”或者“网络素养”，有时在意义广泛的“数字素养”文献中也使用网络/互联网素养。网络素养是指人们了解、分析、评估网络和利用网络获取、创造信息的能力。也有人认为网络素养是对信息素养研究的发展，网络素养与信息素养二者之间存在着一种承接交融的关系，即信息素养是网络素养的前身，网络素养是信息素养的发展。总之，网络素养是个体在网络社会利用互联网进行学习、工作、交流和发展的一种综合能力，是一个由信息技术、思想意识、文化积淀和心智能力有机结合的能力系统。

（5）数字素养（Digital Literacy）。“数字素养”早在1994年就由以色列学者阿尔卡莱（Yoram Eshet-Alkalai）提出，他根据多年研究和工作经验并在分析了相关文献和开展试点研究之后，提出了数字素养的概念框架，他认为数字素养应该包括五个方面的内容：图片—图像素养、再创造素养、分支素养、信息素养、社会—情感素养。

数字素养是一个综合性、动态的、开放的概念，是经过媒介素养、计算机素养、信息素养、网络素养的流变所形成的。联合国教科文组织曾建议，“任何时候一种新环境都需要一种新的信息素养”。由上述分析可以看出：计算机素养是最狭窄的数字概念，其主要集中于技术知识以及计算机和软件应用的方面，是数字素养的核心部分。网络素养增加了与工具相关的知识和技能，增加了在网络媒介环境中成功发挥作用的思考和能力。信息素养和媒介素养的概念内涵与数字素养大部分重叠，但是两者有不同的关注焦点，即信息素养更多地是发现、组织以及处理信息，而媒介素养更多地关注个人利益，强调参与和解释，以及使用并创造媒介的技能。但是态度对两者而言都很重要。总之，数字素养是最广泛的概念，正如阿尔卡莱（Yoram Eshet-Alkalai）的定义，数字素养包括其他相关概念的主要方面，即计算机素养和网络素养是作为数字素养的基础、核心成分存在的，而信息素养和媒介素养则是在数字化情境下被包含在内的技能。

## 二、数字文化素养的内涵

继提出“数字素养”概念之后，阿尔卡莱（Yoram Eshet-Alkalai）和另一位以色列学者Aharon Aviram在《欧洲开放、远程和E-学习期刊》（2006年4月出版）发表一篇文章，详细介绍了“数字素养”包含的具体内容。

（1）图片—图像素养。指的是学会理解视觉图形信息的能力。因为数字环境已经从原来基于文本的句法环境演变为基于图形的语义环境，所以我们必须掌握“用视觉思考”的认知技能，最终做到本能、无误地“解读”和理解以视觉图形形式呈现的信息。最有代表性的是“用户界面”和现代计算机游戏。

（2）再创造素养。指的是创造性“复制”能力。也就是说，通过整合各种媒体（文本、图像和声音）现有的、相互独立的信息，赋予新的意义，从而培养能合成和多维思考的能力。

（3）分支素养。指的是驾驭超媒体素养技能。现代超媒体的非线性特征使我们能用新的思维方式思考，因此我们应该学会运用非线性的信息搜索策略，并通过同样的方式从貌似不相干的零碎信息中建构知识。也就是说，在超媒体的空间，虽然寻找到所需信息的线路可能会非常复杂，但我们不但要清楚目的，不迷失方向，而且还要能在各种复杂的知识领域之中“游刃有余”。

（4）信息素养。指的是辨别信息适用性的能力。在信息剧增时代，我们不但要学会搜索所需的信息，而且要学会去伪存真，数字环境下的每一项工作都与这种素养有关。换言之，信息素养并不仅仅指搜索信息，我们还要学会批判性思考，这是任何学习环境都必须掌握的技能，但在数字学习环境中显得更加重要。

（5）社会—情感素养。我们不但要学会共享知识，而且要能以数字化的交流形式进行情感交流，识别虚拟空间里各式各样的人，避免掉进互联网上的陷阱。Yoram Eshet- Alkalai认为这是所有技能中最高级、最复杂的素养。在数字环境下，我们要有批判性能力和分析能力，要有成熟的心理，能熟练掌握信息素养技能、分支素养技能和图片—图形素养技能。Yoram Eshet- Alkalai 的这个理论框架被认为是数字素养最全面的模式之一，因此也被《远程教育百科全书》列入数字学习的主要模式。

从世界范围看，英国、加拿大、澳大利亚等国早在20世纪30年代就开始媒介素养教育研究，随着媒介形态的演变，研究内容也经历了从批判、接纳、欣赏到应用的转变。发展到今天，在数字交互技术广泛的情况下，数字化媒介给我们带来的最大变化就是使媒介走下神坛，变成人人可以发言表态的生活必需品。新闻当事人可以比新闻机构更早地在网络世界爆料新闻；草根原创歌曲、视频可以风靡网络获得几十亿的点击量；网络写手的穿越小说可以成为网民补充历史、金融、政治、法律知识的直接来源……可见网民原创已经成为数字文化的重要组成部分，在我们的生活中占据重要位置，发挥着举足轻重的作用。但是如果网民自身素质不高，对于虚假信息不加辨别，追求庸俗、低俗、媚俗的文化风格，那么整个社会将世风日下、道德沦丧。所以，各个国家都将提升民众的数字素养作为国家发展战略中最为重要的部分。

我们可以借鉴先进教育理念，并结合我国基本国情，有针对性地开展数字素养教育。这就需要国家、社会、教育机构、个人共同努力，在思想意识上给予高度重视；在高等院校开设有关数字素养的必修课，提升网民主体即大学生的数字素养；利用慕课形式在网络上进行网民数字素养提升培训；在教材的编撰、课程设计与发展、构建教学策略和评量系统方面充分发挥民间机构功能；国家在政策制定、资金投入方面都加大力度，缩短同发达国家在公民数字素养提升方面的差距。相信，在社会主义核心价值观的指导下，在社会整体素质处于上升趋势、数字文化产业大发展的情况下，我国公民的数字文化素养一定会得到巨大的提升。

# 第六章
# 数字文化传播中的伦理与法规

传播的基本特性决定了传播具有道德属性，传播内容在传播过程中深受社会伦理、道德、规范等的制约。同时，在信息社会，以网络平台为主体的数字文化传播领域也不是“法外之地”，在传播活动中必须遵守相关的法律法规，尤其是近些年陆续出台的涉及数字文化传播的法律法规。加强网络监管是全球大势，也正成为全球共识。作为数字文化的传播者，应该在信息社会相应的伦理准则和法律法规之下从事数字文化传播活动。

## 第一节　数字文化传播伦理的基本问题

数字文化传播伦理是随着文化传播数字化形态发展而产生的新的伦理领域，是数字文化传播过程或者传播行为所涉及的道德关系。其在当下的特殊重要性不仅在于互联网技术与文化传播的深入融合，还在于互联网平台上文化传播内容生产和发布的复杂现实。与传统的文化传播伦理相比，它具有全新的内涵和特征。

### 一、数字文化传播伦理的内涵

数字文化传播伦理，指的是与数字文化传播相关的各种伦理要求，是数字文化传播者行为的规范系统和伦理秩序，它的评价对象是通过网络进行的文化传播的行为道德。数字文化传播伦理，不仅要求数字文化传播活动遵循“交往理性”，要基于数字文化自觉而产生相应的伦理责任意识，而且在数字文化传播飞速发展的新时代，以内容产品为纽带的传播者与受众之间的线上互动，也要努力恪守文化传播的基本规律，积极应对和解决数字文化沟通和传播中出现的“伦理失调”问题。

作为职业伦理范畴的一种伦理观，数字文化传播伦理简而言之就是数字文化产品在传播过程中出现的道德现象。就数字文化传播的实践而言，其伦理问题主要涉及数字媒体（传播平台）、数字文化产品的制作者、数字文化产品的传播者以及包括数字文化产品使用者在内的全体网民，其中“数字文化产品的传播者”无疑是数字文化传播伦理关切和作用的第一主体。

## 二、数字文化传播伦理的内容及特征

数字文化传播伦理从来都不是抽象的，而是落实到数字文化日常传播活动中的各个层面、各种细节，构成了内容丰富、层次清晰的伦理体系。而在这些内容当中，数字文化传播伦理的主要特征又是非常鲜明的，其显示了数字文化传播伦理与其他传播伦理的内在差异性。

1. 数字文化传播伦理的内容

既然人们在数字文化传播中应当遵循一定的道德规范、道德准则和道德要求，应当缔造专属的道德关系，那么数字文化传播伦理势必涉及以下两个方面的内容：①数字文化从业者（制作者、销售者和传播者）的伦理；②数字文化消费者（受传者）的伦理。从逻辑上看，数字文化消费者必然首先是数字文化传播链条中的受传者，因此围绕数字文化消费者展开的有关伦理规范、伦理准则和伦理要求等的讨论也意味着对数字文化受传者的讨论。就重点而言，数字文化传播伦理的核心关系主要存在于从业者和消费者之间，特别是前者对后者所提供的产品和服务是否符合其职业活动应有的相关约定和规范。在购买与消费的过程中，此二者之间的互动逐渐形成了数字文化传播伦理的基本特征。

2. 数字文化传播伦理的特征

与现实社会中文化传播的伦理相比，存在于虚拟社会的文化传播通常具有以下特征：

第一，虚拟性。在数字传播的各类平台上，文化内容或文化产品在得以快速、广泛扩散的同时，也具有了鲜明的虚拟性。这种虚拟性直接导致了伦理问题发生时间与空间的变化，身处其中的传播者和受传者随时随地可能因为道德冲突而产生现实矛盾，或者随时随地因为道德规约的被破坏而产生心理焦虑。在这里可以将其称为“虚拟伦理问题的现实化”。

第二，复合性。随着网络技术的不断发展，数字文化传播逐渐形成了崭新的道德领域。其在拓宽人们道德活动范围的同时，也酝酿和产生了很多新的道德议题。这些道德议题既体现了文化这一最具深厚历史感和人文意味的社会现象的数字传播特色，也体现了数字传播这一最体现时代发展和技术脉动的传播形态的文化特色，此二者一旦结合，便会使传统意义上的伦理议题呈现出复合态势。

第三，广泛性。从范围上来看，数字文化传播伦理几乎涉及了数字文化传播实践的所有主体。而伦理问题的高发也从另外的层面显示出寻求、树立和执行该领域道德标准的紧迫性和重要性。围绕着“什么样的数字文化产品是好的，什么样是坏的”以及“媒体应当在其中承担何种道德责任与义务”的终极疑问，数字文化传播伦理不仅在以柔性规则约束各类数字文化内容的生产，而且也在自觉地调节其中衍生出的各种应然关系，并最终形成自身的伦理风格。

## 第二节　数字文化传播伦理的失范与治理

数字技术改变了人类传统的文化生产模式和传播模式，也改变着人们获取文化内容的渠道。随着数字技术的日益发展和互联网络的普及，数字文化作品的创作使用和传播模式都在发生着深刻的变革。数字文化作品的高效优质、可复制性和互联网络的低成本、迅速扩散性等特性的结合，在造福社会的同时也不可避免地带来了一些严重的伦理问题，值得关注。数字文化传播伦理的失范不仅损耗了数字文化产品的内在价值和意蕴，而且也阻碍了数字文化产业的整体发展，必须综合使用多种方法予以治理。

## 一、数字文化传播伦理的失范表征

数字文化传播伦理失范主要是指在数字文化产品的传播过程中，相关主体违背职业伦理和道德规范，破坏数字文化产品的传播生态，扰乱其正常的传播秩序，集中体现出数字文化从业者在从事创作、销售和传播实践中所面临的道德悖论和伦理冲突。其主要表征如下：

1. 职业荣誉感消失，从业者麻木于文化产业的“资本游戏”

从数字文化产品的生产源头来看，其伦理失范的症结可以追溯到其从业者的实践及其背后资本在价值观上的严重扭曲和蓄意操纵。也许有人会说，这一行业各个环节的从业者其实也是非常被动的，其职业的荣誉感和责任感常常被淹没在文化产业的“资本游戏”中，自己也只能沦为推动和实现产品盈利的一个“棋子”。在这样的产业环境中，“资本逐利”的商业逻辑不仅使“用户至上”让位于赤裸裸的“金钱至上”，也使行业应有的边界、应守的道德底线形同虚设。众所周知，精神文化产品的生产是一个社会知识和价值的源泉，缺少了道德和伦理管束的数值文化传播必将导致主流文化的萎缩和文化结构的失衡。从这个意义上，当前非常有必要对数字文化行业的从业者开展职业伦理教育，使其明确自身所肩负的文化使命和文化担当，以丰富、多元、有益的文化产品满足人民日益增长的精神文化需求。

2. 文化霸权频现，“单向度”产品占据市场主流

在当代世界文化日趋多元的宏观背景下，信息传播生态失衡与失序的趋势几乎难以抑制。打开网络，随处可见强势文化对人们的日常渗透与影响。从欧美的各种影视作品到日韩的各种动漫、综艺，文化霸权以一种人们“喜闻乐见”的方式逐渐扩散，消费者则在不知不觉、潜移默化中接受了“西方文化”的教化与训诫。但从本质上来看，还是要警惕西方文化的危害性。“美国《华盛顿邮报》曾刊文指出，美国最大的出口产品不再是

地里生产的农作物，也不是工厂制造的产品，而是批量生产的流行文化，包括电影、电视、音乐、图书等。”[1]今天，这些流行的文化产品都可以找到更加便捷的数字传播载体，其传播的辐射力和影响力较之以往有了更为显著的提升，其文化内在的异质属性就包括了“文化冷战”“文化殖民”“文化输入”等的企图和居心，这也成为当前数字文化传播伦理失范中最危险的部分所在。

3. 文化认同遭遇危机，消费者习惯采用“对抗解码”

今天，在数字文化传播领域，消费者再也不满足“同向”和“妥协”地接受和解读数字传播产品，对于其中所传递的各种信息，消费者往往会依据自身的知识储备、态度立场等予以自主解读。这无疑使文化产品传递的内在价值与理念陷入一种可能不被正确读解和不被认同的尴尬境地。对于一国和一民族而言，文化不被认同的负面效应将直接导致社会凝聚力的下降，用以团结和引领民众前进的主流文化的号召力和影响力也将被不断消解，直至主流文化基因被人为地造成断裂。事实上，对文化认同问题的追问不仅关乎消费者的解码，更关乎从业者对文化的塑造、理解和呈现。当从业者与消费者在文化的认同上达到一个频率、处于一个话语空间、遵循一套价值体系，那么认同难题自然不复存在。反之，从业者输出的数字文化产品自说自话、一厢情愿地负载很多不为消费者所接受的内容，那么文化认同将永远难以真正实现。

4. 种族主义偏见不断，数字文化传播从中推波助澜

在全球化时代，数字文化产品的传播可以通过一种无可阻挡的方式出现在任何一块屏幕上，其中也包括人类多年来奋力消除的种族主义的偏见。在各种广为传播的文化载体上，对于不同种族形象的塑造和评价化身为各种人物和故事，强化着某些根深蒂固的种族观念，也生产着某些新的种族成见，这其中所隐藏的那些看不见的利益诉求有可能直接导致受传者内心的不适和不满，造成地区和民族之间的矛盾与冲突。从这个层面上来看，数字文化产品对于种族主义偏见的传播客观上起到了推波助澜的作用。

---

[1] 霍文琦.对西方文化霸权坚决说“不”——访国防大学原副政委李殿仁中将［N］. 中国社会科学报，2016-03-08.

5. 盗版盗播现象层出不穷，各利益相关方陷多头博弈

目前大量盗版产品交易的存在，从某种程度上造成了数字文化传播领域伦理生态的急剧恶化。与内容产品设计、生产、销售、传播、消费、服务等各个环节相关的利益主体，夹杂了非常复杂的多重利益博弈。特别是在通过盗版可以谋取超额收益的驱动和诱惑下，不少个人和企业组织等都选择了无视版权协议的存在，心存侥幸、铤而走险，通过数字手段大肆复制文化内容产品以获得暴利，而很多生产企业却又懒于维权。长此以往，不仅会造成数字文化传播伦理道德的根本性损害，同时也将拉低整个行业从业者的道德水平和版权认知水平。

6. 数字文化传播把关不严，伦理责任主体缺乏责任担当

与传统的文化传播相比，今天的数字文化传播所面临的伦理失范挑战更多也更严峻。特别是在网络视听领域，各种参差不齐的文化内容产品充斥于各类屏幕，如何对其进行有效的甄别和把关，几乎已经成为世界性难题。内容把关、政治把关、导向把关，如何内化为数字文化传播伦理责任主体自觉考量且勇于承担的责任担当，亟待被强化和被践行。从某种程度上说，伦理责任源于社会影响力，数字文化传播资源的稀缺性在今天虽然已经得到了极大地改变，但传媒机构仍然需要把自己看作是可能引发公共讨论的重要的文化载体，其所传播的信息、表达的观点、牵涉的利益无一不会在数字文化传播中得到体现。正是从这个意义上来审视，今天的数字文化传播实践中诸多伦理责任都尚未被真正担当起来。

## 二、数字文化传播伦理问题的治理

“现代媒体的发展，为精神文化传播提供庞大、高效的运作系统。它一方面使精神文化彻底环境化，将文化对人的本质建构功能发挥到最大化。社会公众的道德、理性，将以前所未有的速度得到建构、解构和重构，人的本质的变化呈加速度之势，文化对于人的存在与发展的本体性充分体现。另一方面，人对于文化的主体性也得到前所未有的发展。”[1]在这

[1] 魏则胜. 文化传播的伦理关怀[J]. 深圳大学学报（人文社会科学版），2004（7）：30-34.

样的视域下，我们完全有可能通过职业伦理的重建来治理数字文化传播中出现的种种失范问题。具体来说，有必要重建四种基本伦理准则。

1. 重建公正平等的基本准则

对于数字文化传播的整个过程而言，“公正平等”既要指向每一家生产企业、每一家服务企业，也要指向每一位消费者和受传者，同时也要辐射传播的所有内容。从传播伦理的角度来看，其核心要求：第一在于职业的数字文化从业者应排除以个人意志和主观情感来裁定相关内容是否予以生产和制播的可能性，摒弃“唯金钱论”的职业追求，依据职业操守和职业道德的要求来完成对内容生产和传播判断标准的底线设置；第二在于尊重数字文化传播所涉及的各个主体的辛勤劳动与付出，坚决捍卫文化作为资源、作为创意、作为传播内容的根本属性，使之更好地成为知识经济所鼓励、所倡导、所维护的价值载体。

2. 重建自由自律的基本准则

现代企业发展普遍要求其所有的市场行为必须在追求经济效益的同时也要充分考量社会效益，承担自己不可推卸的社会责任。这正体现了自由自律的基本准则。数字文化产业也不应例外，其自身的文化属性从根本上就决定了其对社会效益的维护必须优先于经济效益，决定了其对消费者权益的切实保护，而这样的认知和实践必将从根本上杜绝行业伦理失范问题的出现。

3. 重建尊重互敬的基本准则

今天的数字文化产业领域，竞争不可谓不激烈。激烈的竞争除了可能激发更高的生产效能之外，也极有可能导致各种不当竞争的出现以及伦理失范行为的产生。为此，相关从业者应当重建与竞争对手之间尊重互敬的基本准则，遵循社会赋予这一行业的应有的伦理期待，从根本上避免数字文化产业恶意竞争的出现，使数字文化传播能够在应用最先进技术的同时匹配以最优秀的伦理道德水准。

4. 重建宽容共存的基本准则

数字文化产业良好生态的建立，不仅需要注入创新精神，同时也需要注入宽容共存的精神，后者是有效地化解各种矛盾，以保证数字文化传播从业者与消费者之间互动的稳定与和谐。从整个职业伦理的角度来看，宽容和共存所体现出的伦理关怀，将会渗透进数字文化产品的内容中，并滋养从业者以更为平和的心态生产出更具人文气质的内容产品。

# 第三节　数字文化传播中的侵权现象

版权保护被认为是我国数字文化产业发展的基础制度和重要保障。但近年来，在数字文化传播领域屡屡出现盗版侵权行为。网络盗版音乐、图书、电影、游戏、软件等数字作品的出现不仅影响广大读者的正常使用，更是严重侵害了数字文化内容生产者和消费者的合法权益，同时也给高速发展的数字文化创意行业敲响了警钟。

2014年6月，国家版权局、国家互联网信息办公室、工业和信息化部、公安部四部门联合印发《关于开展打击网络侵权盗版“剑网2014”专项行动的通知》，各地各部门及时作出工作部署、积极加强协调配合、认真开展清理检查，对已立案的网络侵权盗版案件加快查办进度，对一批新发现的案件线索积极开展调查，形成了严厉打击网络侵权盗版的高压态势。2014年7月国家版权局通报了“剑网2014”专项行动第一批网络侵权盗版案件查办情况，并号召权利人及权利人组织、社会公众继续支持“剑网2014”专项行动，积极参与投诉举报。国家版权局重点督办了8起网络侵权盗版典型案件。

## 一、数字文化传播中的侵权类型及典型案件

数字文化传播中常见的侵权类型主要有侵犯网络影视作品著作权、侵犯网络音乐作品著作权、侵犯网络游戏作品著作权、通过互联网侵犯软件作品著作权、通过网络平台销售盗版制品。以下互联网侵权盗版案件均为在相关领域具有较强典型性的案件，严重损害了权利人合法权益，危害了互联网版权秩序，阻碍了数字文化传播业的健康发展。

1. 侵犯网络影视作品著作权案件

安徽“DY161电影网”涉嫌侵犯著作权案。根据有关权利人投诉，安徽省版权部门与公安部门成立专案组，对“DY161电影网”涉嫌侵犯著作权案立案调查。经查，涉案嫌疑人同时运营“DY161”和“f1dy”两个电影网站，共发布涉嫌侵权影视作品上万部。2014年6月初，公安部门抓获了涉

案嫌疑人陈某。

江苏“速酷电影网”等视频网站涉嫌侵犯著作权系列案。2014年，江苏省徐州市公安部门发现“速酷电影网”等22个电影网站涉嫌未经许可上传权利人拥有权利的影片供网民观看、下载，并招揽广告牟利，遂对以上案件立案侦查。后来，查清其中11个网站的主要犯罪事实，抓获涉案犯罪嫌疑人20余名，其中18人被依法刑事拘留；打掉侵犯著作权犯罪团伙2个，扣押涉案资金150余万元。

2. 侵犯网络音乐作品著作权案件

广西“威盘网”涉嫌侵犯著作权案。2014年1月，广西壮族自治区版权局根据投诉线索，对“威盘网”涉嫌侵犯音乐作品著作权案立案调查。经查，该网站涉嫌侵权作品涉及音乐、影视、软件、游戏作品，点击下载量巨大，网站上有大量广告内容，涉嫌构成刑事犯罪。

3. 侵犯网络游戏作品著作权案件

北京何某某等涉嫌侵犯网络游戏软件著作权案。根据有关权利人投诉，北京市文化市场行政执法总队会同海淀公安分局网安大队成立专案组，对何某某等人涉嫌架设私服运营笑傲江湖OL网络游戏软件牟利案立案调查。

山东淄博李某等涉嫌侵犯网络游戏著作权案。根据权利人投诉，山东省淄博市版权部门会同公安部门成立专案组，对李某等在网上销售“弹弹堂”游戏外挂案立案调查。公安部门先后抓获李某等15名涉案嫌疑人，打掉一个非法发卡平台，查缴非法所得100余万元。

4. 通过互联网侵犯软件作品著作权案件

安徽“999宝藏网”涉嫌侵犯著作权案。根据举报线索，安徽省版权部门联合公安部门对“999宝藏网”涉嫌未经许可提供盗版WINDOWS操作系统软件下载案立案调查。经查，“999宝藏网”注册于2007年，以提供盗版微软软件供注册会员下载使用、发布广告、捆绑插件、收取会员费等方式获利。网站注册会员总计3 634 222人，仅会员注册费用一项，已查实犯罪嫌疑人获益47万余元人民币；操作系统板块内抽样调查的20件涉嫌盗版的操作系统软件浏览数合计超过11万次。

5. 通过网络平台销售盗版制品案件

“上海复旦网上书店”和“上海惠生图文”网店涉嫌销售盗版图书

案。2014年，根据举报线索，上海市版权部门会同公安部门对设在淘宝网的“上海复旦网上书店”和“上海惠生图文”两家网上书店涉嫌销售侵权图书案立案调查。2014年4月，公安部门先后抓获犯罪嫌疑人15名，现场查获侵犯著作权书籍近百本以及涉案交易账册、制作盗版书的电脑主机等设备，截获了网络交易记录。经查，该团伙自2012年以来共销售各类侵权书刊5000余册，包括《摆脱贫困》《之江新语》等，累计涉案金额30余万元。

上海王某等利用互联网销售侵权盗版ISO标准案。2013年，上海市版权行政部门联合公安部门破获一起特大网络销售侵权盗版ISO标准案。经查，自2010年起，犯罪嫌疑人王某等人先后向境外租借4个虚拟空间服务器并架设4个网站，未经著作权人许可，擅自向网站上传10万余条各国标准的目录、标注销售价格，并通过第三方支付平台收取费用，通过电子邮件寄送标准内容，非法牟利，涉案数额较大。

## 二、近年查处的其他网络侵权案件

据最高人民法院通报，2014年各级人民法院审理了一批涉及网络侵权盗版的民事诉讼案件，包括上海全土豆公司未经许可擅自提供央视国际享有权利的纪录片《舌尖上的中国》案，小米公司未经许可擅自提供乐视公司享有权利的影视作品案，上海聚力传媒技术有限公司未经许可擅自播放中影寰亚音像制品有限公司享有权利的电影作品案，上海隐志网络科技有限公司未经许可擅自提供软星科技（北京）有限公司享有权利的游戏作品案，爆米花（杭州）科技有限公司未经许可擅自播放上海激动网络股份有限公司享有权利的电影作品案，上海全土豆公司未经许可擅自播放北京紫禁城影业有限责任公司享有权利的电影作品案等。各级版权行政执法部门充分鼓励、调动权利人维权积极性，引导支持权利人采取行政投诉、民事诉讼和刑事报案等方式，通过实施通知——删除程序、申请民事诉前禁令等法律手段及时制止侵权，开展正当维权，主张合法权益。

2014年9月，国家版权局通报了“剑网2014”专项行动开展以来的第二批共10起网络侵权盗版案件查办情况。这10起案件包括：江苏“金火影视网”涉嫌侵犯影视作品著作权案、江苏“放放电影网”涉嫌侵犯电影作品著作权案、江苏“高清影视下载网”侵犯著作权案、山东康某等涉嫌侵犯“热血传奇”网络游戏著作权案、北京邱某某等涉嫌侵犯“魔鬼世界”网络游戏著作权案等。

## 三、数字传播中侵权治理重点及其应对措施

2014年，国家版权局联合国家互联网信息办公室、工业和信息化部及公安部对部分地区“剑网2014”专项行动开展情况，特别是案件查办情况进行了督导检查。从督查情况看，侵犯影视、音乐、文学和网络游戏作品著作权案件以及通过网络平台销售侵权盗版制品案件仍然占互联网侵权盗版案件的大多数，各地区查办案件任务重、调查取证难度大、工作进展不平衡。国家版权局对此高度重视，部署各地版权行政执法部门采取多项措施进行侵权治理。

第一，要重点打击未经许可大量传播网络影视、音乐、文学作品的侵权行为，针对专门或主要从事侵权盗版活动的中小网站、未在我国相关部门备案的侵权盗版网站以及经常变换域名、服务器接入反复侵权及服务器设在境外等问题以及实施了损害公共利益的侵权行为的大中型网站通过不同手段予以查处、打击；同时，进一步加强对互联网企业合法传播影视、音乐作品的引导和管理，加大版权重点监管力度。

第二，大力支持各级版权行政执法部门进一步严厉打击各类网游“私服”，同时希望网游权利人发挥技术优势、积极协助办案部门及时取证。

第三，严厉查处通过网络销售平台实施的侵权盗版行为，同时加强对网络销售平台的监管，指导其做好自查自纠，督促其积极配合国家版权局的重点作品预警工作，支持权利人组织积极建立版权保护合作机制。

第四，高度关注通过CDN技术、机顶盒、云存储等新技术从事侵权盗版等问题以及部分侵权盗版违法犯罪分子通过广告联盟、第三方支付等新手段牟利等现象，并将在现行著作权法律框架下予以严厉打击。

第五，继续探索建立跨区域的版权执法合作机制，对影响力大的疑难复杂案件发动集群战役，进行有力打击。

# 第四节　数字文化传播中的版权保护

数字文化传播中的版权保护问题，近年来日益困扰着这个行业的健康发展。那么究竟是什么原因导致了版权保护频频陷入困境，有没有可行的路径能够从根源上规避这些问题的出现，成为学界和业界亟待解答的重大问题。

## 一、数字文化传播版权保护不力的主要原因

1. 数字文化传播主体版权意识淡薄

文化创意产业驱动数字经济的发展，本是一件利国利民的好事。但围绕其出现的知识产权保护难题却为数字文化产品内在价值的充分发挥带来了源源不尽的负面效应。究其原因，各个利益相关方版权意识的淡漠恐怕是主要原因之一。事实上，在今天的数字文化产业运营的整个流程中，参与主体主要包括以下三种：（1）数字文化产品内容的版权方，也就是通常所说的产品内容的创造者（这些数字文化产品的内容通常包括资讯、图书、软件、电影、音乐、游戏以及广告和设计等）；（2）数字文化产品与服务的消费者；（3）获得版权后提供数字文化产品与服务的企业，也即内容服务商。这三者之间的关系可以用下图来表示：

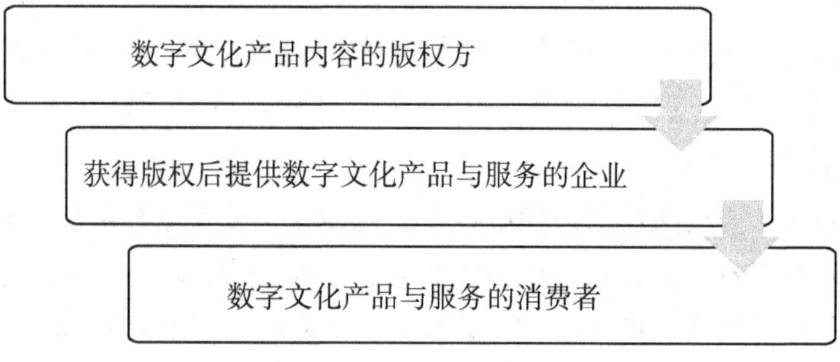


在上图中，首先，许多企业和个人因为没有版权保护的意识，在侵权行为产生后大多嫌麻烦没有及时采取有效的措施防止类似事件的再次出

现，这不但会使自己蒙受损失，也会使整个行业发展受阻。另外，在我国还存在另外一种情况，“有很多作品仅停留在创作完毕的阶段，未能得到商业开发。部分版权人可能都不知道自己的作品受版权法保护。换句话说，很多作品都处于沉睡的状态。即便如此，使用这些作品依然属违法行为，需要进行寻找，找到后经过许可并支付报酬即可免责。但关键问题是寻找不是件容易的事情，可能需要大量的成本”[1]。其次，作为重要的中介环节，内容服务商只有向版权方付费获取版权，才能向用户提供完整的、全面的、充分的数字文化产品与服务，换言之，版权的授权使用是整个数字文化产业得以盘活的关键所在，也直接影响着消费者和版权方的行为和利益。但在实际中，总有一些内容服务商我行我素、不顾版权方的利益，试图以零成本或者低成本来实现自身效用的最大化。最后，一些消费者也不愿花钱购买正版数字文化产品，此两者之间供需关系的互动将最终造成整个行业的混乱与失序。照此下去，数字文化产品的版权方长期处于“利益受损”的状态而丧失作为“理性的经济人”的动力，转而寻求各种捷径在内容生产的过程中减少投入、降低品质以抵消可能的损失。由此，整个数字文化产品的生产、销售、传播必将陷入一种死循环当中，而最终受到最大损害的只能是消费者——因为其再也无法使用和消费质量上乘的数字文化内容。

2. 数字文化传播版权保护机制缺乏

目前的版权制度需要协调好公益数字文化与数字文化产业的不同版权保护机制，同时，还需要完善数字内容保护的具体实施细则，如部分网络经营者利用避风港原则打擦边球。以百度为例，2010年12月，中国文字著作权协会和盛大文学网等共同发表了《针对百度文库侵权盗版的联合声明》。2011年贾平凹、韩寒等公开发布《中国作家声讨百度书》，随后指责百度侵权的群体日益壮大，侵权范围从文学扩展到音乐。百度的各项产品在源于网友提交的内容基础上进行分类加工，承担了内容提供商的角色，这种免费便捷的渠道在给网友带来便利的同时，触及了传统的版权所有者的权益。目前通过协会的方式提供了暂时性方案，但仍不够完善，与传统版权保护之间的协调仍将持续较长时间。

[1] 徐惠敏. 版权保护与文化产业［J］. 传播与版权，2014（10）：161-164.

现有的版权保护大多发端于书籍和影视作品等，所限定的各种权利也是从传统内容出发来界定的。但现在出现了很多源于网络、存在于网络、传播于网络的特殊权益，如网络游戏领域的游戏装备、社交媒体中的虚拟货币，还有在视频网站中流行的原创微电影等，这些形式的权益都不是严格意义上的版权保护的对象。此外，目前也缺乏数字产权交易模式。现在美国和一些亚洲国家正在研究数字产权交易，针对数字产权内容的采集、评估和如何交易问题进行探索。

3. 相关法律法规体系建设不够完整

目前我国文化规制主要依靠行政法规，如国务院有关广播电视、电影、出版、印刷业、营业性演出、娱乐场所、大型群众性活动安全、互联网上网服务营业场所、互联网信息服务等的管理条例，图书出版管理规定，电子出版物出版管理规定，互联网文化管理暂行规定，网络游戏管理暂行办法等规章。谢永江等统计分析后认为，我国有关互联网管理的法律法规在数量上已形成一定的规模，但这些众多的法律法规却不能构成一个完整、系统、条理清楚的体系。[1]各项法律法规条块分割，甚至相互冲突，不利于数字文化产业在一个统一的法律轨道上健康发展。由于缺乏对不同领域融合的理解，在面对跨媒介、跨行业、多对象、动态变化的数字文化产业规制的挑战时显得力不从心。

## 二、加强数字版权保护的路径建议

推动数字文化产权，通过建立合适的产权交易体系来实现价值。数字文化内容首先要具有产权，然后才能够通过交易产生价值。当前要认真思考以工业产权和著作权等为对象的版权法在数字时代面临的问题和挑战及其可能的制度安排，对网络环境下的数字文化内容创作人、传输人和消费者三者之间利益的平衡新机制做出合理安排。同时，数字文化内容产权只有通过合理保护才能维护其价值的实现，这方面可以参考美国的数字文化内容知识产权保护的模式：财产保护模式、契约合同保护模式、 商业秘密

[1] 谢永江，纪凡凯. 论我国互联网管理立法的完善［J］. 国家行政学院学报，2010（5）：96–100.

保护模式[1]。保护不是目的，关键还是要推动交易，特别是建立适应数字文化内容产生、传播和消费特点的合理的制度安排。为此，建议参考现存的各种产权交易方式来建立一种适合数字文化内容产权的交易体系，包括定价、归属认定、估值等程序，以便实现数字文化内容产权的快速交易和流通，通过流通产生更大价值。

1. 提升数字版权保护的主体意识

在数字文化传播的过程中，无论是创作者还是消费者，抑或是居间服务者，都应该树立对数字文化产品进行版权保护的意识。从不购买盗版软件、不观看盗版影像制品等日常小事做起，在全社会范围内形成尊重和保障知识产权的良好氛围。此外，作为数字文化产品生产的上游企业要将版权保护视为企业发展的生命线，改变“重版权开发轻版权保护”的现状，树立利用版权进行自我保护的安全意识和发展意识。在生产和传播过程中，要格外重视版权登记工作的重要意义。在一些历来为企业所普遍忽视的薄弱环节，比如维权举证困难、保护力度不够等方面投入一定的人力、物力和财力，切实保护自身的合法权益不受侵犯。

2. 打破数字版权保护的“囚徒困境”

有学者认为，“互联网的出现让文化创意产品实现数字化，因获取版权成本高，而数字产品的边际复制成本几乎为零，企业可以在未经授权的情况下免费向消费者提供文化创意产品，忽视了对版权的保护，如果有企业获取版权并采用付费模式，就会把消费者推向正在免费的竞争对手，文化创意产业因此陷入‘囚徒困境’”[2]。而要从根本上破除这一“囚徒困境”，就要牢固树立数字文化内容产品的知识产权保护意识，在全国范围内广泛开展数字内容产品的知识产权的宣传教育，使数字内容产品的知识产权保护的有关知识深入基层，深入人心，使数字内容产品的知识产权保护的有关行动成为社会公众的自觉和广泛的行为，从而在全社会范围内营造出一种人人了解数字内容产品知识产权、人人尊重数字内容产品知识产权、人人维护数字内容产品知识产权的良好氛围，努力营造有利于数字内

[1] 冯新民，等. 美国数字内容产品知识产权保护研究［J］. 图书情报工作，2010（23）：8-12.

[2] 严磊，方华. 文化创意产业版权保护的博弈分析［J］. 科技和产业，2017（07）：42-45.

容产品知识产权保护的市场环境，从而为数字内容产业的健康发展创造良好的条件。

3. 合理降低数字文化产品的授权成本

承上所述，数字文化产品版权获取费用和价格的奇高也从另一方面间接造成了盗版侵权现象的大面积出现，毕竟居高不下的授权费用是具有“挤出效应”的。只有当版权方主动调整或者降低这部分的价格时，才能最大程度地鼓励内容服务企业选择主动购买版权，这是最简单的商业逻辑和市场逻辑。因为产品出让的价格与服务商愿意给出的价格之间的差距适当时，选择盗版产品成为替代者就不如花钱购买正版从而可以获得更为持久、更为稳定和更为优质的产品与服务。换言之，在数字文化产品的生产流通过程中，消费者和服务商如果可以通过一种价廉且物美的方式获得自己所需要的内容产品及其后续服务时，盗版行为就会显得毫无必要。从这个意义上看，价格杠杆运用得当是可以避免基于版权的过度保护而制定高价，最终导致数字文化产品无法充分发挥其内在价值和社会效益带来的各种消极作用。

4. 建立健全数字版权保护的相关机制

此外，相关职能部门还应当进一步健全数字内容产品的知识产权保护机制，加大数字内容产品的知识产权保护力度，制订专门措施，帮助我国数字内容产业的各类企业建立并完善关于数字内容产品知识产权保护的内部制度，让企业善于运用数字内容产品的知识产权发展和保护自己。应当大力倡导企业多学习国内外优秀同行，特别是跨国公司在数字内容产品知识产权的管理和保护工作上的成功经验，尽快建立起适用于本企业发展需要的数字内容产品知识产权管理制度，并使知识产权管理工作纳入数字内容企业的研发、生产与经营全过程。

从运行和管理机制的角度来看，版权保护的核心诉求并不在于“被动自保”，而是要积极主动地增强文化的创新能力，促进版权相关产业的可持续发展。这也应当看作是数字文化传播领域版权工作开展的“最高目标”。之所以这样说是因为：第一，有了健全的版权保护机制，最受益的显然是始终致力于原创生产的文化企业，其积极性如何得到长久地激发，其利益如何达到始终地维护，都最终会归结为一个社会中最可宝贵的“原创能力”能否得到最大程度地捍卫的问题；第二，版权不止意味着保护行为，同样意味着交易行为，版权交易甚至可以看作是一个能够促进整个文化产业兴旺发达的最终的也是最优的解决方案。环顾世界，一国文化产业的繁荣与否，最直接的参照指标便是其文化产业的版权交易的规模和体量的大小。当然，建立健全数字版权保护的相关机制不可能一蹴而就，需要在规范市场环境的同时，加大版权保护的执法力度，完善版权公共领域立法。

5. 完善数字版权保护的相关法律法规

数字内容产品的知识产权的保护，固然离不开企业自身和中介机构的努力，但在某种程度上，则更加依赖于整个国家和政府层面的立法完善和行政司法保护机制的不断健全。为此，立法机关应不断吸收美国等发达国家的先进经验，积极寻求对原有法律的修订与解释，力图为企业数字内容产品的知识产权保护工作提供充分的权利基础。众所周知，数字文化传播是以知识产权的开发和应用为基础实现财富创造的行业，因此知识产权的保护必然伴随着财富创造的全部环节。但是反观现实，我国关于知识产权保护的法律法规是否做到了对于上述财富创造环节的全覆盖呢？答案可能是令人失望的，因为我国的版权立法虽然正在融入世界潮流，但不可否认还有许多问题需要探索和完善。

截至目前，我国已经出台的《中华人民共和国著作权法》和《中华人民共和国著作权法实施条例》以及《著作权集体管理条例》等法律法规基本上都只是在宏观上对数字文化传播有关的知识产权保护相关问题予以解释，尚缺乏一部专门法规来有针对性地指导该领域的具体问题。另外，目前我国许多地区都根据自身发展的特点和该地区的文化产业的特色制定了一些地方性的法律法规，但这些法律规定大多体现了“因地制宜”的特色，且地区与地区之间的差异较大。因此，今后国家应根据数字文化产业迅猛发展的现状，尽快出台与此相适应的、贴合数字文化传播实际的、以保护数字文化产品知识产权为主要目标的国家层面的法律法规，从而进一步明确数字文化产业的分类和界定，体现出更精准的价值导向和更强、更高的操作力与执行力。

总的来看，加强数字版权保护需要全社会各方面、各种保护机制的通力协作与配合，需要行业本身的自律和行业以外的他律相制衡。今天，数字文化传播已经成为文化产业领域和传播领域相互融合的热点、焦点，而版权保护可以大力促进数字文化相关产业的可持续发展已经成为公认的事实。在这种情况下，对数字文化传播实践活动的版权保护必须上升到国家战略布局调整的高度，使其在确保自身成为国民经济新的增长点的同时，能够以一种稳健的姿态带动其他产业的协同发展。诚然，我国的版权保护制度起步比较晚，发展中也遇到了各种各样的问题，但我们可以借助数字文化产业发展的良好势头，加强宣传，提高公众的版权保护意识，促进版权交易的健康发展。

# 第七章 数字文化传播的发展趋势

曾几何时，尼葛洛庞帝的“数字化生存”仿佛还只是一个遥不可及的天方夜谭，他那比特时代的预言更是被当作“高科技巫师”的痴人说梦。而在不知不觉中，数字时代却已悄然来到你我中间。由于大众生活中蕴涵着对数字化信息巨大的需求潜力，这就应运而生了各种数字化平台，如数字图书馆、数字城市、数字社区、数字细胞等诸如此类概念的提出。另外，随着计算机融入生活、融入文化，比特流、信息流成为以物质为主的生活空间的一部分，计算机无所不在，从曾经的老唱片到现在的MP3，从传统的纸质书到现在的电子书，从交通工具到家电，甚至以后牙刷、钥匙等生活用品可能都会有芯片，并且所有的信息基本上都是以数字化形式存在的。如今，仅在中国，就有8亿网络用户和12亿智能手机用户通过新媒体的一系列信息技术应用，将人与人、人与社会、人与自然粘连在一起，搭建了一种信息化社会全新的交流和沟通模式，建构了一个完整且丰富的虚拟生活形态，让近三分之二的中国人形成一个巨网，恍然间，在可触摸和感知的现实外，每个人都强烈地感受到由数字技术及数字文化构建的另一个世界的存在。

## 第一节　数字技术的新发展与数字文化的新样式

科学技术是第一生产力，也是文化发展的第一推动力。综观人类历史，文化的发展，始终是同科技进步紧密联系在一起的。当今社会，现代高新科技日新月异。文化发展对科技进步的依赖程度越来越强了，科技与文化的融合从来没有像今天这样紧密，科技对文化的作用从来没有像今天这样显著。在短短的半个世纪中，数字技术已经渗透到社会生活的方方面面，极大地改变了人们的社会生活。整个文明进入了一个崭新的数字时代。虽然目前我国的数字技术水平还处于较低水平阶段，但是，我们已经看到数字技术正在改变着我们的工作方式和思维方式。

数字技术是人类科技发展的最新成果，它具有传统科技所不具备的特点。它是人脑功能的放大，更智能、更精准；它处理的对象是信息，而不是物质；它运行的空间是虚拟空间而不是物质空间。因而，数字技术具有前所未有的独特魅力，向人们展示了无比绚丽的图景。数字化使一切虚拟化，由此而产生的虚拟生存方式，是人类有史以来生存方式的最大变革。有人说数字技术是21世纪的第一生产力。随着计算机普及到每个家庭和计算机网络延伸到每个角落，数字技术正以一种前所未有的趋势，渗透到人类社会生产生活的角角落落、方方面面——从智能手机、数字电视、数字医疗，到无纸办公、远程教育、网上银行、电子商务等，今天的人们，片刻也离不开数字技术。

数字化不仅带来文化内容的变异，而且也带来了文化存在样式的革命，从数字学校到数字图书馆，从数字图书到数字书店，新型文化随着内容的发展，其存在和交流的方式也全面革新了。如果说，数字文化是一个社会进程，那么，数字文化的新样式就是其进程的历史推手。数字文化的新样式有三：其一，形而上的脸谱、推特、博客、微信、短信、微博、电子书等数字传播范式的信息“媒体”；其二，形而下的移动手机、网络电视、网络终端、平板电脑、智能终端等各种存储和传递信息的“载体”；其三，形而上下兼有的数字商务、数字政务、数字教育、数字出版、数字影视、数字游戏、数字银行等数字内容产业的信息“实体”。然而，我们对数字文化新样式的了解仅停留在新的技术传播层面，实际上，数字文化传播的精神和物质两条进路，其范式已经远远超越了单一的信息传播，成为超越媒体的媒体了。这是我们未曾认知的。本节主要谈一谈数字技术的新发展和当今具有代表性的数字文化新样式。

## 一、全息投影技术及其应用

全息投影技术是近年来兴起的一种高科技技术，它是一种利用干涉和衍射原理记录并再现物体真实的三维图像。全息投影技术的原理：第一步是利用干涉原理记录物体光波信息，此即拍摄过程，被摄物体在激光辐照下形成漫射式的物光束；另一部分激光作为参考光束射到全息底片上，和物光束叠加产生干涉，把物体光波上各点的位相和振幅转换成在空间上变化的强度，从而利用干涉条纹间的反差和间隔将物体光波的全部信息记录下来。记录着干涉条纹的底片经过显影、定影等处理程序后，便成为一张全息图，或称全息照片。第二步是利用衍射原理再现物体光波信息，这是成象过程：全息图犹如一个复杂的光栅，在激光照射下，一张线性记录的正弦型全息图的衍射光波一般可给出两个象，即原始象（又称初始象）和共轭象。再现的图像立体感强，具有真实的视觉效应。全息图的每一部分都记录了物体上各点的光信息，故原则上它的每一部分都能再现原物的整个图像，通过多次曝光还可以在同一张底片上记录多个不同的图像，而且能互不干扰地分别显示出来。

全息技术正以一种全新的事物改变着人们对那些传统舞台的声光电技术的审美态度。这种全息投影技术应时代而来，被广泛地应用于社会的各个方面。

电影《时间机器》里利用全息投影技术显示的图书管理员，画面上鲜活的人物空间成像色彩鲜艳，对比度、清晰度都非常高，空间感、透视感很强。这种技术用科幻般的效果营造着虚拟与现实的双重世界。

全息投影技术在舞美中的应用，不仅可以产生立体的空中幻像，还可以使幻像与表演者产生互动，一起完成表演，产生令人震撼的演出效果。时装发布T台秀中全息投影技术的运用，美轮美奂的全息投影画面伴随模特的走步把观众带入了虚拟与现实的双重世界。再到梦幻剧场《动漫大师诺曼》中全息投影技术的运用，舞台艺术与电影片断在同一空间出现了非凡的融合，给观众展示了世界多媒体艺术最新的创新成果。全息投影技术在这方面的运用以全新的视角聚拢了人们的眼球，勾起了消费者的消费欲望。

另外，全息投影技术也被应用到展览展会业和演唱会中。数虎图像科技针对展览展示行业实时推出了360度幻影成像系统，将三维画面悬浮在实景的半空中成像，营造了亦幻亦真的氛围，效果奇特，科技感十足，为展览展示行业开辟了新的营销方向。初音未来是世界上第一个使用全息投影技术举办演唱会的虚拟偶像。2010年3月9日世嘉公司举办了一场名为“初音未来日的感谢祭”“初音之日”（Miku's Day）的初音未来全息投影演唱会，演唱会异常火爆，2500张演唱会门票在瞬间被抢购一空，演唱日当晚更有超过3万名忠实拥簇者通过付费网络直播观看了整场演唱会。

美国麻省理工学院（Massachusetts Institute of Technology）实验室的科学家宣布，他们现已攻克一个全息投影的重大技术难关，并表示不久的将来全息显示器的成本将会变得便宜很多，而且是高品质、色彩饱满、真 3D 可从任意角度观察图形的显示器。据了解，麻省理工学院利用导波光学原理来构建他们全新的空间光调制器（SLM），同时该 SLM 也是全新投影仪的大心脏，成本仅需 10 美元，便可让全息投影仪提供类似标准清晰度的电视分辨率，即支持输出刷新率为每秒 30 帧（fps）的全息 3D 影像。

麻省理工学院表示，目前 3D 全息影像核心的技术成本相当昂贵，而且缺陷比较明显，不仅带宽小噪点多，而且尺寸、可视角度、帧数都大大受限。但是基于他们全新研发的 SLM 全息影像破除了这些限制，不仅可投射出浮现在空间的类真实活跃 3D 全息图像，而且允许观看者任意走动查看。科学专家认为，通过美国麻省理工学院新技术制造全息显示器，其成本不到 320 英镑。目前，许多公司都在积极研发全息技术，并取得了一定的成果，包括索尼和思科，全息电视技术成为业界越来越热门的话题，预计在未来几年内，我们可能会看到全球各地的研发实验室公布全息电视。如果这些公司采用麻省理工学院的新全息技术来打造消费类显示器、投影仪或电视，价格可能会便宜得难以置信。

全息投影技术突破了传统声、光、电局限，将美轮美奂的画面带到观众面前，给人一种虚拟与现实并存的双重世界感觉。全息照相的方法从光学领域推广到其他领域。如微波全息、声全息等得到很大发展，成功地应用在工业、医疗等方面。地震波、电子波、X线等方面的全息也正在深入研究中。全息图有极其广泛的文化应用，如用于古建筑的再现、古人类的仿真、三维书籍的出版等，未来全息投影技术的文化应用潜力将是不可估量的。

## 二、AR技术及其应用

AR是Augmented Reality的缩写，中文翻译为现实增强（扩增实境），最早在1990年提出。它是一种实时地计算摄影机影像的位置及角度并加上相应图像的技术，这种技术的目标是在屏幕上把虚拟世界套在现实世界并进行互动。

随着智能终端的快速发展，陀螺仪、GPS、摄像头、重力感应器、3G通信模块等在智能手机中的日益普及（见图7-1），为基于AR技术

图7-1 AR技术

的应用找到了现实依托。目前，基于AR技术的浏览器可以把我们的需求通过实景和虚景的结合呈现在用户面前，进而实现了查询搜索信息、位置等多种功能。

AR技术的现实应用有以下两个方面。

1. 移动设备中的AR技术

目前在iPhone手机、Windows Phone手机以及 Google Android 手机上，已经出现了不少的扩增实境的应用，例如，中国台湾上柜公司研勤科技（3632）旗下产品PAPAGO，卫星导航系统在iPhone平台所推出的M8.2导航软体，就有所谓的“扩增实境导航”功能。中华电信旗下子公司中华黄页的“hiPage 搜go！”将厚厚黄页电话簿上的百万个店家资料都放到程式中做定位搜寻，其点位资料（POI）包含大中小型企业、台湾旅游景点、便利商店、加油站、美食餐厅、诊所、民宿、巷弄内的锁匙店、机车行等。

2. 娱乐中的AR技术

增强现实在游戏和娱乐中的应用同样很多。位于加拿大蒙特利尔市的麦吉尔大学（McGill University）的研究人员们最近开发出一种很神奇的地板砖，这些地板砖可以模仿沙地、雪地、草地的环境（包括视觉、听觉、感觉等）。这些地砖可能被用于一些增强现实的应用，包括电话会议、远程培训、远程医疗等。这个地砖系统是由虚浮在一个平台上的一些可变形的盘子组成。在盘子和平台之间有很多用于感应用户脚部力量的传感器。这些盘子可以震动，以模拟步入不同环境中的感觉。还有一个从上到下的投影与一个扬声器，用于给出视觉与听觉的反馈。麦吉尔大学智能机器研究中心的研究员Yon Visell说，“这些地砖既可以用于人机互动，也可以用于沉浸式的虚拟现实中”。这个地砖系统还能被用作一个巨型的由脚控制的触摸屏，例如，可以作为一种导航投射在建筑物大厅或者公共广场的巨型地图上，同时还能用于游戏和娱乐之中，增加人机之间的互动性。

AR技术还可以应用于图像识别，这种图像识别是基于自然图像的识别。比如看到户外的一个海报，用户可以拿手机对着海报看，用户通过手机看到的，已经不是一些平面的东西，而是互动的内容，如视频、相关网络信息。目前，很多杂志都希望其平面上的杂志图片能够连到AR上，变成更丰富的互动内容。

AR技术在数字文化中应用前景非常广泛，它既可以是现实世界与虚拟文化的桥梁，也可以是虚拟文化与应用目标的媒介，也能构成知识交流和高效共享的通道，使得数字文化与现实生活、大众需要更为紧密的结合。

## 三、可穿戴设备

可穿戴设备是一种可以穿在身上或贴近身体并能发送和传递信息的计算设备（见图7-2）。可穿戴设备自身轻巧、紧贴身体的特点，让其成为身体与世界交流的一个更适合载体，人与世界沟通的互联新工具。我们的最大共同点是拥有身体，身体是我们与世界接触的主要界面。在移动互联网时代，互联网技术联结了身体和世界的联系和交流。其形式是手机还是穿戴在身上的设备，或许并不是关键，更重要的是这些东西如何能更好地满足我们的沟通需要。

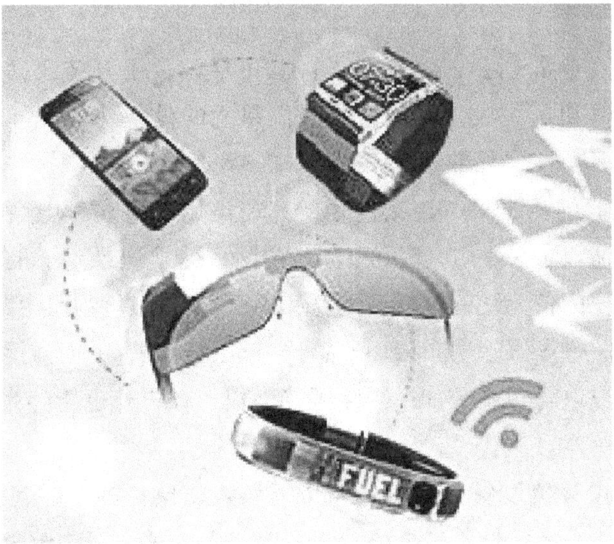


图7-2　可穿戴设备

智能可穿戴设备是科技界长久以来最为热门的话题之一。被称为“互联网女皇”的美国知名风投KPCB分析师玛丽·米克尔（Mary Meeker）在

2013年的互联网趋势报告中，尤其强调了可穿戴设备的增长潜力，认为这是下一个热门领域。

可穿戴设备，基本可以按照功能不同分为几大类：生活健康类、信息资讯类、体感控制类等；但也有一些产品横跨数项功能领域。如果按照产品外型，则可以分为手表、手环、眼镜、挂件、衣物、鞋子、背包等不同类型（见图7-3）。

图7-3 谷歌眼镜

《彭博商业周刊》曾经罗列了11款可穿戴设备科技产品，除了谷歌眼镜、蓝牙耳机、手表计算器这些人们熟悉的设备外，比如：智能运动鞋——除了Nike+，谷歌在2013年的SXSW大会上还展示了会说话的鞋子原型；发亮的裙子——连接蓝牙的鸡尾酒裙，可在有电话来时发亮；Memoto挂饰摄像头——每隔30秒自动拍照，捕捉记录生活的点点滴滴；键盘裤子——配备无线的鼠标、键盘和扬声器，通过蓝牙连接显示器；传感器智能服——衣服上遍布多用传感器节点，获取有关人体运动的细节信息；太阳能充电背包——加一个太阳能面板，在户外也能够为其电子产品充电。

宠物类可穿戴设备产品也成为市场热点，典型的产品包括PinMyPet（主要的功能一是定位，二是监测）、Whistle（关注宠物健康状况）。乔治亚理工学院研发了一款狗狗可穿戴设备，这款设备既可通过监测咬合、拉扯与嗅探等动作传感判定宠物状态，也能依靠传感背心让主人远距离下达命令，实现人犬远距离交互。

现阶段，被大多数人看好可商用的可穿戴设备包括健康腕带和智能手表两类。前者可通过追踪人们的身体活动数据，提供“健康生活方式的整体分析”，后者则与智能手机时时无线同步，在手表屏幕上显示短信、音乐或者电邮更新。抛开手机或是可穿戴设备体现形式的不同，两者的工作原理不外乎是利用传感器、射频识别（RFID）、全球定位系统等信息传感设备，按约定的协议接入移动互联网，从而实现了人与物任何时间、任何地点的连接（anything、anytime、anywhere）的信息交流。以苹果上的Nike+为例，就是在跑鞋上放上Nike+ Sensor（通俗地说就是小计步器），在iPhone或ipad上将APP与运动装备结合，在全球范围内记录、分享自己运动过程。而最近火爆的智能手表，也是利用传感器直接感应、记录了佩戴者的运动量和睡眠质量，以及每天走了多少步等。

可穿戴设备将会是数字文化的主要展示端，它是人与信息的无缝接口，可以反映人的状态和文化需求，也能随时随地构成文化和人群的交互网络，使得数字文化与社会生活、与每一个人全方位的结合。

当下，数字文化新样式每年、每月、每日、每时皆以不计其数、层出不穷的方式挤进我们的现实世界，改变着我们的一切。当技术不是屏障，大众无所顾忌地成为自己信息的主宰，人人都是自己信息的主人时，数字文化将人类裹进了狂欢时代，一切原来的规则和秩序均被打破，一个具有颠覆意义的新文化时代被开启。尼葛洛庞帝（Negroponte，N.）在他风靡全球的《数字化生存》（Being Digital）一书中，通过原子（Atom）与比特（Bit）的区分，向我们描述了一个数字化的跨越时空的存在。他认为：“数字技术可以成为带领人们走向伟大世界的自然力量。”[1]数字技术的发展不但会改善文化的表现力，也会改进文化的时效性，并且提供实时的文化接入和个性化的文化定制。这也意味着，未来文化将以前所未有的深度和广度与社会生活结合，与我们每一个人息息相关、水乳交融。

[1] Negroponte，N. Being Digital［M］. New York：Alfred A. Knopf，Inc. 1995.

## 第二节　数字文化传播与文化产业

与传统的文化传播相比，数字文化传播具有传播速度快（具有即时性、同步性与时效性）、传播范围广（具有全球性）、传播信息量大（不受版面、页码、篇幅等限制）等特点。数字文化传播的这些特点为文化产业的发展提供了全新机遇，为文化产业提供了营销渠道和商业模式的创新，也为文化产业赋予了数字化内涵。以数字技术为重要手段和载体平台的文化产业迅速崛起，成为一个快速增长的产业门类，成为目前回报率最高、增长速度最快的文化产业形态，并引领着中国文化产业发展的新趋势。“数字故宫”“数字大运河”“数字博物馆”“数字报纸”……可以说，以数字技术为基础的数字化、网络化、智能化传播正在对文化产业产生巨大的影响。

第一，以数字化、网络化、智能化、可视化为标志的数字文化，正在创造出一个广袤的、无边界约束的新文化传播空间。目前，我国数字文化的空间重构是逐渐摆脱原有封闭式、单中心的、量变的发展过程，走向弹性开放、多中心的、质变的空间重组过程。尤其是主流媒体，总体上已经呈现出从“单一样式”演变为“多样式”及复合组团式结构的发展态势。如果说传统文化的重构着重于文化“硬形态”的重新设计、组合、布局，那么，以数字化、网络化、智能化、可视化为标志的数字文化建设，则突破了原有“文化表达空间”的概念，正在创造出一个广袤的、无明确边界约束的新数字文化空间。“数字文化”不仅具有全面模拟和仿真社会信息的功能，在一定的时空尺度下，它可以真实地再现任何自然和社会事件，为人们的知识传播和交流互动提供支持，而且可以帮助人们实现许多在现实中难以实现的沟通设想，改善文化传播的机能。

第二，数字技术在文化方面的广泛运用，正在对文化的传播模式产生深刻的变革，为文化产业提供营销渠道和商业模式的创新。传统媒体样式的形成与发展，不仅是在文化传播中广泛应用各种物质材料以及对各种工艺的革新，更重要地在于形成了与传统社会人际交流需求互动的组织和机制。而文化组织与机制的孕育、形成与发展，为传统的封建社会、工业社会提供了合理的支撑体系。数字化是工业化的继续和提高，但不局限于技术应用的层面。数字化的本质是人类文化的技术化、技术的人文化。数字化不仅孕育出各种网络虚拟组织，促使企业、事业单位组织向扁平化方向发展，而且对文化组织管理模式产生了革命性变革。集成化、虚拟化、智能化的文化数字信息网络，正在取代分散化、物质化、非智能化的文化管理和运行体系。

第三，数字化、数字文化创新了文化样式，为文化产业提供创意，提升了文化品质。以个人和家庭为终端的数字文化，给了每个人上网阅读和发表作品的权利。在图文化、电子化和网络化的当代，个人阅读在很大意义上已偏离“读”的概念，而是在“看”，看电影、电视中流动的影像，看快速、跳跃、横竖交叉的网络，看一幅幅色彩在眼前翻过。个人既可以在网上发表作品，开展评论，也可以提供创意，并用不同方式续写……这说明一种真正的个体与集体创作相结合的形式正借助数字化空间发展起来，这将是一种全新的文化生产方式。

数字文化也为社会创造了新的文化载体。网上博物馆、网上音像馆、网上图书馆、网上艺术长廊等都是当代文化新的传播方式与交流的样式，而支撑这些具体的不同文化样式的则是数字技术。在文化传播中，如果说第一代文化是以语音为载体的语音文化，第二代文化是以文字为载体的文字文化，那么第三代文化则是以数字技术为载体的数字文化。数字文化为文化传播的创新奠定了坚实的基础，正在并将继续提升人类社会文化传播的技术品质、人文品质。

数字文化传播大发展引人关注。一方面，工信部向三大电信运营商颁发了4G牌照，显示我国移动互联网将进入新的阶段。人们普遍预测，在文化与科技融合的主流趋势下，4G网络将带动文化创新，特别是围绕着数字文化产业领域的创新。今后将突出视频化、语音技术和娱乐产业之间的关联。文化科技融合进一步成为政策重点支持的方向，也是多数文化科技企业今后提升附加值的主要领域。同时，移动互联网领域的商业模式更趋成熟，有更多的资金准备进军移动互联网的娱乐等板块。

当今社会，人民群众精神文化需求呈现出多层次、多方面、多样性的特点，审美情趣、欣赏习惯、评价标准不断发生变化。文化必然要借助科技的力量，激发人民群众的文化创造潜能，满足人民群众的精神文化需求。积极探索文化产业与数字文化传播融合的实现途径：一是在文化内容的表现力上，要推进现代科技与艺术创作的结合，在艺术作品中善于运用科技的手段，表现人民群众的喜怒哀乐和社会生活的多姿多彩；要推进现代科技与文化产业的融合，加强动漫、网游等新兴文化业态中内容的本土化与民族化。二是在文化形式的吸引力上，要运用数字科技的手段，不断创造新的文化样式，催生新的文化业态，实现题材、品种、风格和载体的极大丰富，使我们的文化更具吸引力、感染力；要充分利用网络文化、手机文化等新兴文化载体，使之成为传播社会主义先进文化的新阵地、公共文化服务的新平台、人民群众健康精神文化生活的新空间。三是在文化传播的影响力上，要站在科技发展的最前沿，充分运用先进技术手段改造传统文化生产、经营和传播模式，丰富传播手段，加快构建传输快捷、覆盖广泛的文化传播体系，使我国的文化理念、文化精髓、价值体系广为流传。

2014年以来，国家陆续出台了一系列与文化产业相关的利好政策，扶持力度逐步加大，文化产业也迎来了发展的黄金时期。在此背景下，加快发展数字文化传播也被提上更重要的议程，而数字文化传播所具有的平台广阔，更新速度快，内容与平台融合度高、娱乐性强等诸多优势也被多位业内人士视为整个文化产业未来发展的趋势。数字化已经成为当前文化产业发展的最大推动力，主要原因基于两个方面：一是当前技术上的可行性，二是人们生活方式以及消费方式的变化。当前我们的生活方式越来越离不开数字技术，特别是年轻群体已经成为文化产业的主流消费者，他们越来越依赖并且享受数字化的娱乐方式，这必然促进文化产业向数字化转变。可以预计，在未来一段时间内，我国数字文化传播将处于高速成长、繁荣发展的黄金时期。

# 参考文献


[1] 尼葛洛庞帝. 数字化生存[M]. 胡泳，范海燕，译. 海口：海南出版社，1997：15，264-265.

[2] 曼纽尔·卡斯特. 网络社会的崛起[M]. 夏铸九，等，译. 北京：社会科学文献出版社，2006：105.

[3] 吉登斯. 现代性的后果[M]. 田禾，译. 北京：译林出版社，2000：33.

[4] 玛格丽特·米德. 文化与承诺：一项有关代沟问题的研究[M]. 周晓虹，周怡，译. 石家庄：河北人民出版社，1987：27.

[5] 彭兰. 数字媒体传播概论[M]. 北京：高等教育出版社，2011：3-5.

[6] 张文俊. 数字新媒体概论[M]. 上海：复旦大学出版社，2009：6.

[7] 董炎. 信息文化论：数字化生存状态冷思考[M]. 北京：北京图书馆出版社，2003：74.

[8] 郑征予. 电视文化传播导论[M]. 上海：复旦大学出版社，2003：52.

[9] 阿诺德. 文化与无政府状态[M]. 韩敏中，译. 上海：生活·读书·新知三联书店，2002：147.

[10] 贝尔. 资本主义文化矛盾[M]. 赵一凡，译. 上海：生活·读书·新知三联书店，1989：24.

[11] 张品良. 网络文化传播：一种后现代的状况[M]. 南昌：江西人民出版社，2007：104.

[12] E.舒尔曼. 科技文明与人类未来——在哲学深层的挑战[M].李小兵，

等，译. 北京：东方出版社，1995：1.
[13] 林文刚. 媒介环境学：思想沿革与多维视野[M]. 何道宽，译. 北京：北京大学出版社，2009：33.
[14] 匡文波. 论网络文化[J]. 图书馆，1999（2）.
[15] 杨鹏. 网络文化与青年[M]. 北京：清华大学出版社，2006：20.
[16] 高云，黄理显. 关于网络文化的探讨[J]. 职业圈，2007（16）.
[17] 冯鹏志. 延伸的世界——网络文化及其限制[M]. 北京：北京出版社，1999：25.
[18] 郭玉锦，等. 网络社会学[M]. 北京：中国人民大学出版社，2005：6.
[19] 陆俊. 重建巴比塔——文化视野中的网络[M]. 北京：北京出版社，1999：6.
[20] 王一川. 大众文化导论[M]. 北京：高等教育出版社，2009：77.
[21] 毛为忠. 网络文化利弊谈[J]. 浙江高校图书馆工作，2007（3）.
[22] 欧阳友权. 网络传播与社会文化[M]. 北京：高等教育出版社，2005：23.
[23] 约翰·哈特利. 数字时代的文化[M]. 李士林，黄晓波，译. 杭州：浙江大学出版社，2014：57-59.
[24] 文森特·米勒. 数字文化精粹[M]. 晏青，江凌，等，译. 北京：清华大学出版社，2017：65-67.
[25] 熊澄宇. 世界数字文化产业发展现状与趋势[M]. 北京：清华大学出版社，2016：55-56.
[26] 张宜春. 数字文化资源运行模式研究[M]. 北京：中国传媒大学出版社，2017：75.
[27] 唐义.我国公共数字文化资源整合模式研究[M]. 武汉：武汉大学出版社，2016：95-96.
[28] 胡心智. 信息网络的虚拟技术对物质观及中介的影响[J]. 科学技术与辩证法，1999（12）.
[29] 马歇尔·麦克卢汉. 理解媒介——论人的延伸[M]. 何道宽，译. 南京：译林出版社，2011：395.
[30] 孙颖. 数字产品将“统治”文化产业. 南方日报[N]. 2014-12-4.
[31] 中国数字出版产业年度报告课题组.2013—2014中国数字出版产业年度

报告［DB/OL］. http://www.gapp.gov.cn/news/1658/212700.shtml，2014-07-16/2014-09-10.

［32］NEGROPONTE，N. Being Digital［M］. New York：Alfred A. Knopf，Inc. 1995.

# 后　记

本书能够顺利出版与北京信息科技大学公共管理与传媒学院领导的重视和支持密不可分。学院副院长梁冬梅教授提出了编写方案，并牵头组织了编写团队。她组织并参与了书稿编写的每一次讨论会，从书名的拟定到提纲的确定，每章的编写分工，写作进度的协调，初稿的修改和讨论，直至定稿，每一阶段都有她付出的心血。在书稿的写作和修改过程中，她也给出了许多宝贵的建议和指导性意见。没有梁教授持续的关心和支持，这本书很可能因“难产”而夭折，她是这本书的“助产士”，虽因事务繁忙没有亲自参与书稿写作，但功不可没。学院主管教学的伊强副院长对本书的出版给予了大力支持，并多次耐心督促书稿修改进度和联系出版事宜，直至付梓出版。本书更是全体编写人员集体智慧的结晶，大家分工协作，集思广益，不辞辛苦，数易其稿，终成正果。

全书编写方案由梁冬梅提出，写作提纲由牛新权初步拟定，在共同讨论的基础上做了修改。各章具体执笔者如下：绪论、第一章由牛新权撰写；第二章由谌兵和丁宁共同撰写；第三章由牛新权和陈红共同撰写；第四章由沈春雷撰写；第五章由张笑撰写；第六章由牛新权和王艳共同撰写；第七章由王圣华撰写。书稿初稿的统稿工作由丁宁完成，全书的最后统稿和定稿工作由牛新权完成。

由于学术能力和写作水平所限，书中缺点和错误在所难免。同时由于作者在数字文化传播领域的知识储备和学术视野的局限，本书结构体系的完整性也存在诸多遗憾之处。以上种种，恳请各位专家学者和广大读者批评指正。

# 附　录

## 信息网络传播权保护条例

（2006年5月18日中华人民共和国国务院令第468号公布　根据2013年1月30日《国务院关于修改〈信息网络传播权保护条例〉的决定》修订）

第一条　为保护著作权人、表演者、录音录像制作者（以下统称权利人）的信息网络传播权，鼓励有益于社会主义精神文明、物质文明建设的作品的创作和传播，根据《中华人民共和国著作权法》（以下简称著作权法），制定本条例。

第二条　权利人享有的信息网络传播权受著作权法和本条例保护。除法律、行政法规另有规定的外，任何组织或者个人将他人的作品、表演、录音录像制品通过信息网络向公众提供，应当取得权利人许可，并支付报酬。

第三条　依法禁止提供的作品、表演、录音录像制品，不受本条例保护。

权利人行使信息网络传播权，不得违反宪法和法律、行政法规，不得损害公共利益。

第四条　为了保护信息网络传播权，权利人可以采取技术措施。

任何组织或者个人不得故意避开或者破坏技术措施，不得故意制造、进口或者向公众提供主要用于避开或者破坏技术措施的装置或者部件，不得故意为他人避开或者破坏技术措施提供技术服务。但是，法律、行政法规规定可以避开的除外。

第五条　未经权利人许可，任何组织或者个人不得进行下列行为：

（一）故意删除或者改变通过信息网络向公众提供的作品、表演、录音录像制品的权利管理电子信息，但由于技术上的原因无法避免删除或者改变的除外；

（二）通过信息网络向公众提供明知或者应知未经权利人许可被删除或者改变权利管理电子信息的作品、表演、录音录像制品。

第六条　通过信息网络提供他人作品，属于下列情形的，可以不经著作权人许可，不向其支付报酬：

（一）为介绍、评论某一作品或者说明某一问题，在向公众提供的作品中适当引用已经发表的作品；

（二）为报道时事新闻，在向公众提供的作品中不可避免地再现或者引用已经发表的作品；

（三）为学校课堂教学或者科学研究，向少数教学、科研人员提供少量已经发表的作品；

（四）国家机关为执行公务，在合理范围内向公众提供已经发表的作品；

（五）将中国公民、法人或者其他组织已经发表的、以汉语言文字创作的作品翻译成的少数民族语言文字作品，向中国境内少数民族提供；

（六）不以营利为目的，以盲人能够感知的独特方式向盲人提供已经发表的文字作品；

（七）向公众提供在信息网络上已经发表的关于政治、经济问题的时事性文章；

（八）向公众提供在公众集会上发表的讲话。

第七条　图书馆、档案馆、纪念馆、博物馆、美术馆等可以不经著作权人许可，通过信息网络向本馆馆舍内服务对象提供本馆收藏的合法出版的数字作品和依法为陈列或者保存版本的需要以数字化形式复制的作品，不向其支付报酬，但不得直接或者间接获得经济利益。当事人另有约定的除外。

前款规定的为陈列或者保存版本需要以数字化形式复制的作品，应当是已经损毁或者濒临损毁、丢失或者失窃，或者其存储格式已经过时，并且在市场上无法购买或者只能以明显高于标定的价格购买的作品。

第八条 为通过信息网络实施九年制义务教育或者国家教育规划，可以不经著作权人许可，使用其已经发表作品的片断或者短小的文字作品、音乐作品或者单幅的美术作品、摄影作品制作课件，由制作课件或者依法取得课件的远程教育机构通过信息网络向注册学生提供，但应当向著作权人支付报酬。

第九条 为扶助贫困，通过信息网络向农村地区的公众免费提供中国公民、法人或者其他组织已经发表的种植养殖、防病治病、防灾减灾等与扶助贫困有关的作品和适应基本文化需求的作品，网络服务提供者应当在提供前公告拟提供的作品及其作者、拟支付报酬的标准。自公告之日起30日内，著作权人不同意提供的，网络服务提供者不得提供其作品；自公告之日起满30日，著作权人没有异议的，网络服务提供者可以提供其作品，并按照公告的标准向著作权人支付报酬。网络服务提供者提供著作权人的作品后，著作权人不同意提供的，网络服务提供者应当立即删除著作权人的作品，并按照公告的标准向著作权人支付提供作品期间的报酬。

依照前款规定提供作品的，不得直接或者间接获得经济利益。

第十条 依照本条例规定不经著作权人许可、通过信息网络向公众提供其作品的，还应当遵守下列规定：

（一）除本条例第六条第（一）项至第（六）项、第七条规定的情形外，不得提供作者事先声明不许提供的作品；

（二）指明作品的名称和作者的姓名（名称）；

（三）依照本条例规定支付报酬；

（四）采取技术措施，防止本条例第七条、第八条、第九条规定的服务对象以外的其他人获得著作权人的作品，并防止本条例第七条规定的服务对象的复制行为对著作权人利益造成实质性损害；

（五）不得侵犯著作权人依法享有的其他权利。

第十一条　通过信息网络提供他人表演、录音录像制品的，应当遵守本条例第六条至第十条的规定。

第十二条　属于下列情形的，可以避开技术措施，但不得向他人提供避开技术措施的技术、装置或者部件，不得侵犯权利人依法享有的其他权利：

（一）为学校课堂教学或者科学研究，通过信息网络向少数教学、科研人员提供已经发表的作品、表演、录音录像制品，而该作品、表演、录音录像制品只能通过信息网络获取；

（二）不以营利为目的，通过信息网络以盲人能够感知的独特方式向盲人提供已经发表的文字作品，而该作品只能通过信息网络获取；

（三）国家机关依照行政、司法程序执行公务；

（四）在信息网络上对计算机及其系统或者网络的安全性能进行测试。

第十三条　著作权行政管理部门为了查处侵犯信息网络传播权的行为，可以要求网络服务提供者提供涉嫌侵权的服务对象的姓名（名称）、联系方式、网络地址等资料。

第十四条　对提供信息存储空间或者提供搜索、链接服务的网络服务提供者，权利人认为其服务所涉及的作品、表演、录音录像制品，侵犯自己的信息网络传播权或者被删除、改变了自己的权利管理电子信息的，可以向该网络服务提供者提交书面通知，要求网络服务提供者删除该作品、表演、录音录像制品，或者断开与该作品、表演、录音录像制品的链接。通知书应当包含下列内容：

（一）权利人的姓名（名称）、联系方式和地址；

（二）要求删除或者断开链接的侵权作品、表演、录音录像制品的名称和网络地址；

（三）构成侵权的初步证明材料。

权利人应当对通知书的真实性负责。

第十五条　网络服务提供者接到权利人的通知书后，应当立即删除涉嫌侵权的作品、表演、录音录像制品，或者断开与涉嫌侵权的作品、表演、录音录像制品的链接，并同时将通知书转送提供作品、表演、录音录像制品的服务对象；服务对象网络地址不明、无法转送的，应当将通知书的内容同时在信息网络上公告。

第十六条　服务对象接到网络服务提供者转送的通知书后，认为其提供的作品、表演、录音录像制品未侵犯他人权利的，可以向网络服务提供者提交书面说明，要求恢复被删除的作品、表演、录音录像制品，或者恢复与被断开的作品、表演、录音录像制品的链接。书面说明应当包含下列内容：

（一）服务对象的姓名（名称）、联系方式和地址；

（二）要求恢复的作品、表演、录音录像制品的名称和网络地址；

（三）不构成侵权的初步证明材料。

服务对象应当对书面说明的真实性负责。

第十七条　网络服务提供者接到服务对象的书面说明后，应当立即恢复被删除的作品、表演、录音录像制品，或者可以恢复与被断开的作品、表演、录音录像制品的链接，同时将服务对象的书面说明转送权利人。权利人不得再通知网络服务提供者删除该作品、表演、录音录像制品，或者断开与该作品、表演、录音录像制品的链接。

第十八条　违反本条例规定，有下列侵权行为之一的，根据情况承担停止侵害、消除影响、赔礼道歉、赔偿损失等民事责任；同时损害公共利益的，可以由著作权行政管理部门责令停止侵权行为，没收违法所得，并可处以10万元以下的罚款；情节严重的，著作权行政管理部门可以没收主要用于提供网络服务的计算机等设备；构成犯罪的，依法追究刑事责任：

（一）通过信息网络擅自向公众提供他人的作品、表演、录音录像制品的；

（二）故意避开或者破坏技术措施的；

（三）故意删除或者改变通过信息网络向公众提供的作品、表演、录音录像制品的权利管理电子信息，或者通过信息网络向公众提供明知或者应知未经权利人许可而被删除或者改变权利管理电子信息的作品、表演、录音录像制品的；

（四）为扶助贫困通过信息网络向农村地区提供作品、表演、录音录像制品超过规定范围，或者未按照公告的标准支付报酬，或者在权利人不同意提供其作品、表演、录音录像制品后未立即删除的；

（五）通过信息网络提供他人的作品、表演、录音录像制品，未指明作品、表演、录音录像制品的名称或者作者、表演者、录音录像制作者的姓名（名称），或者未支付报酬，或者未依照本条例规定采取技术措施防止服务对象以外的其他人获得他人的作品、表演、录音录像制品，或者未防止服务对象的复制行为对权利人利益造成实质性损害的。

第十九条　违反本条例规定，有下列行为之一的，由著作权行政管理部门予以警告，没收违法所得，没收主要用于避开、破坏技术措施的装置或者部件；情节严重的，可以没收主要用于提供网络服务的计算机等设备，并可处以10万元以下的罚款；构成犯罪的，依法追究刑事责任：

（一）故意制造、进口或者向他人提供主要用于避开、破坏技术措施的装置或者部件，或者故意为他人避开或者破坏技术措施提供技术服务的；

（二）通过信息网络提供他人的作品、表演、录音录像制品，获得经济利益的；

（三）为扶助贫困通过信息网络向农村地区提供作品、表演、录音录像制品，未在提供前公告作品、表演、录音录像制品的名称和作者、表演者、录音录像制作者的姓名（名称）以及报酬标准的。

第二十条　网络服务提供者根据服务对象的指令提供网络自动接入服务，或者对服务对象提供的作品、表演、录音录像制品提供自动传输服务，并具备下列条件的，不承担赔偿责任：

（一）未选择并且未改变所传输的作品、表演、录音录像制品；

（二）向指定的服务对象提供该作品、表演、录音录像制品，并防止指定的服务对象以外的其他人获得。

第二十一条　网络服务提供者为提高网络传输效率，自动存储从其他网络服务提供者获得的作品、表演、录音录像制品，根据技术安排自动向服务对象提供，并具备下列条件的，不承担赔偿责任：

（一）未改变自动存储的作品、表演、录音录像制品；

（二）不影响提供作品、表演、录音录像制品的原网络服务提供者掌握服务对象获取该作品、表演、录音录像制品的情况；

（三）在原网络服务提供者修改、删除或者屏蔽该作品、表演、录音录像制品时，根据技术安排自动予以修改、删除或者屏蔽。

第二十二条　网络服务提供者为服务对象提供信息存储空间，供服务对象通过信息网络向公众提供作品、表演、录音录像制品，并具备下列条件的，不承担赔偿责任：

（一）明确标示该信息存储空间是为服务对象所提供，并公开网络服务提供者的名称、联系人、网络地址；

（二）未改变服务对象所提供的作品、表演、录音录像制品；

（三）不知道也没有合理的理由应当知道服务对象提供的作品、表演、录音录像制品侵权；

（四）未从服务对象提供作品、表演、录音录像制品中直接获得经济利益；

（五）在接到权利人的通知书后，根据本条例规定删除权利人认为侵权的作品、表演、录音录像制品。

第二十三条　网络服务提供者为服务对象提供搜索或者链接服务，在接到权利人的通知书后，根据本条例规定断开与侵权的作品、表演、录音录像制品的链接的，不承担赔偿责任；但是，明知或者应知所链接的作品、表演、录音录像制品侵权的，应当承担共同侵权责任。

第二十四条　因权利人的通知导致网络服务提供者错误删除作品、表演、录音录像制品，或者错误断开与作品、表演、录音录像制品的链接，给服务对象造成损失的，权利人应当承担赔偿责任。

第二十五条　网络服务提供者无正当理由拒绝提供或者拖延提供涉嫌侵权的服务对象的姓名（名称）、联系方式、网络地址等资料的，由著作权行政管理部门予以警告；情节严重的，没收主要用于提供网络服务的计算机等设备。

第二十六条　本条例下列用语的含义：

信息网络传播权，是指以有线或者无线方式向公众提供作品、表演或者录音录像制品，使公众可以在其个人选定的时间和地点获得作品、表演或者录音录像制品的权利。

技术措施，是指用于防止、限制未经权利人许可浏览、欣赏作品、表演、录音录像制品的或者通过信息网络向公众提供作品、表演、录音录像制品的有效技术、装置或者部件。

权利管理电子信息，是指说明作品及其作者、表演及其表演者、录音录像制品及其制作者的信息，作品、表演、录音录像制品权利人的信息和使用条件的信息，以及表示上述信息的数字或者代码。

第二十七条　本条例自2006年7月1日起施行。

# 互联网信息服务管理办法

（2000年9月25日中华人民共和国国务院令第292号公布　根据2011年1月8日《国务院关于废止和修改部分行政法规的决定》修订）

第一条　为了规范互联网信息服务活动，促进互联网信息服务健康有序发展，制定本办法。

第二条　在中华人民共和国境内从事互联网信息服务活动，必须遵守本办法。

本办法所称互联网信息服务，是指通过互联网向上网用户提供信息的服务活动。

第三条　互联网信息服务分为经营性和非经营性两类。

经营性互联网信息服务，是指通过互联网向上网用户有偿提供信息或者网页制作等服务活动。

非经营性互联网信息服务，是指通过互联网向上网用户无偿提供具有公开性、共享性信息的服务活动。

第四条　国家对经营性互联网信息服务实行许可制度；对非经营性互联网信息服务实行备案制度。

未取得许可或者未履行备案手续的，不得从事互联网信息服务。

第五条　从事新闻、出版、教育、医疗保健、药品和医疗器械等互联网信息服务，依照法律、行政法规以及国家有关规定须经有关主管部门审核同意的，在申请经营许可或者履行备案手续前，应当依法经有关主管部门审核同意。

第六条　从事经营性互联网信息服务，除应当符合《中华人民共和国电信条例》规定的要求外，还应当具备下列条件：

（一）有业务发展计划及相关技术方案；

（二）有健全的网络与信息安全保障措施，包括网站安全保障措施、信息安全保密管理制度、用户信息安全管理制度；

（三）服务项目属于本办法第五条规定范围的，已取得有关主管部门同意的文件。

第七条　从事经营性互联网信息服务，应当向省、自治区、直辖市电信管理机构或者国务院信息产业主管部门申请办理互联网信息服务增值电信业务经营许可证（以下简称经营许可证）。

省、自治区、直辖市电信管理机构或者国务院信息产业主管部门应当自收到申请之日起60日内审查完毕，作出批准或者不予批准的决定。予以批准的，颁发经营许可证；不予批准的，应当书面通知申请人并说明理由。

申请人取得经营许可证后，应当持经营许可证向企业登记机关办理登记手续。

第八条　从事非经营性互联网信息服务，应当向省、自治区、直辖市电信管理机构或者国务院信息产业主管部门办理备案手续。办理备案时，应当提交下列材料：

（一）主办单位和网站负责人的基本情况；

（二）网站网址和服务项目；

（三）服务项目属于本办法第五条规定范围的，已取得有关主管部门的同意文件。

省、自治区、直辖市电信管理机构对备案材料齐全的，应当予以备案并编号。

第九条　从事互联网信息服务，拟开办电子公告服务的，应当在申请经营性互联网信息服务许可或者办理非经营性互联网信息服务备案时，按照国家有关规定提出专项申请或者专项备案。

第十条　省、自治区、直辖市电信管理机构和国务院信息产业主管部门应当公布取得经营许可证或者已履行备案手续的互联网信息服务提供者名单。

第十一条　互联网信息服务提供者应当按照经许可或者备案的项目提供服务，不得超出经许可或者备案的项目提供服务。

非经营性互联网信息服务提供者不得从事有偿服务。

互联网信息服务提供者变更服务项目、网站网址等事项的，应当提前30日向原审核、发证或者备案机关办理变更手续。

第十二条　互联网信息服务提供者应当在其网站主页的显著位置标明其经营许可证编号或者备案编号。

第十三条　互联网信息服务提供者应当向上网用户提供良好的服务，并保证所提供的信息内容合法。

第十四条　从事新闻、出版以及电子公告等服务项目的互联网信息服务提供者，应当记录提供的信息内容及其发布时间、互联网地址或者域名；互联网接入服务提供者应当记录上网用户的上网时间、用户帐号、互联网地址或者域名、主叫电话号码等信息。

互联网信息服务提供者和互联网接入服务提供者的记录备份应当保存60日，并在国家有关机关依法查询时，予以提供。

第十五条　互联网信息服务提供者不得制作、复制、发布、传播含有下列内容的信息：

（一）反对宪法所确定的基本原则的；

（二）危害国家安全，泄露国家秘密，颠覆国家政权，破坏国家统一的；

（三）损害国家荣誉和利益的；

（四）煽动民族仇恨、民族歧视，破坏民族团结的；

（五）破坏国家宗教政策，宣扬邪教和封建迷信的；

（六）散布谣言，扰乱社会秩序，破坏社会稳定的；

（七）散布淫秽、色情、赌博、暴力、凶杀、恐怖或者教唆犯罪的；

（八）侮辱或者诽谤他人，侵害他人合法权益的；

（九）含有法律、行政法规禁止的其他内容的。

第十六条　互联网信息服务提供者发现其网站传输的信息明显属于本办法第十五条所列内容之一的，应当立即停止传输，保存有关记录，并向国家有关机关报告。

第十七条　经营性互联网信息服务提供者申请在境内境外上市或者同外商合资、合作，应当事先经国务院信息产业主管部门审查同意；其中，外商投资的比例应当符合有关法律、行政法规的规定。

第十八条　国务院信息产业主管部门和省、自治区、直辖市电信管理机构，依法对互联网信息服务实施监督管理。

新闻、出版、教育、卫生、药品监督管理、工商行政管理和公安、国家安全等有关主管部门，在各自职责范围内依法对互联网信息内容实施监督管理。

第十九条　违反本办法的规定，未取得经营许可证，擅自从事经营性互联网信息服务，或者超出许可的项目提供服务的，由省、自治区、直辖市电信管理机构责令限期改正，有违法所得的，没收违法所得，处违法所得3倍以上5倍以下的罚款；没有违法所得或者违法所得不足5万元的，处10万元以上100万元以下的罚款；情节严重的，责令关闭网站。

违反本办法的规定，未履行备案手续，擅自从事非经营性互联网信息服务，或者超出备案的项目提供服务的，由省、自治区、直辖市电信管理机构责令限期改正；拒不改正的，责令关闭网站。

第二十条　制作、复制、发布、传播本办法第十五条　所列内容之一的信息，构成犯罪的，依法追究刑事责任；尚不构成犯罪的，由公安机关、国家安全机关依照《中华人民共和国治安管理处罚条例》、《计算机信息网络国际联网安全保护管理办法》等有关法律、行政法规的规定予以处罚；对经营性互联网信息服务提供者，并由发证机关责令停业整顿直至吊销经营许可证，通知企业登记机关；对非经营性互联网信息服务提供者，并由备案机关责令暂时关闭网站直至关闭网站。

第二十一条　未履行本办法第十四条规定的义务的，由省、自治区、直辖市电信管理机构责令改正；情节严重的，责令停业整顿或者暂时关闭网站。

第二十二条　违反本办法的规定，未在其网站主页上标明其经营许可证编号或者备案编号的，由省、自治区、直辖市电信管理机构责令改正，处5000元以上5万元以下的罚款。

第二十三条　违反本办法第十六条规定的义务的，由省、自治区、直辖市电信管理机构责令改正；情节严重的，对经营性互联网信息服务提供者，并由发证机关吊销经营许可证，对非经营性互联网信息服务提供者，并由备案机关责令关闭网站。

第二十四条　互联网信息服务提供者在其业务活动中，违反其他法律、法规的，由新闻、出版、教育、卫生、药品监督管理和工商行政管理等有关主管部门依照有关法律、法规的规定处罚。

第二十五条 电信管理机构和其他有关主管部门及其工作人员，玩忽职守、滥用职权、徇私舞弊，疏于对互联网信息服务的监督管理，造成严重后果，构成犯罪的，依法追究刑事责任；尚不构成犯罪的，对直接负责的主管人员和其他直接责任人员依法给予降级、撤职直至开除的行政处分。

第二十六条 在本办法公布前从事互联网信息服务的，应当自本办法公布之日起60日内依照本办法的有关规定补办有关手续。

第二十七条 本办法自公布之日起施行。

# 互联网视听节目服务管理规定

（2007年12月20日国家广播电影电视总局、中华人民共和国
信息产业部令第56号发布　自2008年1月31日起施行）

第一条　为维护国家利益和公共利益，保护公众和互联网视听节目服务单位的合法权益，规范互联网视听节目服务秩序，促进健康有序发展，根据国家有关规定，制定本规定。

第二条　在中华人民共和国境内向公众提供互联网（含移动互联网，以下简称互联网）视听节目服务活动，适用本规定。

本规定所称互联网视听节目服务，是指制作、编辑、集成并通过互联网向公众提供视音频节目，以及为他人提供上载传播视听节目服务的活动。

第三条　国务院广播电影电视主管部门作为互联网视听节目服务的行业主管部门，负责对互联网视听节目服务实施监督管理，统筹互联网视听节目服务的产业发展、行业管理、内容建设和安全监管。国务院信息产业主管部门作为互联网行业主管部门，依据电信行业管理职责对互联网视听节目服务实施相应的监督管理。

地方人民政府广播电影电视主管部门和地方电信管理机构依据各自职责对本行政区域内的互联网视听节目服务单位及接入服务实施相应的监督管理。

第四条　互联网视听节目服务单位及其相关网络运营单位，是重要的网络文化建设力量，承担建设中国特色网络文化和维护网络文化信息安全的责任，应自觉遵守宪法、法律和行政法规，接受互联网视听节目服务行业主管部门和互联网行业主管部门的管理。

第五条　互联网视听节目服务单位组成的全国性社会团体，负责制定

行业自律规范，倡导文明上网、文明办网，营造文明健康的网络环境，传播健康有益视听节目，抵制腐朽落后思想文化传播，并在国务院广播电影电视主管部门指导下开展活动。

第六条　发展互联网视听节目服务要有益于传播社会主义先进文化，推动社会全面进步和人的全面发展、促进社会和谐。从事互联网视听节目服务，应当坚持为人民服务、为社会主义服务，坚持正确导向，把社会效益放在首位，建设社会主义核心价值体系，遵守社会主义道德规范，大力弘扬体现时代发展和社会进步的思想文化，大力弘扬民族优秀文化传统，提供更多更好的互联网视听节目服务，满足人民群众日益增长的需求，不断丰富人民群众的精神文化生活，充分发挥文化滋润心灵、陶冶情操、愉悦身心的作用，为青少年成长创造良好的网上空间，形成共建共享的精神家园。

第七条　从事互联网视听节目服务，应当依照本规定取得广播电影电视主管部门颁发的《信息网络传播视听节目许可证》（以下简称《许可证》）或履行备案手续。

未按照本规定取得广播电影电视主管部门颁发的《许可证》或履行备案手续，任何单位和个人不得从事互联网视听节目服务。

互联网视听节目服务业务指导目录由国务院广播电影电视主管部门商国务院信息产业主管部门制定。

第八条　申请从事互联网视听节目服务的，应当同时具备以下条件：

（一）具备法人资格，为国有独资或国有控股单位，且在申请之日前三年内无违法违规记录；

（二）有健全的节目安全传播管理制度和安全保护技术措施；

（三）有与其业务相适应并符合国家规定的视听节目资源；

（四）有与其业务相适应的技术能力、网络资源和资金，且资金来源合法；

（五）有与其业务相适应的专业人员，且主要出资者和经营者在申请之日前三年内无违法违规记录；

（六）技术方案符合国家标准、行业标准和技术规范；

（七）符合国务院广播电影电视主管部门确定的互联网视听节目服务总体规划、布局和业务指导目录；

（八）符合法律、行政法规和国家有关规定的条件。

第九条　从事广播电台、电视台形态服务和时政类视听新闻服务的，除符合本规定第八条规定外，还应当持有广播电视播出机构许可证或互联网新闻信息服务许可证。其中，以自办频道方式播放视听节目的，由地（市）级以上广播电台、电视台、中央新闻单位提出申请。

从事主持、访谈、报道类视听服务的，除符合本规定第八条规定外，还应当持有广播电视节目制作经营许可证和互联网新闻信息服务许可证；从事自办网络剧（片）类服务的，还应当持有广播电视节目制作经营许可证。

未经批准，任何组织和个人不得在互联网上使用广播电视专有名称开展业务。

第十条　申请《许可证》，应当通过省、自治区、直辖市人民政府广播电影电视主管部门向国务院广播电影电视主管部门提出申请，中央直属单位可以直接向国务院广播电影电视主管部门提出申请。

省、自治区、直辖市人民政府广播电影电视主管部门应当提供便捷的服务，自收到申请之日起20日内提出初审意见，报国务院广播电影电视主管部门审批；国务院广播电影电视主管部门应当自收到申请或者初审意见之日起40日内作出许可或者不予许可的决定，其中专家评审时间为20日。予以许可的，向申请人颁发《许可证》，并向社会公告；不予许可的，应当书面通知申请人并说明理由。《许可证》应当载明互联网视听节目服务的播出标识、名称、服务类别等事项。

《许可证》有效期为3年。有效期届满，需继续从事互联网视听节目服务的，应于有效期届满前30日内，持符合本办法第八条规定条件的相关材料，向原发证机关申请办理续办手续。

地（市）级以上广播电台、电视台从事互联网视听节目转播类服务的，到省级以上广播电影电视主管部门履行备案手续。中央新闻单位从事互联网视听节目转播类服务的，到国务院广播电影电视主管部门履行备案手续。备案单位应在节目开播30日前，提交网址、网站名、拟转播的广播电视频道、栏目名称等有关备案材料，广播电影电视主管部门应将备案情况向社会公告。

第十一条　取得《许可证》的单位，应当依据《互联网信息服务管理办法》，向省（自治区、直辖市）电信管理机构或国务院信息产业主管部门（以下简称电信主管部门）申请办理电信业务经营许可或者履行相关备案手续，并依法到工商行政管理部门办理注册登记或变更登记手续。电信主管部门应根据广播电影电视主管部门许可，严格互联网视听节目服务单位的域名和IP地址管理。

第十二条　互联网视听节目服务单位变更注册资本、股东、股权结构，有重大资产变动或有上市等重大融资行为的，以及业务项目超出《许可证》载明范围的，应按本规定办理审批手续。互联网视听节目服务单位的办公场所、法定代表人以及互联网信息服务单位的网址、网站名依法变更的，应当在变更后15日内向省级以上广播电影电视主管部门和电信主管部门备案，变更事项涉及工商登记的，应当依法到工商行政管理部门办理变更登记手续。

第十三条　互联网视听节目服务单位应当在取得《许可证》90日内提供互联网视听节目服务。未按期提供服务的，其《许可证》由原发证机关予以注销。如因特殊原因，应经发证机关同意。申请终止服务的，应提前60日向原发证机关申报，其《许可证》由原发证机关予以注销。连续停止业务超过60日的，由原发证机关按终止业务处理，其《许可证》由原发证机关予以注销。

第十四条　互联网视听节目服务单位应当按照《许可证》载明或备案的事项开展互联网视听节目服务，并在播出界面显著位置标注国务院广播电影电视主管部门批准的播出标识、名称、《许可证》或备案编号。

任何单位不得向未持有《许可证》或备案的单位提供与互联网视听节目服务有关的代收费及信号传输、服务器托管等金融和技术服务。

第十五条　鼓励国有战略投资者投资互联网视听节目服务企业；鼓励互联网视听节目服务单位积极开发适应新一代互联网和移动通信特点的新业务，为移动多媒体、多媒体网站生产积极健康的视听节目，努力提高互联网视听节目的供给能力；鼓励影视生产基地、电视节目制作单位多生产适合在网上传播的影视剧（片）、娱乐节目，积极发展民族网络影视产业；鼓励互联网视听节目服务单位传播公益性视听节目。

互联网视听节目服务单位应当遵守著作权法律、行政法规的规定，采取版权保护措施，保护著作权人的合法权益。

第十六条　互联网视听节目服务单位提供的、网络运营单位接入的视听节目应当符合法律、行政法规、部门规章的规定。已播出的视听节目应至少完整保留60日。视听节目不得含有以下内容：

（一）反对宪法确定的基本原则的；

（二）危害国家统一、主权和领土完整的；

（三）泄露国家秘密、危害国家安全或者损害国家荣誉和利益的；

（四）煽动民族仇恨、民族歧视，破坏民族团结，或者侵害民族风俗、习惯的；

（五）宣扬邪教、迷信的；

（六）扰乱社会秩序，破坏社会稳定的；

（七）诱导未成年人违法犯罪和渲染暴力、色情、赌博、恐怖活动的；

（八）侮辱或者诽谤他人，侵害公民个人隐私等他人合法权益的；

（九）危害社会公德，损害民族优秀文化传统的；

（十）有关法律、行政法规和国家规定禁止的其他内容。

第十七条　用于互联网视听节目服务的电影电视剧类节目和其它节目，应当符合国家有关广播电影电视节目的管理规定。互联网视听节目服务单位播出时政类视听新闻节目，应当是地（市）级以上广播电台、电视台制作、播出的节目和中央新闻单位网站登载的时政类视听新闻节目。

未持有《许可证》的单位不得为个人提供上载传播视听节目服务。互联网视听节目服务单位不得允许个人上载时政类视听新闻节目，在提供播客、视频分享等上载传播视听节目服务时，应当提示上载者不得上载违反本规定的视听节目。任何单位和个人不得转播、链接、聚合、集成非法的广播电视频道、视听节目网站的节目。

第十八条　广播电影电视主管部门发现互联网视听节目服务单位传播违反本规定的视听节目，应当采取必要措施予以制止。互联网视听节目服务单位对含有违反本规定内容的视听节目，应当立即删除，并保存有关记录，履行报告义务，落实有关主管部门的管理要求。

互联网视听节目服务单位主要出资者和经营者应对播出和上载的视听节目内容负责。

第十九条　互联网视听节目服务单位应当选择依法取得互联网接入服

务电信业务经营许可证或广播电视节目传送业务经营许可证的网络运营单位提供服务；应当依法维护用户权利，履行对用户的承诺，对用户信息保密，不得进行虚假宣传或误导用户、做出对用户不公平不合理的规定、损害用户的合法权益；提供有偿服务时，应当以显著方式公布所提供服务的视听节目种类、范围、资费标准和时限，并告知用户中止或者取消互联网视听节目服务的条件和方式。

第二十条　网络运营单位提供互联网视听节目信号传输服务时，应当保障视听节目服务单位的合法权益，保证传输安全，不得擅自插播、截留视听节目信号；在提供服务前应当查验视听节目服务单位的《许可证》或备案证明材料，按照《许可证》载明事项或备案范围提供接入服务。

第二十一条　广播电影电视和电信主管部门应建立公众监督举报制度。公众有权举报视听节目服务单位的违法违规行为，有关主管部门应当及时处理，不得推诿。广播电影电视、电信等监督管理部门发现违反本规定的行为，不属于本部门职责的，应当移交有权处理的部门处理。

电信主管部门应当依照国家有关规定向广播电影电视主管部门提供必要的技术系统接口和网站数据查询资料。

第二十二条　广播电影电视主管部门依法对互联网视听节目服务单位进行实地检查，有关单位和个人应当予以配合。广播电影电视主管部门工作人员依法进行实地检查时应当主动出示有关证件。

第二十三条　违反本规定有下列行为之一的，由县级以上广播电影电视主管部门予以警告、责令改正，可并处3万元以下罚款；同时，可对其主要出资者和经营者予以警告，可并处2万元以下罚款：

（一）擅自在互联网上使用广播电视专有名称开展业务的；

（二）变更注册资本、股东、股权结构，或上市融资，或重大资产变动时，未办理审批手续的；

（三）未建立健全节目运营规范，未采取版权保护措施，或对传播有害内容未履行提示、删除、报告义务的；

（四）未在播出界面显著位置标注播出标识、名称、《许可证》和备案编号的；

（五）未履行保留节目记录、向主管部门如实提供查询义务的；

（六）向未持有《许可证》或备案的单位提供代收费及信号传输、服务器托管等与互联网视听节目服务有关的服务的；

（七）未履行查验义务，或向互联网视听节目服务单位提供其《许可证》或备案载明事项范围以外的接入服务的；

（八）进行虚假宣传或者误导用户的；

（九）未经用户同意，擅自泄露用户信息秘密的；

（十）互联网视听服务单位在同一年度内三次出现违规行为的；

（十一）拒绝、阻挠、拖延广播电影电视主管部门依法进行监督检查或者在监督检查过程中弄虚作假的；

（十二）以虚假证明、文件等手段骗取《许可证》的。

有本条第十二项行为的，发证机关应撤销其许可证。

第二十四条　擅自从事互联网视听节目服务的，由县级以上广播电影电视主管部门予以警告、责令改正，可并处3万元以下罚款；情节严重的，根据《广播电视管理条例》第四十七条的规定予以处罚。

传播的视听节目内容违反本规定的，由县级以上广播电影电视主管部门予以警告、责令改正，可并处3万元以下罚款；情节严重的，根据《广播电视管理条例》第四十九条的规定予以处罚。

未按照许可证载明或备案的事项从事互联网视听节目服务的或违规播出时政类视听新闻节目的，由县级以上广播电影电视主管部门予以警告、责令改正，可并处3万元以下罚款；情节严重的，根据《广播电视管理条例》第五十条之规定予以处罚。

转播、链接、聚合、集成非法的广播电视频道和视听节目网站内容的，擅自插播、截留视听节目信号的，由县级以上广播电影电视主管部门予以警告、责令改正，可并处3万元以下罚款；情节严重的，根据《广播电视管理条例》第五十一条之规定予以处罚。

第二十五条　对违反本规定的互联网视听节目服务单位，电信主管部门应根据广播电影电视主管部门的书面意见，按照电信管理和互联网管理的法律、行政法规的规定，关闭其网站，吊销其相应许可证或撤销备案，责令为其提供信号接入服务的网络运营单位停止接入；拒不执行停止接入服务决定，违反《电信条例》第五十七条规定的，由电信主管部门依据《电信条例》第七十八条的规定吊销其许可证。

违反治安管理规定的，由公安机关依法予以处罚；构成犯罪的，由司法机关依法追究刑事责任。

第二十六条　广播电影电视、电信等主管部门不履行规定的职责，或滥用职权的，要依法给予有关责任人处分，构成犯罪的，由司法机关依法追究刑事责任。

第二十七条　互联网视听节目服务单位出现重大违法违规行为的，除按有关规定予以处罚外，其主要出资者和经营者自互联网视听节目服务单位受到处罚之日起5年内不得投资和从事互联网视听节目服务。

第二十八条　通过互联网提供视音频即时通讯服务，由国务院信息产业主管部门按照国家有关规定进行监督管理。

利用局域网络及利用互联网架设虚拟专网向公众提供网络视听节目服务，须向行业主管部门提出申请，由国务院信息产业主管部门前置审批，国务院广播电影电视主管部门审核批准，按照国家有关规定进行监督管理。

第二十九条　本规定自2008年1月31日起施行。此前发布的规定与本规定不一致之处，依本规定执行。

# 网络出版服务管理规定

（2016年2月4日国家新闻出版广电总局、中华人民共和国工业和信息化部令第5号公布，自2016年3月10日起施行）

## 第一章　总则

第一条　为了规范网络出版服务秩序，促进网络出版服务业健康有序发展，根据《出版管理条例》、《互联网信息服务管理办法》及相关法律法规，制定本规定。

第二条　在中华人民共和国境内从事网络出版服务，适用本规定。

本规定所称网络出版服务，是指通过信息网络向公众提供网络出版物。

本规定所称网络出版物，是指通过信息网络向公众提供的，具有编辑、制作、加工等出版特征的数字化作品，范围主要包括：

（一）文学、艺术、科学等领域内具有知识性、思想性的文字、图片、地图、游戏、动漫、音视频读物等原创数字化作品；

（二）与已出版的图书、报纸、期刊、音像制品、电子出版物等内容相一致的数字化作品；

（三）将上述作品通过选择、编排、汇集等方式形成的网络文献数据库等数字化作品；

（四）国家新闻出版广电总局认定的其他类型的数字化作品。

网络出版服务的具体业务分类另行制定。

第三条　从事网络出版服务，应当遵守宪法和有关法律、法规，坚持为人民服务、为社会主义服务的方向，坚持社会主义先进文化的前进方向，弘扬社会主义核心价值观，传播和积累一切有益于提高民族素质、推动经济发展、促进社会进步的思想道德、科学技术和文化知识，满足人民群众日益增长的精神文化需要。

第四条　国家新闻出版广电总局作为网络出版服务的行业主管部门，负责全国网络出版服务的前置审批和监督管理工作。工业和信息化部作为互联网行业主管部门，依据职责对全国网络出版服务实施相应的监督管理。

地方人民政府各级出版行政主管部门和各省级电信主管部门依据各自职责对本行政区域内网络出版服务及接入服务实施相应的监督管理工作并做好配合工作。

第五条　出版行政主管部门根据已经取得的违法嫌疑证据或者举报，对涉嫌违法从事网络出版服务的行为进行查处时，可以检查与涉嫌违法行为有关的物品和经营场所；对有证据证明是与违法行为有关的物品，可以查封或者扣押。

第六条　国家鼓励图书、音像、电子、报纸、期刊出版单位从事网络出版服务，加快与新媒体的融合发展。

国家鼓励组建网络出版服务行业协会，按照章程，在出版行政主管部门的指导下制定行业自律规范，倡导网络文明，传播健康有益内容，抵制不良有害内容。

## 第二章　网络出版服务许可

第七条　从事网络出版服务，必须依法经过出版行政主管部门批准，取得《网络出版服务许可证》。

第八条　图书、音像、电子、报纸、期刊出版单位从事网络出版服务，应当具备以下条件：

（一）有确定的从事网络出版业务的网站域名、智能终端应用程序等出版平台；

（二）有确定的网络出版服务范围；

（三）有从事网络出版服务所需的必要的技术设备，相关服务器和存储设备必须存放在中华人民共和国境内。

第九条　其他单位从事网络出版服务，除第八条所列条件外，还应当具备以下条件：

（一）有确定的、不与其他出版单位相重复的，从事网络出版服务主体的名称及章程；

（二）有符合国家规定的法定代表人和主要负责人，法定代表人必须是在境内长久居住的具有完全行为能力的中国公民，法定代表人和主要负责人至少1人应当具有中级以上出版专业技术人员职业资格；

（三）除法定代表人和主要负责人外，有适应网络出版服务范围需要的8名以上具有国家新闻出版广电总局认可的出版及相关专业技术职业资格的专职编辑出版人员，其中具有中级以上职业资格的人员不得少于3名；

（四）有从事网络出版服务所需的内容审校制度；

（五）有固定的工作场所；

（六）法律、行政法规和国家新闻出版广电总局规定的其他条件。

第十条　中外合资经营、中外合作经营和外资经营的单位不得从事网络出版服务。

网络出版服务单位与境内中外合资经营、中外合作经营、外资经营企业或境外组织及个人进行网络出版服务业务的项目合作，应当事前报国家新闻出版广电总局审批。

第十一条　申请从事网络出版服务，应当向所在地省、自治区、直辖市出版行政主管部门提出申请，经审核同意后，报国家新闻出版广电总局审批。国家新闻出版广电总局应当自受理申请之日起60日内，作出批准或者不予批准的决定。不批准的，应当说明理由。

第十二条　从事网络出版服务的申报材料，应该包括下列内容：

（一）《网络出版服务许可证申请表》；

（二）单位章程及资本来源性质证明；

（三）网络出版服务可行性分析报告，包括资金使用、产品规划、技术条件、设备配备、机构设置、人员配备、市场分析、风险评估、版权保护措施等；

（四）法定代表人和主要负责人的简历、住址、身份证明文件；

（五）编辑出版等相关专业技术人员的国家认可的职业资格证明和主要从业经历及培训证明；

（六）工作场所使用证明；

（七）网站域名注册证明、相关服务器存放在中华人民共和国境内的承诺。

本规定第八条所列单位从事网络出版服务的，仅提交前款（一）、（六）、（七）项规定的材料。

第十三条　设立网络出版服务单位的申请者应自收到批准决定之日起30日内办理注册登记手续：

（一）持批准文件到所在地省、自治区、直辖市出版行政主管部门领取并填写《网络出版服务许可登记表》；

（二）省、自治区、直辖市出版行政主管部门对《网络出版服务许可登记表》审核无误后，在10日内向申请者发放《网络出版服务许可证》；

（三）《网络出版服务许可登记表》一式三份，由申请者和省、自治区、直辖市出版行政主管部门各存一份，另一份由省、自治区、直辖市出版行政主管部门在15日内报送国家新闻出版广电总局备案。

第十四条　《网络出版服务许可证》有效期为5年。有效期届满，需继续从事网络出版服务活动的，应于有效期届满60日前按本规定第十一条的程序提出申请。出版行政主管部门应当在该许可有效期届满前作出是否准予延续的决定。批准的，换发《网络出版服务许可证》。

第十五条　网络出版服务经批准后，申请者应持批准文件、《网络出版服务许可证》到所在地省、自治区、直辖市电信主管部门办理相关手续。

第十六条　网络出版服务单位变更《网络出版服务许可证》许可登记事项、资本结构，合并或者分立，设立分支机构的，应依据本规定第十一条办理审批手续，并应持批准文件到所在地省、自治区、直辖市电信主管部门办理相关手续。

第十七条　网络出版服务单位中止网络出版服务的，应当向所在地省、自治区、直辖市出版行政主管部门备案，并说明理由和期限；网络出版服务单位中止网络出版服务不得超过180日。

网络出版服务单位终止网络出版服务的，应当自终止网络出版服务之日起30日内，向所在地省、自治区、直辖市出版行政主管部门办理注销手续后到省、自治区、直辖市电信主管部门办理相关手续。省、自治区、直辖市出版行政主管部门将相关信息报国家新闻出版广电总局备案。

第十八条　网络出版服务单位自登记之日起满180日未开展网络出版服务的，由原登记的出版行政主管部门注销登记，并报国家新闻出版广电总局备案。同时，通报相关省、自治区、直辖市电信主管部门。

因不可抗力或者其他正当理由发生上述所列情形的，网络出版服务单位可以向原登记的出版行政主管部门申请延期。

第十九条　网络出版服务单位应当在其网站首页上标明出版行政主管部门核发的《网络出版服务许可证》编号。

互联网相关服务提供者在为网络出版服务单位提供人工干预搜索排名、广告、推广等服务时，应当查验服务对象的《网络出版服务许可证》及业务范围。

第二十条　网络出版服务单位应当按照批准的业务范围从事网络出版服务，不得超出批准的业务范围从事网络出版服务。

第二十一条　网络出版服务单位不得转借、出租、出卖《网络出版服务许可证》或以任何形式转让网络出版服务许可。

网络出版服务单位允许其他网络信息服务提供者以其名义提供网络出版服务，属于前款所称禁止行为。

第二十二条　网络出版服务单位实行特殊管理股制度，具体办法由国家新闻出版广电总局另行制定。

## 第三章　网络出版服务管理

第二十三条　网络出版服务单位实行编辑责任制度，保障网络出版物内容合法。

网络出版服务单位实行出版物内容审核责任制度、责任编辑制度、责任校对制度等管理制度，保障网络出版物出版质量。

在网络上出版其他出版单位已在境内合法出版的作品且不改变原出版物内容的，须在网络出版物的相应页面显著标明原出版单位名称以及书号、刊号、网络出版物号或者网址信息。

第二十四条　网络出版物不得含有以下内容：

（一）反对宪法确定的基本原则的；

（二）危害国家统一、主权和领土完整的；

（三）泄露国家秘密、危害国家安全或者损害国家荣誉和利益的；

（四）煽动民族仇恨、民族歧视，破坏民族团结，或者侵害民族风俗、习惯的；

（五）宣扬邪教、迷信的；

（六）散布谣言，扰乱社会秩序，破坏社会稳定的；

（七）宣扬淫秽、色情、赌博、暴力或者教唆犯罪的；

（八）侮辱或者诽谤他人，侵害他人合法权益的；

（九）危害社会公德或者民族优秀文化传统的；

（十）有法律、行政法规和国家规定禁止的其他内容的。

第二十五条　为保护未成年人合法权益，网络出版物不得含有诱发未成年人模仿违反社会公德和违法犯罪行为的内容，不得含有恐怖、残酷等妨害未成年人身心健康的内容，不得含有披露未成年人个人隐私的内容。

第二十六条　网络出版服务单位出版涉及国家安全、社会安定等方面重大选题的内容，应当按照国家新闻出版广电总局有关重大选题备案管理的规定办理备案手续。未经备案的重大选题内容，不得出版。

第二十七条　网络游戏上网出版前，必须向所在地省、自治区、直辖市出版行政主管部门提出申请，经审核同意后，报国家新闻出版广电总局审批。

第二十八条　网络出版物的内容不真实或不公正，致使公民、法人或者其他组织合法权益受到侵害的，相关网络出版服务单位应当停止侵权，公开更正，消除影响，并依法承担其他民事责任。

第二十九条　国家对网络出版物实行标识管理，具体办法由国家新闻出版广电总局另行制定。

第三十条　网络出版物必须符合国家的有关规定和标准要求，保证出版物质量。

网络出版物使用语言文字，必须符合国家法律规定和有关标准规范。

第三十一条　网络出版服务单位应当按照国家有关规定或技术标准，配备应用必要的设备和系统，建立健全各项管理制度，保障信息安全、内容合法，并为出版行政主管部门依法履行监督管理职责提供技术支持。

第三十二条　网络出版服务单位在网络上提供境外出版物，应当取得著作权合法授权。其中，出版境外著作权人授权的网络游戏，须按本规定第二十七条办理审批手续。

第三十三条　网络出版服务单位发现其出版的网络出版物含有本规定

第二十四条、第二十五条所列内容的，应当立即删除，保存有关记录，并向所在地县级以上出版行政主管部门报告。

第三十四条　网络出版服务单位应记录所出版作品的内容及其时间、网址或者域名，记录应当保存60日，并在国家有关部门依法查询时，予以提供。

第三十五条　网络出版服务单位须遵守国家统计规定，依法向出版行政主管部门报送统计资料。

## 第四章　监督管理

第三十六条　网络出版服务的监督管理实行属地管理原则。

各地出版行政主管部门应当加强对本行政区域内的网络出版服务单位及其出版活动的日常监督管理，履行下列职责：

（一）对网络出版服务单位进行行业监管，对网络出版服务单位违反本规定的情况进行查处并报告上级出版行政主管部门；

（二）对网络出版服务进行监管，对违反本规定的行为进行查处并报告上级出版行政主管部门；

（三）对网络出版物内容和质量进行监管，定期组织内容审读和质量检查，并将结果向上级出版行政主管部门报告；

（四）对网络出版从业人员进行管理，定期组织岗位、业务培训和考核；

（五）配合上级出版行政主管部门、协调相关部门、指导下级出版行政主管部门开展工作。

第三十七条　出版行政主管部门应当加强监管队伍和机构建设，采取必要的技术手段对网络出版服务进行管理。出版行政主管部门依法履行监督检查等执法职责时，网络出版服务单位应当予以配合，不得拒绝、阻挠。

各省、自治区、直辖市出版行政主管部门应当定期将本行政区域内的网络出版服务监督管理情况向国家新闻出版广电总局提交书面报告。

第三十八条　网络出版服务单位实行年度核验制度，年度核验每年进行一次。省、自治区、直辖市出版行政主管部门负责对本行政区域内的网络出版服务单位实施年度核验并将有关情况报国家新闻出版广电总局备案。年度核验内容包括网络出版服务单位的设立条件、登记项目、出版经营情况、出版质量、遵守法律规范、内部管理情况等。

第三十九条　年度核验按照以下程序进行：

（一）网络出版服务单位提交年度自检报告，内容包括：本年度政策法律执行情况，奖惩情况，网站出版、管理、运营绩效情况，网络出版物目录，对年度核验期内的违法违规行为的整改情况，编辑出版人员培训管理情况等；并填写由国家新闻出版广电总局统一印制的《网络出版服务年度核验登记表》，与年度自检报告一并报所在地省、自治区、直辖市出版行政主管部门；

（二）省、自治区、直辖市出版行政主管部门对本行政区域内的网络出版服务单位的设立条件、登记项目、开展业务及执行法规等情况进行全面审核，并在收到网络出版服务单位的年度自检报告和《网络出版服务年度核验登记表》等年度核验材料的45日内完成全面审核查验工作。对符合年度核验要求的网络出版服务单位予以登记，并在其《网络出版服务许可证》上加盖年度核验章；

（三）省、自治区、直辖市出版行政主管部门应于完成全面审核查验工作的15日内将年度核验情况及有关书面材料报国家新闻出版广电总局备案。

第四十条　有下列情形之一的，暂缓年度核验：

（一）正在停业整顿的；

（二）违反出版法规规章，应予处罚的；

（三）未按要求执行出版行政主管部门相关管理规定的；

（四）内部管理混乱，无正当理由未开展实质性网络出版服务活动的；

（五）存在侵犯著作权等其他违法嫌疑需要进一步核查的。

暂缓年度核验的期限由省、自治区、直辖市出版行政主管部门确定，报国家新闻出版广电总局备案，最长不得超过180日。暂缓年度核验期间，须停止网络出版服务。

暂缓核验期满，按本规定重新办理年度核验手续。

第四十一条　已经不具备本规定第八条、第九条规定条件的，责令限期改正；逾期仍未改正的，不予通过年度核验，由国家新闻出版广电总局撤销《网络出版服务许可证》，所在地省、自治区、直辖市出版行政主管部门注销登记，并通知当地电信主管部门依法处理。

第四十二条　省、自治区、直辖市出版行政主管部门可根据实际情况，对本行政区域内的年度核验事项进行调整，相关情况报国家新闻出版广电总局备案。

第四十三条　省、自治区、直辖市出版行政主管部门可以向社会公布年度核验结果。

第四十四条　从事网络出版服务的编辑出版等相关专业技术人员及其负责人应当符合国家关于编辑出版等相关专业技术人员职业资格管理的有关规定。

网络出版服务单位的法定代表人或主要负责人应按照有关规定参加出版行政主管部门组织的岗位培训，并取得国家新闻出版广电总局统一印制的《岗位培训合格证书》。未按规定参加岗位培训或培训后未取得《岗位培训合格证书》的，不得继续担任法定代表人或主要负责人。

## 第五章　保障与奖励

第四十五条　国家制定有关政策，保障、促进网络出版服务业的发展与繁荣。鼓励宣传科学真理、传播先进文化、倡导科学精神、塑造美好心灵、弘扬社会正气等有助于形成先进网络文化的网络出版服务，推动健康文化、优秀文化产品的数字化、网络化传播。

网络出版服务单位依法从事网络出版服务，任何组织和个人不得干扰、阻止和破坏。

第四十六条　国家支持、鼓励下列优秀的、重点的网络出版物的出版：

（一）对阐述、传播宪法确定的基本原则有重大作用的；

（二）对弘扬社会主义核心价值观，进行爱国主义、集体主义、社会主义和民族团结教育以及弘扬社会公德、职业道德、家庭美德、个人品德有重要意义的；

（三）对弘扬民族优秀文化，促进国际文化交流有重大作用的；

（四）具有自主知识产权和优秀文化内涵的；

（五）对推进文化创新，及时反映国内外新的科学文化成果有重大贡献的；

（六）对促进公共文化服务有重大作用的；

（七）专门以未成年人为对象、内容健康的或者其他有利于未成年人健康成长的；

（八）其他具有重要思想价值、科学价值或者文化艺术价值的。

第四十七条　对为发展、繁荣网络出版服务业作出重要贡献的单位和个人，按照国家有关规定给予奖励。

第四十八条　国家保护网络出版物著作权人的合法权益。网络出版服务单位应当遵守《中华人民共和国著作权法》、《信息网络传播权保护条例》、《计算机软件保护条例》等著作权法律法规。

第四十九条　对非法干扰、阻止和破坏网络出版物出版的行为，出版行政主管部门及其他有关部门，应当及时采取措施，予以制止。

## 第六章　法律责任

第五十条　网络出版服务单位违反本规定的，出版行政主管部门可以采取下列行政措施：

（一）下达警示通知书；

（二）通报批评、责令改正；

（三）责令公开检讨；

（四）责令删除违法内容。

警示通知书由国家新闻出版广电总局制定统一格式，由出版行政主管部门下达给相关网络出版服务单位。

本条所列的行政措施可以并用。

第五十一条　未经批准，擅自从事网络出版服务，或者擅自上网出版网络游戏（含境外著作权人授权的网络游戏），根据《出版管理条例》第六十一条、《互联网信息服务管理办法》第十九条的规定，由出版行政主管部门、工商行政管理部门依照法定职权予以取缔，并由所在地省级电信主管部门依据有关部门的通知，按照《互联网信息服务管理办法》第十九条的规定给予责令关闭网站等处罚；已经触犯刑法的，依法追究刑事责任；尚不够刑事处罚的，删除全部相关网络出版物，没收违法所得和从事违法出版活动的主要设备、专用工具，违法经营额1万元以上的，并处违法经营额5倍以上10倍以下的罚款；违法经营额不足1万元的，可以处5万元以下的罚款；侵犯他人合法权益的，依法承担民事责任。

第五十二条　出版、传播含有本规定第二十四条、第二十五条禁止内容的网络出版物的，根据《出版管理条例》第六十二条、《互联网信息服务管理办法》第二十条的规定，由出版行政主管部门责令删除相关内容并限期改正，没收违法所得，违法经营额1万元以上的，并处违法经营额5倍以上10倍以下罚款；违法经营额不足1万元的，可以处5万元以下罚款；情节严重的，责令限期停业整顿或者由国家新闻出版广电总局吊销《网络出版服务许可证》，由电信主管部门依据出版行政主管部门的通知吊销其电信业务经营许可或者责令关闭网站；构成犯罪的，依法追究刑事责任。

为从事本条第一款行为的网络出版服务单位提供人工干预搜索排名、广告、推广等相关服务的，由出版行政主管部门责令其停止提供相关服务。

第五十三条　违反本规定第二十一条的，根据《出版管理条例》第六十六条的规定，由出版行政主管部门责令停止违法行为，给予警告，没收违法所得，违法经营额1万元以上的，并处违法经营额5倍以上10倍以下的罚款；违法经营额不足1万元的，可以处5万元以下的罚款；情节严重的，责令限期停业整顿或者由国家新闻出版广电总局吊销《网络出版服务许可证》。

第五十四条　有下列行为之一的，根据《出版管理条例》第六十七条的规定，由出版行政主管部门责令改正，给予警告；情节严重的，责令限期停业整顿或者由国家新闻出版广电总局吊销《网络出版服务许可证》：

（一）网络出版服务单位变更《网络出版服务许可证》登记事项、资本结构，超出批准的服务范围从事网络出版服务，合并或者分立，设立分支机构，未依据本规定办理审批手续的；

（二）网络出版服务单位未按规定出版涉及重大选题出版物的；

（三）网络出版服务单位擅自中止网络出版服务超过180日的；

（四）网络出版物质量不符合有关规定和标准的。

第五十五条　违反本规定第三十四条的，根据《互联网信息服务管理办法》第二十一条的规定，由省级电信主管部门责令改正；情节严重的，责令停业整顿或者暂时关闭网站。

第五十六条　网络出版服务单位未依法向出版行政主管部门报送统计资料的，依据《新闻出版统计管理办法》处罚。

第五十七条　网络出版服务单位违反本规定第二章规定，以欺骗或者贿赂等不正当手段取得许可的，由国家新闻出版广电总局撤销其相应许可。

第五十八条　有下列行为之一的，由出版行政主管部门责令改正，予以警告，并处3万元以下罚款：

（一）违反本规定第十条，擅自与境内外中外合资经营、中外合作经营和外资经营的企业进行涉及网络出版服务业务的合作的；

（二）违反本规定第十九条，未标明有关许可信息或者未核验有关网站的《网络出版服务许可证》的；

（三）违反本规定第二十三条，未按规定实行编辑责任制度等管理制度的；

（四）违反本规定第三十一条，未按规定或标准配备应用有关系统、设备或未健全有关管理制度的；

（五）未按本规定要求参加年度核验的；

（六）违反本规定第四十四条，网络出版服务单位的法定代表人或主要负责人未取得《岗位培训合格证书》的；

（七）违反出版行政主管部门关于网络出版其他管理规定的。

第五十九条　网络出版服务单位违反本规定被处以吊销许可证行政处罚的，其法定代表人或者主要负责人自许可证被吊销之日起10年内不得担任网络出版服务单位的法定代表人或者主要负责人。

从事网络出版服务的编辑出版等相关专业技术人员及其负责人违反本规定，情节严重的，由原发证机关吊销其资格证书。

## 第七章　附则

第六十条　本规定所称出版物内容审核责任制度、责任编辑制度、责任校对制度等管理制度，参照《图书质量保障体系》的有关规定执行。

第六十一条　本规定自2016年3月10日起施行。原国家新闻出版总署、信息产业部2002年6月27日颁布的《互联网出版管理暂行规定》同时废止。

# 专网及定向传播视听节目服务管理规定

（2016年4月25日国家新闻出版广电总局令第6号发布，
自2016年6月1日起施行）

## 第一章 总则

第一条 为规范专网及定向传播视听节目服务秩序，促进行业健康有序发展，保护公众和从业机构的合法权益，维护国家利益和公共利益，根据国家有关规定，制定本规定。

第二条 本规定所称专网及定向传播视听节目服务，是指以电视机、各类手持电子设备等为接收终端，通过局域网络及利用互联网架设虚拟专网或者以互联网等信息网络为定向传输通道，向公众定向提供广播电视节目等视听节目服务活动，包括以交互式网络电视（IPTV）、专网手机电视、互联网电视等形式从事内容提供、集成播控、传输分发等活动。

第三条 国务院广播电影电视主管部门负责全国专网及定向传播视听节目服务的监督管理工作。

县级以上地方人民政府广播电影电视主管部门负责本行政区域内专网及定向传播视听节目服务的监督管理工作。

第四条 从事专网及定向传播视听节目服务，应当坚持为人民服务、为社会主义服务，把社会效益放在首位，弘扬社会主义核心价值观，弘扬民族优秀传统文化，弘扬正能量。

专网及定向传播视听节目服务单位应当自觉遵守宪法、法律和行政法规，提供更多更好的专网及定向传播视听节目服务，不断丰富人民群众的精神文化生活。

鼓励专网及定向传播视听节目服务行业组织发挥行业自律、引导、服务功能，鼓励公众监督专网及定向传播视听节目服务。

## 第二章　专网及定向传播视听节目服务单位的设立

第五条　从事内容提供、集成播控、传输分发等专网及定向传播视听节目服务，应当依照本规定取得《信息网络传播视听节目许可证》。

《信息网络传播视听节目许可证》由国务院广播电影电视主管部门根据专网及定向传播视听节目服务的业务类别、服务内容、传输网络、覆盖范围等事项分类核发。

专网及定向传播视听节目服务业务指导目录由国务院广播电影电视主管部门制定。

第六条　申请从事专网及定向传播视听节目服务的单位，应当具备下列条件：

（一）具备法人资格，为国有独资或者国有控股单位；

（二）有健全的节目内容编审、安全传播管理制度和安全保护措施；

（三）有与其业务相适应的技术能力、经营场所和相关资源；

（四）有与其业务相适应的专业人员；

（五）技术方案符合国家有关标准和技术规范；

（六）符合国务院广播电影电视主管部门确定的专网及定向传播视听节目服务总体规划、布局和业务指导目录；

（七）符合法律、行政法规和国家规定的其他条件。

外商独资、中外合资、中外合作机构，不得从事专网及定向传播视听节目服务。

第七条　申请从事内容提供服务的，应当是经国务院广播电影电视主管部门批准设立的地（市）级以上广播电视播出机构或者中央新闻单位等机构，还应当具备2000小时以上的节目内容储备和30人以上的专业节目编审人员。

申请从事集成播控服务的，应当是经国务院广播电影电视主管部门批准设立的省、自治区、直辖市级以上广播电视播出机构。

申请从事交互式网络电视（IPTV）传输服务、专网手机电视分发服务的，应当是国务院工业和信息化主管部门批准的具有合法基础网络运营资质的单位，并具有一定规模的公共信息基础网络设施资源和为用户提供长期服务的信誉或者能力。

第八条　申请从事专网及定向传播视听节目服务，应当向省、自治区、直辖市人民政府广播电影电视主管部门提出申请，中央直属单位可直接向国务院广播电影电视主管部门提出申请。

省、自治区、直辖市人民政府广播电影电视主管部门应当自收到申请之日起20日内提出初核意见，并将初核意见及全部申请材料报国务院广播电影电视主管部门审批；国务院广播电影电视主管部门应当自收到申请或者初核意见之日起40日内作出许可或者不予许可的决定，其中专家评审时间为20日。予以许可的，向申请人颁发《信息网络传播视听节目许可证》，并向社会公告；不予许可的，应当书面通知申请人并说明理由。

第九条　《信息网络传播视听节目许可证》有效期为3年。有效期届满，需继续从事专网及定向传播视听节目服务的，应当于有效期届满前30日内，持符合本规定第六条、第七条条件的相关材料，按照本规定的审批程序办理续办手续。

第十条　专网及定向传播视听节目服务单位变更《信息网络传播视听节目许可证》载明的业务类别、服务内容、传输网络、覆盖范围等业务项目以及变更股东、股权结构等重大事项的，应当事先按本规定办理审批手续。

专网及定向传播视听节目服务单位的单位名称、办公场所、法定代表人依法变更的，应当在变更后15日内向原发证机关备案。

专网及定向传播视听节目服务单位采用合资、合作模式开展节目生产购销、广告投放、市场推广、商业合作、收付结算、技术服务等经营性业务的，应当在签订合资、合作协议后15日内向原发证机关备案。

第十一条　专网及定向传播视听节目服务单位应当在取得《信息网络传播视听节目许可证》90日内提供服务。未按期提供服务的，由原发证机关注销其《信息网络传播视听节目许可证》。

如因特殊原因，延期或者中止提供服务的，应经原发证机关同意。申请终止服务的，应提前60日向原发证机关申报，由原发证机关注销其《信息网络传播视听节目许可证》。

未经申报，连续停止业务超过60日的，由原发证机关按终止业务处理，并注销其《信息网络传播视听节目许可证》。

## 第三章　专网及定向传播视听节目服务规范

第十二条　专网及定向传播视听节目服务单位应当按照《信息网络传播视听节目许可证》载明的事项从事专网及定向传播视听节目服务。

第十三条　专网及定向传播视听节目服务单位应当建立健全与国家网络信息安全相适应的安全管理制度、保障体系和技术保障手段，履行安全保障义务。

专网及定向传播视听节目服务单位应当为广播电影电视主管部门设立的节目监控系统提供必要的信号接入条件。

第十四条　专网及定向传播视听节目服务单位相互之间应当按照广播电影电视主管部门的管理规定和相关标准实行规范对接，并为对接提供必要的技术支持和服务保障。

第十五条　用于专网及定向传播视听节目服务的技术系统和终端产品，应符合国家有关标准和技术规范。

任何单位不得向未取得专网及定向传播视听节目服务许可的单位提供与专网及定向传播视听节目服务有关的服务器托管、网络传输、软硬件技术支持、代收费等服务。

第十六条　专网及定向传播视听节目服务单位传播的节目应当符合法律、行政法规、部门规章的规定，不得含有以下内容：

（一）违反宪法确定的基本原则，煽动抗拒或者破坏宪法、法律、行政法规实施；

（二）危害国家统一、主权和领土完整，泄露国家秘密，危害国家安全，损害国家荣誉和利益；

（三）诋毁民族优秀文化传统，煽动民族仇恨、民族歧视，侵害民族风俗习惯，歪曲民族历史和民族历史人物，伤害民族感情，破坏民族团结；

（四）宣扬宗教狂热，危害宗教和睦，伤害信教公民宗教感情，破坏信教公民和不信教公民团结，宣扬邪教、迷信；

（五）危害社会公德，扰乱社会秩序，破坏社会稳定，宣扬淫秽、赌博、吸毒，渲染暴力、恐怖，教唆犯罪或者传授犯罪方法；

（六）侵害未成年人合法权益或者损害未成年人身心健康；

（七）侮辱、诽谤他人或者散布他人隐私，侵害他人合法权益；

（八）法律、行政法规禁止的其他内容。

第十七条　专网及定向传播视听节目服务单位传播的电影、电视剧、动画片、纪录片等节目，应当符合国家广播电影电视相关管理规定。专网及定向传播视听节目服务单位传播的时政类视听新闻节目，应当是地（市）级以上广播电台、电视台制作、播出的新闻节目。

专网及定向传播视听节目服务单位不得转播、链接、聚合、集成非法广播电视频道节目、非法视听节目网站的节目和未取得内容提供服务许可的单位开办的节目。

专网及定向传播视听节目服务单位应当遵守著作权法律、行政法规的规定，采取版权保护措施，保护著作权人的合法权益。

第十八条　内容提供服务单位，负责建设和运营内容提供平台，组织、编辑和审核节目内容。

内容提供服务单位播出的节目应当经过集成播控服务单位设立的集成播控平台统一集成后提供给用户。内容提供服务单位应当选择依法取得集成播控服务许可的单位提供接入服务。

第十九条　内容提供服务单位负责审查其内容提供平台上的节目是否符合本规定第十六条的规定和版权管理要求，并进行播前审查。

内容提供服务单位应当建立健全节目审查、安全播出等节目内容管理制度，配备专业节目审查人员。所播出节目的名称、内容概要、播出时间、时长、来源等信息，应当至少保留60日，并配合广播电影电视主管部门依法查询。

内容提供服务单位发现含有违反本规定的节目，应当立即删除并保存有关记录，并向广播电影电视主管部门报告，落实广播电影电视主管部门的管理要求。

第二十条　集成播控服务单位，负责集成播控平台的建设和运营，负责对内容提供服务单位播出的节目的统一集成和播出监控，负责电子节目指南（EPG）、用户端、计费、版权等管理。

集成播控服务单位发现接入集成播控平台的节目含有违反本规定的内容时，应立即切断节目源，并向广播电影电视主管部门报告。

第二十一条　集成播控服务单位应当建立健全安全播控管理制度，采取技术安全管控措施，配备专业安全播控管理人员，按照广播电影电视主管部门的管理规定集成播控节目。

集成播控服务单位在提供接入服务时，应当查验内容提供服务单位的《信息网络传播视听节目许可证》，并为其提供优质的信号接入服务，不得擅自插播、截留、变更内容提供服务单位播出的节目信号。

第二十二条　集成播控服务单位和内容提供服务单位应在播出界面显著位置标注国务院广播电影电视主管部门批准的播出标识、名称。

第二十三条　传输分发服务单位应当遵守广播电影电视主管部门有关安全传输的管理规定，建立健全安全传输管理制度，保障网络传输安全。

传输分发服务单位在提供传输分发服务前，应当查验集成播控服务单位的《信息网络传播视听节目许可证》。不得擅自插播、截留、变更集成播控平台发出的节目信号和电子节目指南（EPG）、用户端、计费、版权等控制信号。

第二十四条　省级以上广播电影电视主管部门应建立健全节目监管系统，建立公众监督举报制度，加强对专网及定向传播视听节目服务的监督管理。

广播电影电视主管部门发现专网及定向传播视听节目服务单位未及时处置违法违规内容、落实监管措施的，可以对其主要负责人、法定代表人、总编辑进行约谈。

## 第四章　法律责任

第二十五条　擅自从事专网及定向传播视听节目服务的，由县级以上广播电影电视主管部门予以警告、责令改正，可并处3万元以下罚款；情节严重的，根据《广播电视管理条例》第四十七条的规定予以处罚。

第二十六条　专网及定向传播视听节目服务单位传播的节目内容违反本规定的，由县级以上广播电影电视主管部门予以警告、责令改正，可并处3万元以下罚款；情节严重的，根据《广播电视管理条例》第四十九条的规定予以处罚。

第二十七条　违反本规定，有下列行为之一的，由县级以上广播电影电视主管部门予以警告、责令改正，可并处3万元以下罚款；情节严重的，根据《广播电视管理条例》第五十条的规定予以处罚：

（一）未按照《信息网络传播视听节目许可证》载明的事项从事专网及定向传播视听节目服务的；

（二）违规传播时政类视听新闻节目的；

（三）集成播控服务单位未对内容提供服务单位播出的节目进行统一集成和播出监控或者未负责电子节目指南（EPC）、用户端、计费、版权等管理的。

第二十八条　违反本规定，有下列行为之一的，由县级以上广播电影电视主管部门予以警告、责令改正，可并处3万元以下罚款；情节严重的，根据《广播电视管理条例》第五十一条的规定予以处罚：

（一）专网及定向传播视听节目服务单位转播、链接、聚合、集成非法广播电视频道节目、非法视听节目网站的节目和未取得内容提供服务许可的单位开办的节目的；

（二）集成播控服务单位擅自插播、截留、变更内容提供服务单位播出的节目信号的；

（三）传输分发服务单位擅自插播、截留、变更集成播控平台发出的节目信号和电子节目指南（EPG）、用户端、计费、版权等控制信号的；

第二十九条　违反本规定，有下列行为之一的，由县级以上广播电影电视主管部门予以警告、责令改正，可并处3万元以下罚款；同时，可对其主要出资者和经营者予以警告，可并处2万元以下罚款：

（一）变更股东、股权结构等重大事项，未事先办理审批手续的；

（二）专网及定向传播视听节目服务单位的单位名称、办公场所、法定代表人依法变更后未及时向原发证机关备案的；

（三）采用合资、合作模式开展节目生产购销、广告投放、市场推广、商业合作、收付结算、技术服务等经营性业务未及时向原发证机关备案的；

（四）集成播控服务单位和传输分发服务单位在提供服务时未履行许可证查验义务的；

（五）未按本规定要求建立健全与国家网络信息安全相适应的安全播

控、节目内容、安全传输等管理制度、保障体系的；

（六）集成播控服务单位和内容提供服务单位未在播出界面显著位置标注播出标识、名称的；

（七）内容提供服务单位未采取版权保护措施，未保留节目播出信息或者未配合广播电影电视主管部门查询，以及发现含有违反本规定的节目时未及时删除并保存记录或者未报告广播电影电视主管部门的；

（八）集成播控服务单位发现接入集成播控平台的节目含有违反本规定的内容时未及时切断节目源或者未报告广播电影电视主管部门的；

（九）用于专网及定向传播视听节目服务的技术系统和终端产品不符合国家有关标准和技术规范的；

（十）向未取得专网及定向传播视听节目服务许可的单位提供与专网及定向传播视听节目服务有关的服务器托管、网络传输、软硬件技术支持、代收费等服务的；

（十一）未向广播电影电视主管部门设立的节目监控系统提供必要的信号接入条件的；

（十二）专网及定向传播视听节目服务单位在同一年度内3次出现违规行为的；

（十三）拒绝、阻挠、拖延广播电影电视主管部门依法进行监督检查或者在监督检查过程中弄虚作假的；

（十四）以虚假证明、文件等手段骗取《信息网络传播视听节目许可证》的。

有前款第十四项行为的，发证机关应撤销其《信息网络传播视听节目许可证》。

第三十条　广播电影电视主管部门工作人员滥用职权、玩忽职守的，依法给予处分；构成犯罪的，依法追究刑事责任。

## 第五章　附则

第三十一条　制作、编辑、集成并通过互联网向公众提供视音频节目以及为他人提供上载传播视听节目服务的，由国务院广播电影电视主管部门、国务院工业和信息化主管部门按照国家有关规定进行监督管理。

第三十二条　本规定自2016年6月1日起施行。2004年7月6日国家广播电影电视总局发布的《互联网等信息网络传播视听节目管理办法》（国家广播电影电视总局令第39号）同时废止。

# 关于移动游戏出版服务管理的通知

新广出办发〔2016〕44号

各省、自治区、直辖市新闻出版广电局，新疆生产建设兵团新闻出版广电局，中央军委政治工作部宣传局，各游戏出版服务单位：

为进一步规范移动游戏出版服务管理秩序，提高移动游戏受理和审批工作效率，根据《出版管理条例》、《网络出版服务管理规定》及相关管理规定，现将有关事项通知如下：

一、本通知所称移动游戏，是指以手机等移动智能终端为运行载体，通过信息网络供公众下载或者在线交互使用的游戏作品。

本通知所称移动游戏出版服务，是指将移动游戏通过信息网络向公众提供下载或者在线交互使用等上网出版运营服务行为。

本通知所称游戏出版服务单位是指取得国家新闻出版广电总局网络出版服务许可，具有游戏出版业务范围的网络出版服务单位。

二、游戏出版服务单位负责移动游戏内容审核、出版申报及游戏出版物号申领工作。

三、申请出版不涉及政治、军事、民族、宗教等题材内容，且无故事情节或者情节简单的消除类、跑酷类、飞行类、棋牌类、解谜类、体育类、音乐舞蹈类等休闲益智国产移动游戏，按照以下要求办理：

（一）游戏出版服务单位按照《出版管理条例》、《网络出版服务管理规定》等要求，参照中国音像与数字出版协会制定的《移动游戏内容规范》，审核申请出版的移动游戏内容，填写《出版国产移动游戏作品申请表》（见附件），并在预定上网出版（公测，下同）运营至少20个工作日前，将此表及相关证照的复印件（一式两份）报送属地省级出版行政主管部门。

（二）省级出版行政主管部门收到申请材料后5个工作日内应完成下列

工作：1.审核申请材料的完备性和准确性。2.符合要求的，一份申请材料和省级出版行政主管部门审核意见报国家新闻出版广电总局，另一份由省级出版行政主管部门存档。3.不符合要求的，申请材料退回申请者并书面说明理由。

（三）国家新闻出版广电总局收到省级出版行政主管部门报送材料10个工作日内，作出是否批准的决定，并将决定通知省级出版行政主管部门。省级出版行政主管部门接到国家新闻出版广电总局批复意见后的3个工作日内，通知游戏出版服务单位。

（四）游戏出版服务单位取得批复文件后，应按批复文件要求，组织游戏上网出版运营，并在游戏上网出版运营后7个工作日内，向属地省级出版行政主管部门书面报告上网出版运营时间、可下载的地址、运营机构数量及主要运营机构名称和是否开放充值等出版运营情况；超过预定上网出版运营时间20个工作日仍不能上网出版的，应及时向属地省级出版行政主管部门书面说明理由。

四、申请出版非本通知第三条范围内的国产移动游戏，按照《关于进一步规范出版境外著作权人授权互联网游戏作品和电子游戏出版物申报材料的通知》（新广出办函〔2014〕111号）（以下简称《规范通知》）和《关于启动网络游戏防沉迷实名验证工作的通知》（新出联〔2011〕10号）的要求办理，其中，《规范通知》附件1所列申报材料中第（二）至（六）项变更为提交《出版国产移动游戏作品申请表》。

五、申请出版境外著作权人授权的移动游戏，按照《规范通知》和《关于启动网络游戏防沉迷实名验证工作的通知》的要求办理。

六、已经批准出版的移动游戏的升级作品及新资料片（指故事情节、任务内容、地图形态、人物性格、角色特征、互动功能等发生明显改变，且以附加名称，即在游戏名称不变的情况下增加副标题，或者在游戏名称前增加修饰词，如《新××》，或者在游戏名称后用数字表明版本的变化，如《××2》等进行推广宣传）视为新作品，按照本通知规定，依其所属类别重新履行相应审批手续。

七、已经批准出版的移动游戏变更游戏出版服务单位、游戏名称或主要运营机构，应提交有关变更材料，经省级出版行政主管部门审核后报国家新闻出版广电总局办理变更手续。

八、移动游戏上网出版运营时，游戏出版服务单位应负责游戏内容完整性，须在游戏开始前、《健康游戏忠告》后，设置专门页面，标明游戏著作权人、出版服务单位、批准文号、出版物号等经国家新闻出版广电总局批准的信息，并严格按照已批准的内容出版运营。游戏出版服务单位负责审核并记录游戏日常更新，对擅自添加不良内容的行为，应及时予以制止；对不配合的，应及时报属地省级出版行政主管部门予以处置。情节严重的，属地省级出版行政主管部门可按相应程序办理游戏出版批准撤销手续，并追究相应责任。

九、移动游戏联合运营单位在联合运营移动游戏时，须核验该移动游戏的审批手续是否完备，相关信息是否标明，不得联合运营未经批准或者相关信息未标明的移动游戏。

十、各类手机、平板电脑等移动智能终端生产和经营单位预装移动游戏时，须核验该移动游戏的审批手续是否完备，相关信息是否标明，不得预装未经批准或者相关信息未标明以及侵权盗版的移动游戏。

十一、各省级出版行政主管部门应配备满足工作需要的人员与技术设备，在30个工作日内完成属地已获批准移动游戏出版情况的监督审查，并将审查结果报国家新闻出版广电总局。

十二、已获批准且涉及异地运营的移动游戏，由受理申请出版该游戏的省级出版行政主管部门按本通知第十一条负责相关监管工作，异地运营机构所在地省级出版行政主管部门应配合进行日常监管。

十三、本通知自2016年7月1日起施行。自施行之日起，未经国家新闻出版广电总局批准的移动游戏，不得上网出版运营。

十四、本通知施行前已上网出版运营的移动游戏（含各类预装移动游戏），各游戏出版服务单位及相关游戏企业应做好相应清理工作，确需继续上网出版运营的，按本通知要求于2016年10月1日前到属地省级出版行政主管部门补办相关审批手续。届时，未补办相关审批手续的，不得继续上网出版运营。

十五、未按照本通知要求履行相关审批手续即上网出版运营的移动游戏，一经发现，相关出版行政执法部门将按非法出版物查处。

十六、请各省级出版行政主管部门根据本通知要求认真组织实施，并及时向国家新闻出版广电总局报告工作进展情况。

# 关于规范网盘服务版权秩序的通知

国家版权局　2015年10月14日

为规范网盘服务版权秩序，根据《中华人民共和国著作权法》、《信息网络传播权保护条例》等规定，现就有关事项通知如下：

一、凡为用户提供网络信息存储空间服务的网盘服务商应当遵守著作权法律法规，合法使用、传播作品，履行著作权保护义务。

二、网盘服务商应当建立必要管理机制，运用有效技术措施，主动屏蔽、移除侵权作品，防止用户违法上传、存储并分享他人作品。

三、网盘服务商应当在其网盘首页显著位置提示用户遵守著作权法，尊重著作权人合法权益，不违法上传、存储并分享他人作品。

四、网盘服务商应当在其网盘首页显著位置详细标明权利人通知、投诉的方式，及时受理权利人通知、投诉，并在接到权利人通知、投诉后24小时内移除相关侵权作品，删除、断开相关侵权作品链接；同时应当遵守《信息网络传播权保护条例》关于"通知"的相关规定。

五、网盘服务商应当采取有效措施，制止用户违法上传、存储并分享下列作品：

（一）根据权利人通知已经移除的作品；

（二）权利人向网盘服务商发送了权利公示或者声明的作品；

（三）版权行政管理部门公布的重点监管作品。

六、网盘服务商应当采取有效措施，制止用户违法上传、存储并分享下列未经授权的作品：

（一）正在热播、热卖的作品；

（二）出版、影视、音乐等专业机构出版或者制作的作品；

（三）其他明显感知属于未经授权提供的作品。

七、网盘服务商不得擅自或者组织上传未经授权的他人作品，不得对用户上传、存储的作品进行编辑、推荐、排名等加工，不得以各种方式指引、诱导、鼓励用户违法分享他人作品，不得为用户利用其他网络服务形式违法分享他人作品提供便利。

八、网盘服务商应当加强用户管理，要求用户对其账号异常登录、流量异常变化等可能涉嫌侵权的情况及时作出合理解释，对于拒绝解释或者不能给出合理解释的用户，可以暂停或者终止使用其账号。

九、网盘服务商应当完整保存用户姓名、账号、网络地址、联系方式等注册信息，并按照版权行政管理部门的要求提供用户上传、存储并分享的侵权作品、网络地址或者域名等必要信息。

十、网盘服务商应当建立侵权用户处置机制，根据用户侵权情形，给予列入黑名单、暂停或者终止服务等处置。

十一、网盘服务商应当严格遵守、执行本通知。版权行政管理部门要对网盘服务商加强监管，依法查处网盘服务商违反著作权法的行为。

十二、本通知自印发之日起实施。

# 关于规范网络转载版权秩序的通知

国版办发〔2015〕3号

为贯彻落实中共中央办公厅、国务院办公厅印发的《关于推动传统媒体和新兴媒体融合发展的指导意见》，鼓励报刊单位和互联网媒体合法、诚信经营，推动建立健全版权合作机制，规范网络转载版权秩序，根据《中华人民共和国著作权法》、《中华人民共和国著作权法实施条例》、《信息网络传播权保护条例》有关规定，现就规范网络转载版权秩序有关事项通知如下：

一、互联网媒体转载他人作品，应当遵守著作权法律法规的相关规定，必须经过著作权人许可并支付报酬，并应当指明作者姓名、作品名称及作品来源。法律、法规另有规定的除外。

互联网媒体依照前款规定转载他人作品，不得侵犯著作权人依法享有的其他权益。

二、报刊单位之间相互转载已经刊登的作品，适用《著作权法》第三十三条第二款的规定，即作品刊登后，除著作权人声明不得转载、摘编的外，其他报刊可以转载或者作为文摘、资料刊登，但应当按照规定向著作权人支付报酬。

报刊单位与互联网媒体、互联网媒体之间相互转载已经发表的作品，不适用前款规定，应当经过著作权人许可并支付报酬。

三、互联网媒体转载他人作品，不得对作品内容进行实质性修改；对标题和内容做文字性修改和删节的，不得歪曲篡改标题和作品的原意。

四、《著作权法》第五条所称时事新闻，是指通过报纸、期刊、广播电台、电视台等媒体报道的单纯事实消息，该单纯事实消息不受著作权法保护。凡包含了著作权人独创性劳动的消息、通讯、特写、报道等作品均不属于单纯事实消息，互联网媒体进行转载时，必须经过著作权人许可并支付报酬。

五、报刊单位可以就通过约稿、投稿等方式获得的作品与著作权人订立许可使用合同，明确约定许可使用的权利种类、许可使用的权利是专有使用权或者非专有使用权、许可使用的地域范围和期间、付酬标准和办法、违约责任以及双方认为需要约定的其他内容。双方约定权利由报刊单位行使的，互联网媒体转载该作品，应当经过报刊单位许可并支付报酬。

六、报刊单位可以与其职工通过合同就职工为完成报刊单位工作任务所创作作品的著作权归属进行约定。合同约定著作权由报刊单位享有的，报刊单位可以通过发布版权声明的方式，明确报刊单位刊登作品的权属关系，互联网媒体转载此类作品，应当经过报刊单位许可并支付报酬。

七、报刊单位和互联网媒体应当建立健全本单位版权管理制度。建立本单位及本单位职工享有著作权的作品信息库，载明作品权属信息，对许可他人使用的作品应载明授权方式、授权期限等相关信息。建立经许可使用的他人作品信息库，载明权利来源、授权方式、授权期限等相关信息。

八、报刊单位与互联网媒体、互联网媒体之间应当通过签订版权许可协议等方式建立网络转载版权合作机制，加强对转载作品的版权审核，共同探索合理的授权价格体系，进一步完善作品的授权交易机制。

九、各级版权行政管理部门要加大对互联网媒体的版权监管力度，支持行业组织在推动版权保护、版权交易、自律维权等方面发挥积极作用，严厉打击未经许可转载、非法传播他人作品的侵权盗版行为。

# 中华人民共和国著作权法

（1990年9月7日第七届全国人民代表大会常务委员会第十五次会议通过　根据2001年10月27日第九届全国人民代表大会常务委员会第二十四次会议《关于修改〈中华人民共和国著作权法〉的决定》第一次修正　根据2010年2月26日第十一届全国人民代表大会常务委员会第十三次会议《关于修改〈中华人民共和国著作权法〉的决定》第二次修正）

目　录

## 第一章　总则

第一条　为保护文学、艺术和科学作品作者的著作权，以及与著作权有关的权益，鼓励有益于社会主义精神文明、物质文明建设的作品的创作和传播，促进社会主义文化和科学事业的发展与繁荣，根据宪法制定本法。

第二条　中国公民、法人或者其他组织的作品，不论是否发表，依照本法享有著作权。

外国人、无国籍人的作品根据其作者所属国或者经常居住地国同中国签订的协议或者共同参加的国际条约享有的著作权，受本法保护。

外国人、无国籍人的作品首先在中国境内出版的，依照本法享有著作权。

未与中国签订协议或者共同参加国际条约的国家的作者以及无国籍人的作品首次在中国参加的国际条约的成员国出版的，或者在成员国和非成员国同时出版的，受本法保护。

第三条　本法所称的作品，包括以下列形式创作的文学、艺术和自然科学、社会科学、工程技术等作品：

（一）文字作品；

（二）口述作品；

（三）音乐、戏剧、曲艺、舞蹈、杂技艺术作品；

（四）美术、建筑作品；

（五）摄影作品；

（六）电影作品和以类似摄制电影的方法创作的作品；

（七）工程设计图、产品设计图、地图、示意图等图形作品和模型作品；

（八）计算机软件；

（九）法律、行政法规规定的其他作品。

第四条　著作权人行使著作权，不得违反宪法和法律，不得损害公共利益。国家对作品的出版、传播依法进行监督管理。

第五条　本法不适用于：

（一）法律、法规，国家机关的决议、决定、命令和其他具有立法、行政、司法性质的文件，及其官方正式译文；

（二）时事新闻；

（三）历法、通用数表、通用表格和公式。

第六条 民间文学艺术作品的著作权保护办法由国务院另行规定。

第七条 国务院著作权行政管理部门主管全国的著作权管理工作；各省、自治区、直辖市人民政府的著作权行政管理部门主管本行政区域的著作权管理工作。

第八条 著作权人和与著作权有关的权利人可以授权著作权集体管理组织行使著作权或者与著作权有关的权利。著作权集体管理组织被授权后，可以以自己的名义为著作权人和与著作权有关的权利人主张权利，并可以作为当事人进行涉及著作权或者与著作权有关的权利的诉讼、仲裁活动。

著作权集体管理组织是非营利性组织，其设立方式、权利义务、著作权许可使用费的收取和分配，以及对其监督和管理等由国务院另行规定。

## 第二章 著作权

### 第一节 著作权人及其权利

第九条 著作权人包括：

（一）作者；

（二）其他依照本法享有著作权的公民、法人或者其他组织。

第十条 著作权包括下列人身权和财产权：

（一）发表权，即决定作品是否公之于众的权利；

（二）署名权，即表明作者身份，在作品上署名的权利；

（三）修改权，即修改或者授权他人修改作品的权利；

（四）保护作品完整权，即保护作品不受歪曲、篡改的权利；

（五）复制权，即以印刷、复印、拓印、录音、录像、翻录、翻拍等方式将作品制作一份或者多份的权利；

（六）发行权，即以出售或者赠与方式向公众提供作品的原件或者复制件的权利；

（七）出租权，即有偿许可他人临时使用电影作品和以类似摄制电影的方法创作的作品、计算机软件的权利，计算机软件不是出租的主要标的的除外；

（八）展览权，即公开陈列美术作品、摄影作品的原件或者复制件的权利；

（九）表演权，即公开表演作品，以及用各种手段公开播送作品的表演的权利；

（十）放映权，即通过放映机、幻灯机等技术设备公开再现美术、摄影、电影和以类似摄制电影的方法创作的作品等的权利；

（十一）广播权，即以无线方式公开广播或者传播作品，以有线传播或者转播的方式向公众传播广播的作品，以及通过扩音器或者其他传送符号、声音、图像的类似工具向公众传播广播的作品的权利；

（十二）信息网络传播权，即以有线或者无线方式向公众提供作品，使公众可以在其个人选定的时间和地点获得作品的权利；

（十三）摄制权，即以摄制电影或者以类似摄制电影的方法将作品固定在载体上的权利；

（十四）改编权，即改变作品，创作出具有独创性的新作品的权利；

（十五）翻译权，即将作品从一种语言文字转换成另一种语言文字的权利；

（十六）汇编权，即将作品或者作品的片段通过选择或者编排，汇集成新作品的权利；

（十七）应当由著作权人享有的其他权利。

著作权人可以许可他人行使前款第（五）项至第（十七）项规定的权利，并依照约定或者本法有关规定获得报酬。

著作权人可以全部或者部分转让本条第一款第（五）项至第（十七）项规定的权利，并依照约定或者本法有关规定获得报酬。

第二节　著作权归属

第十一条　著作权属于作者，本法另有规定的除外。

创作作品的公民是作者。

由法人或者其他组织主持，代表法人或者其他组织意志创作，并由法人或者其他组织承担责任的作品，法人或者其他组织视为作者。

如无相反证明，在作品上署名的公民、法人或者其他组织为作者。

第十二条 改编、翻译、注释、整理已有作品而产生的作品，其著作权由改编、翻译、注释、整理人享有，但行使著作权时不得侵犯原作品的著作权。

第十三条 两人以上合作创作的作品，著作权由合作作者共同享有。没有参加创作的人，不能成为合作作者。

合作作品可以分割使用的，作者对各自创作的部分可以单独享有著作权，但行使著作权时不得侵犯合作作品整体的著作权。

第十四条 汇编若干作品、作品的片段或者不构成作品的数据或者其他材料，对其内容的选择或者编排体现独创性的作品，为汇编作品，其著作权由汇编人享有，但行使著作权时，不得侵犯原作品的著作权。

第十五条 电影作品和以类似摄制电影的方法创作的作品的著作权由制片者享有，但编剧、导演、摄影、作词、作曲等作者享有署名权，并有权按照与制片者签订的合同获得报酬。

电影作品和以类似摄制电影的方法创作的作品中的剧本、音乐等可以单独使用的作品的作者有权单独行使其著作权。

第十六条 公民为完成法人或者其他组织工作任务所创作的作品是职务作品，除本条第二款的规定以外，著作权由作者享有，但法人或者其他组织有权在其业务范围内优先使用。作品完成两年内，未经单位同意，作者不得许可第三人以与单位使用的相同方式使用该作品。

有下列情形之一的职务作品，作者享有署名权，著作权的其他权利由法人或者其他组织享有，法人或者其他组织可以给予作者奖励：

（一）主要是利用法人或者其他组织的物质技术条件创作，并由法人或者其他组织承担责任的工程设计图、产品设计图、地图、计算机软件等职务作品；

（二）法律、行政法规规定或者合同约定著作权由法人或者其他组织享有的职务作品。

第十七条 受委托创作的作品，著作权的归属由委托人和受托人通过合同约定。合同未作明确约定或者没有订立合同的，著作权属于受托人。

第十八条 美术等作品原件所有权的转移，不视为作品著作权的转移，但美术作品原件的展览权由原件所有人享有。

第十九条 著作权属于公民的，公民死亡后，其本法第十条第一款第（五）项至第（十七）项规定的权利在本法规定的保护期内，依照继承法的规定转移。

著作权属于法人或者其他组织的，法人或者其他组织变更、终止后，其本法第十条第一款第（五）项至第（十七）项规定的权利在本法规定的保护期内，由承受其权利义务的法人或者其他组织享有；没有承受其权利义务的法人或者其他组织的，由国家享有。

第三节 权利的保护期

第二十条 作者的署名权、修改权、保护作品完整权的保护期不受限制。

第二十一条 公民的作品，其发表权、本法第十条第一款第（五）项至第（十七）项规定的权利的保护期为作者终生及其死亡后五十年，截止于作者死亡后第五十年的12月31日；如果是合作作品，截止于最后死亡的作者死亡后第五十年的12月31日。

法人或者其他组织的作品、著作权（署名权除外）由法人或者其他组织享有的职务作品，其发表权、本法第十条第一款第（五）项至第（十七）项规定的权利的保护期为五十年，截止于作品首次发表后第五十年的12月31日，但作品自创作完成后五十年内未发表的，本法不再保护。

电影作品和以类似摄制电影的方法创作的作品、摄影作品，其发表权、本法第十条第一款第（五）项至第（十七）项规定的权利的保护期为五十年，截止于作品首次发表后第五十年的12月31日，但作品自创作完成后五十年内未发表的，本法不再保护。

第四节 权利的限制

第二十二条 在下列情况下使用作品，可以不经著作权人许可，不向其支付报酬，但应当指明作者姓名、作品名称，并且不得侵犯著作权人依照本法享有的其他权利：

（一）为个人学习、研究或者欣赏，使用他人已经发表的作品；

（二）为介绍、评论某一作品或者说明某一问题，在作品中适当引用他人已经发表的作品；

（三）为报道时事新闻，在报纸、期刊、广播电台、电视台等媒体中不可避免地再现或者引用已经发表的作品；

（四）报纸、期刊、广播电台、电视台等媒体刊登或者播放其他报纸、期刊、广播电台、电视台等媒体已经发表的关于政治、经济、宗教问题的时事性文章，但作者声明不许刊登、播放的除外；

（五）报纸、期刊、广播电台、电视台等媒体刊登或者播放在公众集会上发表的讲话，但作者声明不许刊登、播放的除外；

（六）为学校课堂教学或者科学研究，翻译或者少量复制已经发表的作品，供教学或者科研人员使用，但不得出版发行；

（七）国家机关为执行公务在合理范围内使用已经发表的作品；

（八）图书馆、档案馆、纪念馆、博物馆、美术馆等为陈列或者保存版本的需要，复制本馆收藏的作品；

（九）免费表演已经发表的作品，该表演未向公众收取费用，也未向表演者支付报酬；

（十）对设置或者陈列在室外公共场所的艺术作品进行临摹、绘画、摄影、录像；

（十一）将中国公民、法人或者其他组织已经发表的以汉语言文字创作的作品翻译成少数民族语言文字作品在国内出版发行；

（十二）将已经发表的作品改成盲文出版。

前款规定适用于对出版者、表演者、录音录像制作者、广播电台、电视台的权利的限制。

第二十三条　为实施九年制义务教育和国家教育规划而编写出版教科书，除作者事先声明不许使用的外，可以不经著作权人许可，在教科书中汇编已经发表的作品片段或者短小的文字作品、音乐作品或者单幅的美术作品、摄影作品，但应当按照规定支付报酬，指明作者姓名、作品名称，并且不得侵犯著作权人依照本法享有的其他权利。

前款规定适用于对出版者、表演者、录音录像制作者、广播电台、电视台的权利的限制。

## 第三章　著作权许可使用和转让合同

第二十四条　使用他人作品应当同著作权人订立许可使用合同，本法规定可以不经许可的除外。

许可使用合同包括下列主要内容：

（一）许可使用的权利种类；

（二）许可使用的权利是专有使用权或者非专有使用权；

（三）许可使用的地域范围、期间；

（四）付酬标准和办法；

（五）违约责任；

（六）双方认为需要约定的其他内容。

第二十五条　转让本法第十条第一款第（五）项至第（十七）项规定的权利，应当订立书面合同。

权利转让合同包括下列主要内容：

（一）作品的名称；

（二）转让的权利种类、地域范围；

（三）转让价金；

（四）交付转让价金的日期和方式；

（五）违约责任；

（六）双方认为需要约定的其他内容。

第二十六条　以著作权出质的，由出质人和质权人向国务院著作权行政管理部门办理出质登记。

第二十七条　许可使用合同和转让合同中著作权人未明确许可、转让的权利，未经著作权人同意，另一方当事人不得行使。

第二十八条　使用作品的付酬标准可以由当事人约定，也可以按照国务院著作权行政管理部门会同有关部门制定的付酬标准支付报酬。当事人约定不明确的，按照国务院著作权行政管理部门会同有关部门制定的付酬标准支付报酬。

第二十九条　出版者、表演者、录音录像制作者、广播电台、电视台等依照本法有关规定使用他人作品的，不得侵犯作者的署名权、修改权、保护作品完整权和获得报酬的权利。

## 第四章　出版、表演、录音录像、播放

### 第一节　图书、报刊的出版

第三十条　图书出版者出版图书应当和著作权人订立出版合同，并支付报酬。

第三十一条　图书出版者对著作权人交付出版的作品，按照合同约定享有的专有出版权受法律保护，他人不得出版该作品。

第三十二条　著作权人应当按照合同约定期限交付作品。图书出版者应当按照合同约定的出版质量、期限出版图书。

图书出版者不按照合同约定期限出版，应当依照本法第五十四条的规定承担民事责任。

图书出版者重印、再版作品的，应当通知著作权人，并支付报酬。图书脱销后，图书出版者拒绝重印、再版的，著作权人有权终止合同。

第三十三条　著作权人向报社、期刊社投稿的，自稿件发出之日起十五日内未收到报社通知决定刊登的，或者自稿件发出之日起三十日内未收到期刊社通知决定刊登的，可以将同一作品向其他报社、期刊社投稿。双方另有约定的除外。

作品刊登后，除著作权人声明不得转载、摘编的外，其他报刊可以转载或者作为文摘、资料刊登，但应当按照规定向著作权人支付报酬。

第三十四条　图书出版者经作者许可，可以对作品修改、删节。

报社、期刊社可以对作品作文字性修改、删节。对内容的修改，应当经作者许可。

第三十五条　出版改编、翻译、注释、整理、汇编已有作品而产生的作品，应当取得改编、翻译、注释、整理、汇编作品的著作权人和原作品的著作权人许可，并支付报酬。

第三十六条　出版者有权许可或者禁止他人使用其出版的图书、期刊的版式设计。

前款规定的权利的保护期为十年，截止于使用该版式设计的图书、期刊首次出版后第十年的12月31日。

第二节　表　　演

第三十七条　使用他人作品演出，表演者（演员、演出单位）应当取得著作权人许可，并支付报酬。演出组织者组织演出，由该组织者取得著作权人许可，并支付报酬。

使用改编、翻译、注释、整理已有作品而产生的作品进行演出，应当取得改编、翻译、注释、整理作品的著作权人和原作品的著作权人许可，并支付报酬。

第三十八条　表演者对其表演享有下列权利：

（一）表明表演者身份；

（二）保护表演形象不受歪曲；

（三）许可他人从现场直播和公开传送其现场表演，并获得报酬；

（四）许可他人录音录像，并获得报酬；

（五）许可他人复制、发行录有其表演的录音录像制品，并获得报酬；

（六）许可他人通过信息网络向公众传播其表演，并获得报酬。

被许可人以前款第（三）项至第（六）项规定的方式使用作品，还应当取得著作权人许可，并支付报酬。

第三十九条　本法第三十八条第一款第（一）项、第（二）项规定的权利的保护期不受限制。

本法第三十八条第一款第（三）项至第（六）项规定的权利的保护期为五十年，截止于该表演发生后第五十年的12月31日。

第三节　录音录像

第四十条　录音录像制作者使用他人作品制作录音录像制品，应当取得著作权人许可，并支付报酬。

录音录像制作者使用改编、翻译、注释、整理已有作品而产生的作品，应当取得改编、翻译、注释、整理作品的著作权人和原作品著作权人许可，并支付报酬。

录音制作者使用他人已经合法录制为录音制品的音乐作品制作录音制品，可以不经著作权人许可，但应当按照规定支付报酬；著作权人声明不许使用的不得使用。

第四十一条　录音录像制作者制作录音录像制品，应当同表演者订立合同，并支付报酬。

第四十二条　录音录像制作者对其制作的录音录像制品，享有许可他人复制、发行、出租、通过信息网络向公众传播并获得报酬的权利；权利的保护期为五十年，截止于该制品首次制作完成后第五十年的12月31日。

被许可人复制、发行、通过信息网络向公众传播录音录像制品，还应当取得著作权人、表演者许可，并支付报酬。

第四节 广播电台、电视台播放

第四十三条 广播电台、电视台播放他人未发表的作品，应当取得著作权人许可，并支付报酬。

广播电台、电视台播放他人已发表的作品，可以不经著作权人许可，但应当支付报酬。

第四十四条 广播电台、电视台播放已经出版的录音制品，可以不经著作权人许可，但应当支付报酬。当事人另有约定的除外。具体办法由国务院规定。

第四十五条 广播电台、电视台有权禁止未经其许可的下列行为：

（一）将其播放的广播、电视转播；

（二）将其播放的广播、电视录制在音像载体上以及复制音像载体。

前款规定的权利的保护期为五十年，截止于该广播、电视首次播放后第五十年的12月31日。

第四十六条 电视台播放他人的电影作品和以类似摄制电影的方法创作的作品、录像制品，应当取得制片者或者录像制作者许可，并支付报酬；播放他人的录像制品，还应当取得著作权人许可，并支付报酬。

## 第五章 法律责任和执法措施

第四十七条 有下列侵权行为的，应当根据情况，承担停止侵害、消除影响、赔礼道歉、赔偿损失等民事责任：

（一）未经著作权人许可，发表其作品的；

（二）未经合作作者许可，将与他人合作创作的作品当作自己单独创作的作品发表的；

（三）没有参加创作，为谋取个人名利，在他人作品上署名的；

（四）歪曲、篡改他人作品的；

（五）剽窃他人作品的；

（六）未经著作权人许可，以展览、摄制电影和以类似摄制电影的方法使用作品，或者以改编、翻译、注释等方式使用作品的，本法另有规定的除外；

（七）使用他人作品，应当支付报酬而未支付的；

（八）未经电影作品和以类似摄制电影的方法创作的作品、计算机软件、录音录像制品的著作权人或者与著作权有关的权利人许可，出租其作品或者录音录像制品的，本法另有规定的除外；

（九）未经出版者许可，使用其出版的图书、期刊的版式设计的；

（十）未经表演者许可，从现场直播或者公开传送其现场表演，或者录制其表演的；

（十一）其他侵犯著作权以及与著作权有关的权益的行为。

第四十八条　有下列侵权行为的，应当根据情况，承担停止侵害、消除影响、赔礼道歉、赔偿损失等民事责任；同时损害公共利益的，可以由著作权行政管理部门责令停止侵权行为，没收违法所得，没收、销毁侵权复制品，并可处以罚款；情节严重的，著作权行政管理部门还可以没收主要用于制作侵权复制品的材料、工具、设备等；构成犯罪的，依法追究刑事责任：

（一）未经著作权人许可，复制、发行、表演、放映、广播、汇编、通过信息网络向公众传播其作品的，本法另有规定的除外；

（二）出版他人享有专有出版权的图书的；

（三）未经表演者许可，复制、发行录有其表演的录音录像制品，或者通过信息网络向公众传播其表演的，本法另有规定的除外；

（四）未经录音录像制作者许可，复制、发行、通过信息网络向公众传播其制作的录音录像制品的，本法另有规定的除外；

（五）未经许可，播放或者复制广播、电视的，本法另有规定的除外；

（六）未经著作权人或者与著作权有关的权利人许可，故意避开或者破坏权利人为其作品、录音录像制品等采取的保护著作权或者与著作权有关的权利的技术措施的，法律、行政法规另有规定的除外；

（七）未经著作权人或者与著作权有关的权利人许可，故意删除或者改变作品、录音录像制品等的权利管理电子信息的，法律、行政法规另有规定的除外；

（八）制作、出售假冒他人署名的作品的。

第四十九条　侵犯著作权或者与著作权有关的权利的，侵权人应当按照权利人的实际损失给予赔偿；实际损失难以计算的，可以按照侵权人的违法所得给予赔偿。赔偿数额还应当包括权利人为制止侵权行为所支付的合理开支。

权利人的实际损失或者侵权人的违法所得不能确定的，由人民法院根据侵权行为的情节，判决给予五十万元以下的赔偿。

第五十条　著作权人或者与著作权有关的权利人有证据证明他人正在实施或者即将实施侵犯其权利的行为，如不及时制止将会使其合法权益受到难以弥补的损害的，可以在起诉前向人民法院申请采取责令停止有关行为和财产保全的措施。

人民法院处理前款申请，适用《中华人民共和国民事诉讼法》第九十三条至第九十六条和第九十九条的规定。

第五十一条　为制止侵权行为，在证据可能灭失或者以后难以取得的情况下，著作权人或者与著作权有关的权利人可以在起诉前向人民法院申请保全证据。

人民法院接受申请后，必须在四十八小时内作出裁定；裁定采取保全措施的，应当立即开始执行。

人民法院可以责令申请人提供担保，申请人不提供担保的，驳回申请。

申请人在人民法院采取保全措施后十五日内不起诉的，人民法院应当解除保全措施。

第五十二条　人民法院审理案件，对于侵犯著作权或者与著作权有关的权利的，可以没收违法所得、侵权复制品以及进行违法活动的财物。

第五十三条　复制品的出版者、制作者不能证明其出版、制作有合法授权的，复制品的发行者或者电影作品或者以类似摄制电影的方法创作的作品、计算机软件、录音录像制品的复制品的出租者不能证明其发行、出租的复制品有合法来源的，应当承担法律责任。

第五十四条　当事人不履行合同义务或者履行合同义务不符合约定条件的，应当依照《中华人民共和国民法通则》、《中华人民共和国合同法》等有关法律规定承担民事责任。

第五十五条　著作权纠纷可以调解，也可以根据当事人达成的书面仲裁协议或者著作权合同中的仲裁条款，向仲裁机构申请仲裁。

当事人没有书面仲裁协议，也没有在著作权合同中订立仲裁条款的，可以直接向人民法院起诉。

第五十六条　当事人对行政处罚不服的，可以自收到行政处罚决定书之日起三个月内向人民法院起诉，期满不起诉又不履行的，著作权行政管理部门可以申请人民法院执行。

## 第六章　附则

第五十七条　本法所称的著作权即版权。

第五十八条　本法第二条所称的出版，指作品的复制、发行。

第五十九条　计算机软件、信息网络传播权的保护办法由国务院另行规定。

第六十条　本法规定的著作权人和出版者、表演者、录音录像制作者、广播电台、电视台的权利，在本法施行之日尚未超过本法规定的保护期的，依照本法予以保护。

本法施行前发生的侵权或者违约行为，依照侵权或者违约行为发生时的有关规定和政策处理。

第六十一条　本法自1991年6月1日起施行。

# 中华人民共和国著作权法实施条例

（2002年8月2日中华人民共和国国务院令第359号公布）

第一条　根据《中华人民共和国著作权法》（以下简称著作权法），制定本条例。

第二条　著作权法所称作品，是指文学、艺术和科学领域内具有独创性并能以某种有形形式复制的智力成果。

第三条　著作权法所称创作，是指直接产生文学、艺术和科学作品的智力活动。为他人创作进行组织工作，提供咨询意见、物质条件，或者进行其他辅助工作，均不视为创作。

第四条　著作权法和本条　例中下列作品的含义：

（一）文字作品，是指小说、诗词、散文、论文等以文字形式表现的作品；

（二）口述作品，是指即兴的演说、授课、法庭辩论等以口头语言形式表现的作品；

（三）音乐作品，是指歌曲、交响乐等能够演唱或者演奏的带词或者不带词的作品；

（四）戏剧作品，是指话剧、歌剧、地方戏等供舞台演出的作品；

（五）曲艺作品，是指相声、快书、大鼓、评书等以说唱为主要形式表演的作品；

（六）舞蹈作品，是指通过连续的动作、姿势、表情等表现思想情感的作品；

（七）杂技艺术作品，是指杂技、魔术、马戏等通过形体动作和技巧表现的作品；

（八）美术作品，是指绘画、书法、雕塑等以线条、色彩或者其他方式构成的有审美意义的平面或者立体的造型艺术作品；

（九）建筑作品，是指以建筑物或者构筑物形式表现的有审美意义的作品；

（十）摄影作品，是指借助器械在感光材料或者其他介质上记录客观物体形象的艺术作品；

（十一）电影作品和以类似摄制电影的方法创作的作品，是指摄制在一定介质上，由一系列有伴音或者无伴音的画面组成，并且借助适当装置放映或者以其他方式传播的作品；

（十二）图形作品，是指为施工、生产绘制的工程设计图、产品设计图，以及反映地理现象、说明事物原理或者结构的地图、示意图等作品；

（十三）模型作品，是指为展示、试验或者观测等用途，根据物体的形状和结构，按照一定比例制成的立体作品。

第五条　著作权法和本条例中下列用语的含义：

（一）时事新闻，是指通过报纸、期刊、广播电台、电视台等媒体报道的单纯事实消息；

（二）录音制品，是指任何对表演的声音和其他声音的录制品；

（三）录像制品，是指电影作品和以类似摄制电影的方法创作的作品以外的任何有伴音或者无伴音的连续相关形象、图像的录制品；

（四）录音制作者，是指录音制品的首次制作人；

（五）录像制作者，是指录像制品的首次制作人；

（六）表演者，是指演员、演出单位或者其他表演文学、艺术作品的人。

第六条　著作权自作品创作完成之日起产生。

第七条　著作权法第二条第三款规定的首先在中国境内出版的外国人、无国籍人的作品，其著作权自首次出版之日起受保护。

第八条　外国人、无国籍人的作品在中国境外首先出版后，30日内在中国境内出版的，视为该作品同时在中国境内出版。

第九条　合作作品不可以分割使用的，其著作权由各合作作者共同享有，通过协商一致行使；不能协商一致，又无正当理由的，任何一方不得阻止他方行使除转让以外的其他权利，但是所得收益应当合理分配给所有合作作者。

第十条　著作权人许可他人将其作品摄制成电影作品和以类似摄制电影的方法创作的作品的，视为已同意对其作品进行必要的改动，但是这种改动不得歪曲篡改原作品。

第十一条　著作权法第十六条第一款关于职务作品的规定中的“工作任务”，是指公民在该法人或者该组织中应当履行的职责。

著作权法第十六条第二款关于职务作品的规定中的“物质技术条件”，是指该法人或者该组织为公民完成创作专门提供的资金、设备或者资料。

第十二条　职务作品完成两年内，经单位同意，作者许可第三人以与单位使用的相同方式使用作品所获报酬，由作者与单位按约定的比例分配。

作品完成两年的期限，自作者向单位交付作品之日起计算。

第十三条　作者身份不明的作品，由作品原件的所有人行使除署名权以外的著作权。作者身份确定后，由作者或者其继承人行使著作权。

第十四条　合作作者之一死亡后，其对合作作品享有的著作权法第十条第一款第五项至第十七项规定的权利无人继承又无人受遗赠的，由其他合作作者享有。

第十五条　作者死亡后，其著作权中的署名权、修改权和保护作品完整权由作者的继承人或者受遗赠人保护。

著作权无人继承又无人受遗赠的，其署名权、修改权和保护作品完整权由著作权行政管理部门保护。

第十六条　国家享有著作权的作品的使用，由国务院著作权行政管理部门管理。

第十七条　作者生前未发表的作品，如果作者未明确表示不发表，作者死亡后50年内，其发表权可由继承人或者受遗赠人行使；没有继承人又无人受遗赠的，由作品原件的所有人行使。

第十八条　作者身份不明的作品，其著作权法第十条第一款第（五）项至第（十七）项规定的权利的保护期截止于作品首次发表后第50年的12月31日。作者身份确定后，适用著作权法第二十一条的规定。

第十九条　使用他人作品的，应当指明作者姓名、作品名称；但是，当事人另有约定或者由于作品使用方式的特性无法指明的除外。

第二十条　著作权法所称已经发表的作品，是指著作权人自行或者许可他人公之于众的作品。

第二十一条　依照著作权法有关规定，使用可以不经著作权人许可的已经发表的作品的，不得影响该作品的正常使用，也不得不合理地损害著作权人的合法利益。

第二十二条　依照著作权法第二十三条、第三十二条第二款、第四十条第三款的规定使用作品的付酬标准，由国务院著作权行政管理部门会同国务院价格主管部门制定、公布。

第二十三条　使用他人作品应当同著作权人订立许可使用合同，许可使用的权利是专有使用权的，应当采取书面形式，但是报社、期刊社刊登作品除外。

第二十四条　著作权法第二十四条规定的专有使用权的内容由合同约定，合同没有约定或者约定不明的，视为被许可人有权排除包括著作权人在内的任何人以同样的方式使用作品；除合同另有约定外，被许可人许可第三人行使同一权利，必须取得著作权人的许可。

第二十五条　与著作权人订立专有许可使用合同、转让合同的，可以向著作权行政管理部门备案。

第二十六条　著作权法和本条例所称与著作权有关的权益，是指出版者对其出版的图书和期刊的版式设计享有的权利，表演者对其表演享有的权利，录音录像制作者对其制作的录音录像制品享有的权利，广播电台、电视台对其播放的广播、电视节目享有的权利。

第二十七条　出版者、表演者、录音录像制作者、广播电台、电视台行使权利，不得损害被使用作品和原作品著作权人的权利。

第二十八条　图书出版合同中约定图书出版者享有专有出版权但没有明确其具体内容的，视为图书出版者享有在合同有效期限内和在合同约定的地域范围内以同种文字的原版、修订版出版图书的专有权利。

第二十九条　著作权人寄给图书出版者的两份订单在6个月内未能得到履行，视为著作权法第三十一条所称图书脱销。

第三十条　著作权人依照著作权法第三十二条第二款声明不得转载、摘编其作品的，应当在报纸、期刊刊登该作品时附带声明。

第三十一条　著作权人依照著作权法第四十条第三款声明不得对其作

品制作录音制品的，应当在该作品合法录制为录音制品时声明。

第三十二条　依照著作权法第二十三条、第三十二条第二款、第四十条第三款的规定，使用他人作品的，应当自使用该作品之日起2个月内向著作权人支付报酬。

第三十三条　外国人、无国籍人在中国境内的表演，受著作权法保护。

外国人、无国籍人根据中国参加的国际条约对其表演享有的权利，受著作权法保护。

第三十四条　外国人、无国籍人在中国境内制作、发行的录音制品，受著作权法保护。

外国人、无国籍人根据中国参加的国际条约对其制作、发行的录音制品享有的权利，受著作权法保护。

第三十五条　外国的广播电台、电视台根据中国参加的国际条约对其播放的广播、电视节目享有的权利，受著作权法保护。

第三十六条　有著作权法第四十八条所列侵权行为，同时损害社会公共利益，非法经营额5万元以上的，著作权行政管理部门可处非法经营额1倍以上5倍以下的罚款；没有非法经营额或者非法经营额5万元以下的，著作权行政管理部门根据情节轻重，可处25万元以下的罚款。

第三十七条　有著作权法第四十八条所列侵权行为，同时损害社会公共利益的，由地方人民政府著作权行政管理部门负责查处。

国务院著作权行政管理部门可以查处在全国有重大影响的侵权行为。

第三十八条　本条例自2002年9月15日起施行。1991年5月24日国务院批准、1991年5月30日国家版权局发布的《中华人民共和国著作权法实施条例》同时废止。

# 著作权集体管理条例

（2004年12月28日中华人民共和国国务院令第429号发布）

## 第一章　总则

第一条　为了规范著作权集体管理活动，便于著作权人和与著作权有关的权利人（以下简称权利人）行使权利和使用者使用作品，根据《中华人民共和国著作权法》（以下简称著作权法）制定本条例。

第二条　本条例所称著作权集体管理，是指著作权集体管理组织经权利人授权，集中行使权利人的有关权利并以自己的名义进行的下列活动：

（一）与使用者订立著作权或者与著作权有关的权利许可使用合同（以下简称许可使用合同）；

（二）向使用者收取使用费；

（三）向权利人转付使用费；

（四）进行涉及著作权或者与著作权有关的权利的诉讼、仲裁等。

第三条　本条例所称著作权集体管理组织，是指为权利人的利益依法设立，根据权利人授权、对权利人的著作权或者与著作权有关的权利进行集体管理的社会团体。

著作权集体管理组织应当依照有关社会团体登记管理的行政法规和本条例的规定进行登记并开展活动。

第四条　著作权法规定的表演权、放映权、广播权、出租权、信息网络传播权、复制权等权利人自己难以有效行使的权利，可以由著作权集体管理组织进行集体管理。

第五条　国务院著作权管理部门主管全国的著作权集体管理工作。

第六条　除依照本条例规定设立的著作权集体管理组织外，任何组织和个人不得从事著作权集体管理活动。

## 第二章 著作权集体管理组织的设立

第七条 依法享有著作权或者与著作权有关的权利的中国公民、法人或者其他组织，可以发起设立著作权集体管理组织。

设立著作权集体管理组织，应当具备下列条件：

（一）发起设立著作权集体管理组织的权利人不少于50人；

（二）不与已经依法登记的著作权集体管理组织的业务范围交叉、重合；

（三）能在全国范围代表相关权利人的利益；

（四）有著作权集体管理组织的章程草案、使用费收取标准草案和向权利人转付使用费的办法（以下简称使用费转付办法）草案。

第八条 著作权集体管理组织章程应当载明下列事项：

（一）名称、住所；

（二）设立宗旨；

（三）业务范围；

（四）组织机构及其职权；

（五）会员大会的最低人数；

（六）理事会的职责及理事会负责人的条件和产生、罢免的程序；

（七）管理费提取、使用办法；

（八）会员加入、退出著作权集体管理组织的条件、程序；

（九）章程的修改程序；

（十）著作权集体管理组织终止的条件、程序和终止后资产的处理。

第九条 申请设立著作权集体管理组织，应当向国务院著作权管理部门提交证明符合本条例第七条规定的条件的材料。国务院著作权管理部门应当自收到材料之日起60日内，作出批准或者不予批准的决定。批准的，发给著作权集体管理许可证；不予批准的，应当说明理由。

第十条 申请人应当自国务院著作权管理部门发给著作权集体管理许可证之日起30日内，依照有关社会团体登记管理的行政法规到国务院民政部门办理登记手续。

第十一条　依法登记的著作权集体管理组织，应当自国务院民政部门发给登记证书之日起30日内，将其登记证书副本报国务院著作权管理部门备案；国务院著作权管理部门应当将报备的登记证书副本以及著作权集体管理组织章程、使用费收取标准、使用费转付办法予以公告。

第十二条　著作权集体部门批准，并依照有关社会团体登记管理的行政法规到国务院民政部门办理登记手续。经依法登记的，应当将分支机构的登记证书副本报国务院著作权管理部门备案，由国务院著作权管理部门予以公告。

第十三条　著作权集体管理组织应当根据下列因素制定使用费收取标准：

（一）使用作品、录音录像制品等的时间、方式和地域范围；

（二）权利的种类；

（三）订立许可使用合同和收取使用费工作的繁简程度。

第十四条　著作权集体管理组织应当根据权利人的作品或者录音录像制品等使用情况制定使用费转付办法。

第十五条　著作权集体管理组织修改章程，应当将章程修改草案报国务院著作权管理部门批准，并依法经国务院民政部门核准后，由国务院著作权管理部门予以公告。

第十六条　著作权集体管理组织被依法撤销登记的，自被撤销登记之日起不得再进行著作权集体管理业务活动。

## 第三章　著作权集体管理组织的机构

第十七条　著作权集体管理组织会员大会（以下简称会员大会）为著作权集体管理组织的权力机构。

会员大会由理事会依照本条例规定负责召集。理事会应当于会员大会召开60日以前将会议的时间、地点和拟审议事项予以公告；出席会员大会的会员，应当于会议召开30日以前报名。报名出席会员大会的会员少于章程规定的最低人数时，理事会应当将会员大会报名情况予以公告，会员可以于会议召开5日以前补充报名，并由全部报名出席会员大会的会员举行会员大会。

会员大会行使下列职权：

（一）制定和修改章程；

（二）制定和修改使用费收取标准；

（三）制定和修改使用费转付办法；

（四）选举和罢免理事；

（五）审议批准理事会的工作报告和财务报告；

（六）制定内部管理制度；

（七）决定使用费转付方案和著作权集体管理组织提取管理费的比例；

（八）决定其他重大事项。

会员大会每年召开一次；经10%以上会员或者理事会提议，可以召开临时会员大会。会员大会作出决定，应当经出席会议的会员过半数表决通过。

第十八条　著作权集体管理组织设立理事会，对会员大会负责，执行会员大会决定。理事会成员不得少于9人。

理事会任期为4年，任期届满应当进行换届选举。因特殊情况可以提前或者延期换届，但是换届延期不得超过1年。

## 第四章　著作权集体管理活动

第十九条　权利人可以与著作权集体管理组织以书面形式订立著作权集体管理合同，授权该组织对其依法享有的著作权或者与著作权有关的权利进行管理。权利人符合章程规定加入条件的，著作权集体管理组织应当与其订立著作权集体管理合同，不得拒绝。

权利人与著作权集体管理组织订立著作权集体管理合同并按照章程规定履行相应手续后，即成为该著作权集体管理组织的会员。

第二十条　权利人与著作权集体管理组织订立著作权集体管理合同后，不得在合同约定期限内自己行使或者许可他人行使合同约定的由著作权集体管理组织行使的权利。

第二十一条　权利人可以依照章程规定的程序，退出著作权集体管理组织，终止著作权集体管理合同。但是，著作权集体管理组织已经与他人订立许可使用合同的，该合同在期限届满前继续有效；该合同有效期内，权利人有权获得相应的使用费并可以查阅有关业务材料。

第二十二条　外国人、无国籍人可以通过与中国的著作权集体管理组织订立相互代表协议的境外同类组织，授权中国的著作权集体管理组织管理其依法在中国境内享有的著作权或者与著作权有关的权利。

前款所称相互代表协议，是指中国的著作权集体管理或者地区进行集体管理活动的协议。

著作权集体管理组织与境外同类组织订立的相互代表协议应当报国务院著作权管理部门备案，由国务院著作权管理部门予以公告。

第二十三条　著作权集体管理组织许可他人使用其管理的作品、录音录像制品等，应当与使用者以书面形式订立许可使用合同。

著作权集体管理组织不得与使用者订立专有许可使用合同。

使用者以合理的条件要求与著作权集体管理组织订立许可使用合同，著作权集体管理组织不得拒绝。

许可使用合同的期限不得超过2年；合同期限届满可以续订。

第二十四条　著作权集体管理组织应当建立权利信息查询系统，供权利人和使用者查询。权利信息查询系统应当包括著作权集体管理组织管理的权利种类和作品、录音录像制品等的名称、权利人姓名或者名称、授权管理的期限。

权利人和使用者对著作权集体管理组织管理的权利的信息进行咨询时，该组织应当予以答复。

第二十五条　除著作权法第二十三条、第三十三条第二款、第四十条第三款、第四十三条第二款和第四十四条规定应当支付的使用费外，著作权集体管理组织应当根据国务院著作权管理部门公告的使用费收取标准，与使用者约定收取使用费的具体数额。

第二十六条　两个或者两个以上著作权集体管理组织就同一使用方式向同一使用者收取使用费，可以事先协商确定由其中一个著作权集体管理组织统一收取。统一收取的使用费在有关著作权集体管理组织之间经协商分配。

第二十七条　使用者向著作权集体管理组织支付使用费时，应当提供其使用的作品、录音录像制品等的名称、权利人姓名或者名称和使用的方式、数量、时间等有关使用情况；许可使用合同另有约定的除外。

使用者提供的有关使用情况涉及该使用者商业秘密的，著作权集体管理组织负有保密义务。

第二十八条　著作权集体管理组织可以从收取的使用费中提取一定比例作为管理费，用于维持其正常的业务活动。

著作权集体管理组织提取管理费的比例应当随着使用费收入的增加而逐步降低。

第二十九条　著作权集体管理组织收取的使用费，在提取管理费后，应当全部转付给权利人，不得挪作他用。

著作权集体管理组织转付使用费，应当编制使用费转付记录。使用费转付记录应当载明使用费总额、管理费数额、权利人姓名或者名称、作品或者录音录像制品等的名称、有关使用情况、向各权利人转付使用费的具体数额等事项，并应当保存10年以上。

## 第五章　对著作权集体管理组织的监督

第三十条　著作权集体管理组织应当依法建立财务、会计制度和资产管理制度，并按照国家有关规定设置会计账簿。

第三十一条　著作权集体管理组织的资产使用和财务管理受国务院著作权管理部门和民政部门的监督。

著作权集体管理组织应当在每个会计年度结束时制作财务会计报告，委托会计师事务所依法进行审计，并公布审计结果。

第三十二条　著作权集体管理组织应当对下列事项进行记录，供权利人和使用者查阅：

（一）作品许可使用情况；

（二）使用费收取和转付情况；

（三）管理费提取和使用情况。

权利人有权查阅、复制著作权集体管理组织的财务报告、工作报告和其他业务材料；著作权集体管理组织应当提供便利。

第三十三条　权利人认为著作权集体管理组织有下列情形之一的，可以向国务院著作权管理部门检举：

（一）权利人符合章程规定的加入条件要求加入著作权集体管理组织，或者会员依照章程规定的程序要求退出著作权集体管理组织，著作权集体管理组织拒绝的；

（二）著作权集体管理组织不按照规定收取、转付使用费，或者不按照规定提取、使用管理费的；

（三）权利人要求查阅本条例第三十二条规定的记录、业务材料，著作权集体管理组织拒绝提供的。

第三十四条　使用者认为著作权集体管理组织有下列情形之一的，可以向国务院著作权管理部门检举：

（一）著作权集体管理组织违反本条例第二十三条规定拒绝与使用者订立许可使用合同的；

（二）著作权集体管理组织未根据公告的使用费收取标准约定收取使用费的具体数额的；

（三）使用者要求查阅本条例第三十二条规定的记录，著作权集体管理组织拒绝提供的。

第三十五条　权利人和使用者以外的公民、法人或者其他组织认为著作权集体管理组织有违反本条例规定的行为的，可以向国务院著作权管理部门举报。

第三十六条　国务院著作权管理部门应当自接到检举、举报之日起60日内对检举、举报事项进行调查并依法处理。

第三十七条　国务院著作权管理部门可以采取下列方式对著作权集体管理组织进行监督，并应当对监督活动作出记录：

（一）检查著作权集体管理组织的业务活动是否符合本条例及其章程的规定；

（二）核查著作权集体管理组织的会计账簿、年度预算和决算报告及其他有关业务材料；

（三）派员列席著作权集体管理组织的会员大会、理事会等重要会议。

第三十八条　著作权集体管理组织应当依法接受国务院民政部门和其他有关部门的监督。

## 第六章　法律责任

第三十九条　著作权集体管理组织有下列情形之一的，由国务院著作权管理部门责令限期改正：

（一）违反本条例第二十二条规定，未将与境外同类组织订立的相互代表协议报国务院著作权管理部门备案的；

（二）违反本条例第二十四条规定，未建立权利信息查询系统的；

（三）未根据公告的使用费收取标准约定收取使用费的具体数额的。

著作权集体管理组织超出业务范围管理权利人的权利的，由国务院著作权管理部门责令限期改正，其与使用者订立的许可使用合同无效；给权利人、使用者造成损害的，依法承担民事责任。

第四十条　著作权集体管理组织有下列情形之一的，由国务院著作权管理部门责令限期改正；逾期不改正的，责令会员大会或者理事会根据本条例规定的权限罢免或者解聘直接负责的主管人员：

（一）违反本条例第十九条规定拒绝与权利人订立著作权集体管理合同的，或者违反本条例第二十一条的规定拒绝会员退出该组织的要求的；

（二）违反本条例第二十三条规定，拒绝与使用者订立许可使用合同的；

（三）违反本条例第二十八条规定提取管理费的；

（四）违反本条例第二十九条规定转付使用费的；

（五）拒绝提供或者提供虚假的会计账簿、年度预算和决算报告或者其他有关业务材料的。

第四十一条　著作权集体管理组织自国务院民政部门发给登记证书之日起超过6个月无正当理由未开展著作权集体管理活动，或者连续中止著作权集体管理活动6个月以上的，由国务院著作权管理部门吊销其著作权集体管理许可证，并由国务院民政部门撤销登记。

第四十二条　著作权集体管理组织从事营利性经营活动的，由工商行政管理部门依法予以取缔，没收违法所得；构成犯罪的，依法追究刑事责任。

第四十三条　违反本条例第二十七条的规定，使用者能够提供有关使用情况而拒绝提供，或者在提供有关使用情况时弄虚作假的，由国务院著作权管理部门责令改正；著作权集体管理组织可以中止许可使用合同。

第四十四条　擅自设立著作权集体管理组织或者分支机构，或者擅自从事著作权集体管理活动的，由国务院著作权管理部门或者民政部门依照职责分工予以取缔，没收违法所得；构成犯罪的，依法追究刑事责任。

第四十五条　依照本条例规定从事著作权集体管理组织审批和监督工作的国家行政机关工作人员玩忽职守、滥用职权、徇私舞弊，构成犯罪的，依法追究刑事责任；尚不构成犯罪的，依法给予行政处分。

## 第七章　附则

第四十六条　本条例施行前已经设立的著作权集体管理组织，应当自本条例生效之日起3个月内，将其章程、使用费收取标准、使用费转付办法及其他有关材料报国务院著作权管理部门审核，并将其与境外同类组织订立的相互代表协议报国务院著作权管理部门备案。

第四十七条　依照著作权法第二十三条、第三十三条第二款、第四十条第三款的规定使用他人作品，未能依照《中华人民共和国著作权法实施条例》第三十二条的规定向权利人支付使用费的，应当将使用费连同邮资以及使用作品的有关情况送交管理相关权利的著作权集体管理组织，由该著作权集体管理组织将使用费转付给权利人。

负责转付使用费的著作权集体管理组织应当建立作品使用情况查询系统，供权利人、使用者查询。

负责转付使用费的著作权集体管理组织可以从其收到的使用费中提取管理费，管理费按照会员大会决定的该集体管理组织管理费的比例减半提取。除管理费外，该著作权集体管理组织不得从其收到的使用费中提取其他任何费用。

第四十八条　本条例自2005年3月1日起施行。